U0164032

本世紀以來出土簡帛概述

(資料篇、論著目錄篇)(修訂版)

駢宇騫　段書安　/編著

寫在前面的話

早在二十多年以前，我還是在校學生的時候就有幸跟隨朱德熙、裘錫圭師參加了1972年在山東臨沂銀雀山漢墓出土的竹簡的整理工作，從此便對新出土的簡牘帛書產生了濃厚的興趣。學校畢業後，就職於北京中華書局編輯部，二十多年來，因爲工作和研究關係，曾接觸過不少出土簡帛文獻。除少量出版過專書者外，大部分材料十分分散，不用說閱讀使用，就是查找起來也是極不方便，不知從何下手。因此深感有必要編寫一本小書，起碼將近幾十年來出土的簡帛材料或情況比較集中地介紹一下，這樣或許會給同行朋友們的學習與研究帶來一點便利。這就是我們編寫本書的初衷。

恰好台灣輔仁大學組織召開「本世紀出土古典思想文獻與中國哲學研究兩岸學術研討會」，哲學系丁原植教授囑我編寫一本介紹本世紀以來出土簡帛情況及論著目錄的書，於是便將自己手邊收集的資料重新清理了一下，又同段書安兄查找了一些新的資料，合作編爲是書。原計畫本書由三部分組成，即「資料篇」、「分類綜述篇」、「論著目錄篇」，目前「分類綜述篇」尚在寫作中，只好待日後再版時再作增補。

經過我們的努力，本書雖然與廣大讀者見面，但心裡總覺得還有幾點需要向讀者說明：

一、書名中的「簡帛」是指我國古代遺留下來的寫有文字的簡牘帛書。古書中常云「書之竹帛」，從《尚書・多士》篇「惟殷先人有冊有典」的記載來看，早在商代我們的祖先就用簡冊來記錄史事；王國維在《簡牘檢署考》中認爲「以帛書寫，至遲也在周季」。可見簡帛的使用在我國源遠流長。從目前出土的實物來看，主要是從戰國到東漢末年的遺物。從東漢起，紙張才逐漸代替了簡帛，中國使用簡帛的歷史長達千餘年的時間。本書所收皆爲古代遺留下來的漢文簡帛，非漢文簡帛一律未收。

二、爲了讀者檢索方便，本書內容皆按簡帛出土年代及論著發表的時間順序編排。每條資料中，首先說明簡帛出土的時間、地點，其次介紹簡帛的形制、內容和學術價值，對較重要的或有特色的墓葬，間或也講一些有關墓葬的情況。最後注明所用材料的來源和出土簡帛較早報導的書刊、雜誌名稱、期數等，以便讀者檢索原始報導資料。

三、本書所述內容有詳有略，一般是簡帛內容較重要者，如屬古籍、佚書等類的敘述盡量詳細一點，如屬遣策類則敘述較為簡單。如讀者需要進一步了解情況，請查原始報導資料。

四、在本書的撰寫過程中，我們吸收和利用了不少文史、考古界師長同行們的研究成果，並得到了許多師友的熱情支持和幫助。這部小書如果還有可取之處，當然也不能忘記他們的功績。

五、由於作者學識有限，力量微薄，見聞不廣，在編寫過程中雖也盡了一定的努力，但書中難免還有掛一漏萬和敘述不當之處，敬請各位同仁批評指正。

駢宇騫

一九九八年立冬日於前門寓所

目　　錄

資 料 篇

1973 年

1974 年

1975 年

1976 年

1977 年

1978 年

1979 年

1980 年

1981 年

1982 年

1983 年

論著目錄篇

資料篇

1900-1901

▲ 尼雅遺址

十九世紀末二十世紀初，一些外國「考察」、「探險」隊不斷湧入我國西北邊陲訪古尋寶，他們有計畫地在新疆、西藏、甘肅等地大規模地發掘簡牘，劫掠了我國大量的出土文物，時至今日還有不少珍貴文物散落在異國他鄉的博物館、圖書館內。

1899 年，瑞典人斯文赫定（Sven Hedin）沿塔里木河順流而下到達羅布泊北，發現了我國古代的樓蘭遺址，掘得不少文物。1901 年 1 月，匈牙利人斯坦因（Aurel Stein）受英國政府派遣來我國新疆探險，在塔克拉瑪干沙漠發掘了丹丹烏里克遺址後，接著向天山南路和闐尼雅河下流尼雅城、馬咱拖拉、拔拉滑史德等地進發。1 月底斯坦因到達尼雅遺址，他用了半個月的時間對尼雅遺址進行了細緻的調查，並獲得魏晉漢文木牘 40 餘枚和 524 枚佉盧文木牘。這些漢文木牘的內容有字書、方技、《論語》、文書等。斯坦因此次所獲木牘文書委託法國學者沙畹（Edouard Chavannes）研究，沙畹的研究成果於 1905 年在《亞洲人雜誌》上發表。兩年以後（1907 年）又在牛津出版了〈丹丹烏里克、尼雅與安迪爾發現的漢文文書〉一文，正式刊布了這批出土的文書。同年，斯坦因也著《古代和闐考》一書，將其所獲文書作爲附錄再次在牛津出版。

▲尼雅遺址東羅布泊北岸

1901 年 3 月，瑞典考察隊的斯文赫定在尼雅遺址東面羅布泊北岸，發現了 120 枚漢文簡牘和 36 張漢文文書及大批佉盧文木簡。

1903 年，斯文赫定在倫敦發表了〈中亞與西藏〉一文，首先報導了他在羅布泊沙漠考察樓蘭遺址的情況。1904 至 1907 年他的正式考察報告以《1889－1902

年中亞考察的科學成果》為題，陸續發表。斯文赫定在中國的探險活動，共寫出著作 2500 多頁，他測繪的考察地圖捐贈給了德國地理學會。他所寫的《我的探險生涯》一書，是他探險生活的自述，其中記述了他在我國樓蘭發現簡牘的情況。

斯文赫定在中國所獲簡牘曾委託德國人卡爾·希姆萊（Karl Himly）研究，後因希姆萊去世，又轉由另一德國學者奧古斯特·孔好古（August Conrady）完成。1920 年，孔好古在斯德哥爾摩出版了《斯文赫定在樓蘭發現的漢文寫本及零星物品》，公布了這批文書。

1906-1908

▲疏勒河流域漢塞烽隧遺址
▲羅布淖爾北海頭故城

1906 年 4 月，斯坦因開始了他的第二次中亞探險。10 月重訪了尼雅遺址，12 月到達樓蘭遺址，相繼發現了許多漢文文書及佉盧文文書。1907 年 1 月，到達米蘭，發現了古代藏文文書。2 月離開樓蘭，前往敦煌，在敦煌以北的疏勒河流域漢塞烽燧遺址中掘得 708 枚（或云 704 枚）漢文木簡。其中有紀年者 166 枚，最早的為西漢武帝天漢三年（公元前 98 年），最晚的是東漢順帝永和二年（公元 137 年）。此外還掘得一些粟特文、佉盧文、婆羅謎文書。後來在羅布淖爾以北的北海頭故城又得魏至北宋木牘 104 枚，在尼雅遺址中得 11 枚。到了敦煌莫高窟後又騙走王道士大批古文書。

斯坦因在其所著《西域考古記》和《中國沙漠考古記》（牛津出版）中，對上述所獲有詳細的記載和敘述。1913 年，沙畹在牛津出版了題為《斯坦因在東土耳斯坦考察所獲漢文文書》一書，刊布了斯坦因這次所獲的大部分實物照片。這批材料的刊布，立即引起國內外學者的關注，但作出最大貢獻的還應首推中國學者羅振玉和王國維。1914 年，由日本東山學社出版了兩人合著的《流沙墜簡》之後，王國維又寫了一系列有關的論文，有高深的造詣，爲當時東西方學者所望塵莫及。遺憾的是《流沙墜簡》所據的材料只是沙畹公布的 533 枚簡牘照片，未能見到孔好古的那部分文書，因此在資料收集上有一定的局限性，所以後來有人不斷地對此書進行了補充和糾正。

1907

▲西夏古都黑城

俄國探險家科茲洛夫在考察西夏古都黑城時發現簡牘 2 枚。1923 年，他撰寫了題爲《蒙古安多和死都哈剌和卓》的調查報告，刊布了這些材料。

1908-1910

▲樓蘭遺址海頭故城

日本大谷光瑞探險隊第二次來中亞考察，1909 年 2 月到達庫爾勒。之後桔瑞超與野村三郎分頭從天山南路向西進發，在樓蘭遺址海頭故城中得《李柏文書》（關於《李柏文書》的出土地點，日本學者森鹿三曾撰文《李柏文書的出土地點》進行了討論）及晉代木牘 5 枚。《李柏文書》的內容是關於討伐不肯歸附前涼的西晉戊巳校尉趙貞及安撫高昌諸國等事宜。

據有些書籍及文章的報導，日本探險隊這次共得簡牘 23 枚，這些簡牘的摹本和照片發表在 1915 年日本光華社出版的《西域考古圖譜》和 1931 年日本出版的《書道全集》（三）中。

1913-1915

▲敦煌郡玉門都尉和中部都尉

▲酒泉郡西部都尉和北部都尉

1913 年斯坦因第三次對中亞開始探險。1914 年 3 月，斯坦因再次到達敦煌以北的漢塞遺址，對第二次考察時遺漏或未作考察的地段進行了補充調查和發掘。4 月以後在安西、玉門、金塔等地進行了調查和發掘，共掘得漢代簡牘 166 枚，在樓蘭遺址中掘得晉代簡牘 49 枚。這批簡牘一般稱之爲「敦煌漢簡」，其出土地點大部分屬於敦煌郡玉門都尉和中部都尉，小部分屬於宜和都尉。1991 年甘肅人民出版社出版的由吳礽驤等編著的《敦煌漢簡釋文》云，這次探險「同時在安西、酒泉兩縣境內採得 105 枚，其出土地點大部分屬於酒泉郡西部都尉和北部都尉，小部分屬於東部都尉。這些簡牘陳夢家稱之爲『酒泉漢簡』，但一般習慣仍稱作『敦煌漢簡』。其報告見斯氏《亞州腹地中亞甘肅和伊朗東部考古記》」。這批簡牘的內容多記當時當地的日常行政、軍事和私人生活，還有〈倉頡篇〉、〈急就篇〉等小學書以及日書、方書等，而以官文書爲最多。這次所獲簡牘由沙畹的弟子馬伯樂研究。他從 1920 年開始，共用了 15 年的時間，至 1936 年完成了《中國古文書簡影》一書。但直到 1953 年，馬伯樂去世十年後，倫敦大英博物館才發表其遺著《斯坦因第三次中亞考察所獲漢文文書》。在此之前，中國學者張鳳旅法留學時從馬伯樂處曾得到斯坦因第三次中亞考察出土簡牘的照片和出土地點編號。1931 年，他將上述材料連同沙畹第二次考察所獲簡牘的圖版在國內刊布，並對文字進行了考釋，撰寫成《漢晉西陲木簡匯編》一書，於 1931 年在上海有正書局出版，書中還收錄了不少後來馬伯樂書中沒有的原簡照片。這批原簡現藏英國倫敦不列顛博物館。1993 年，甘肅人民出版社出版了郭鋒所寫的《斯坦因第三次中亞探險所獲甘肅新疆出土漢文文書——未經馬伯樂刊布的部分》一書中又發表了馬伯樂未刊布的 4 枚簡牘。

1920

▲敦煌小方盤古城

周炳南在敦煌小方盤古城玉門關外的沙灘中掘得木簡 17 枚。周氏自云：「1920 年春軍次旅行時掘得敦煌西北玉門關城外之沙灘中」，但未說明其具體地點及方位。17 枚木簡中僅有 1 枚完整，餘皆殘斷。木簡以松木爲之，長 23 厘米，寬 1 厘米。木簡時代係西漢末至東漢時期，其內容爲屯戍記事，惜不能連貫成冊。原簡現藏敦煌博物院。

1990 年文物出版社出版的由李均明、何雙全合編《散見簡牘合輯》及 1991 年甘肅人民出版社出版的由吳礽驤等合編的《敦煌漢簡釋文》均收錄了該批木簡的內容。

1927

▲居盧訾倉故址

▲拜城和色爾佛洞

1926 年，北平中國學術協會與瑞典人斯文赫定聯合組成西北科學考察團赴蒙、甘、新、寧考察考古、民俗等情況。1927 年，中國考古學家、西北考察團團員黃文弼在羅布淖爾的默得沙爾得木簡 71 枚。默得沙爾原爲居盧訾倉故址，屬西域都護。木簡中有黃龍、元延等紀年簡，可知其爲西漢時遺物。此後他又在額濟納河畔的一個古堡中獲得漢代簡數枚，在吐魯番城西 20 公里的古交河的雅爾岩獲木牘數枚，在木札特河畔的拜城和色爾佛洞得版牘 10 枚。

1948 年黃文弼出版了中國西北科學考察團叢刊之一《羅布淖爾考古記》一書，比較詳細地介紹了這次考察的情況，並首次發表了本次考察活動所獲的 71 枚漢簡內容。

1930-1931

▲額濟納河流域（張掖郡居延縣）

1930年4月，西北考察團成員、瑞典考古學家貝格曼（Folke Bergman）在額濟納河流域發現1枚木簡，此後考察團又在古居延舊地掘得11,000餘枚漢代簡牘，這是考察團獲得木簡最多的一次，當時震驚中外。這批簡牘的出土地點，據推測，可能就是漢代張掖郡居延縣，因此這批簡牘就以「居延漢簡」而聞名中外。居延漢簡是漢代張掖郡居延、肩水兩都尉的各種文書檔案，記錄了該地區的政治、經濟、軍事等各方面的情況，是研究漢代社會歷史的珍貴資料。

這批漢簡於1931年5月末運至北京，由劉半農、馬衡等進行研究，傅振倫、傅明德協助整理。1935年後又由向達、勞榦、賀昌群、余遜協助整理。1937年抗戰爆發，整理工作中輟。是年秋，在上海的簡牘照片毀於戰火。簡牘由沈仲章幾經轉折從天津經海路運到香港大學圖書館，而後沈仲章又將木簡拍照、剪貼、編號、排版、編寫索引。1941年太平洋戰爭爆發，香港淪陷，簡牘照片第二次毀於戰火。簡牘由香港大學蔣夢麟校長、袁同禮館長協助運到美國國會圖書館。

1943年，勞榦先生根據手頭照片副本在四川整理出版了石印本《居延漢簡考釋・釋文之部》。1944年又出版了《居延漢簡考釋・考證之部》。兩書在當時印刷條件的限制下僅印了不到100部，且均未附簡牘照片。1949年11月，上海商務印書館又用活版印刷了兩冊本《居延漢簡考釋・釋文之部》。直到1957年勞榦先生將簡牘照片的一部分在台灣出版了《居延漢簡・圖版之部》，才使人得以見到漢簡的原狀。另一部分則由大陸中國科學院考古研究所於1957年在大陸出版了《居延漢簡甲編》，該書包括有2,555枚簡牘的照片、釋文和索引，這是根據當時留在大陸的簡牘照片所編著的。居延漢簡比較完整的資料的刊布是1980年由中國社會科學院考古研究所編的中華書局出版的《居延漢簡甲乙編》。該書分上、下兩冊。上冊爲甲乙兩編的圖版，共計475版，包括1930年出土的全部居延漢簡影本。下冊爲圖版影本的釋文以及附錄和附表，包括有關情況的說明文字。

1934-1942

▲湖南長沙子彈庫楚墓

湖南省長沙市子彈庫戰國楚墓中盜掘出帛書一幅。該帛書出土不久即落入當時在長沙雅禮中學任教的美國人考克斯（Johu Hadley Cox）之手，被他帶到美國。其後帛書在美國幾度易手，現藏美國紐約大都會博物館。

關於該帛書的出土時間眾說紛紜：日本梅原末治稱出土於三十年代後半期；錢存訓稱發現於1936-1937年間；商承祚稱出土於1942年；澳大利亞學者巴納德稱他1967年、1973年曾訪問過一位當年參加過盜掘帛書而現在住在中國大陸之外的人說，帛書的出土時間爲1934年；1973年湖南省博物館對當年出土帛書的墓葬又做了重新的調查和清理，清理報告稱帛書的出土時間爲1942年；美國方面稱至今他們還保存著文字憑據，可以證明帛書是三十年代出土的。

帛書是寫在一幅寬度略大於高度的方形絲織物上。整個幅面由三部分文字組成，即中間是兩段書寫方向互相相反的文字，一段十三行，一段八行，四周是作旋轉狀排列的十二段邊文，其中每三段居於一方，四方交角用赤、青、白、黑四木相隔，每段各附有一種怪圖形。其內容是一部與曆忌有關的著作。另外抄寫者還用一種朱色塡實的方框作爲劃分章次的標記，將中間兩大段各分爲三章，邊文十二段分爲十二章。由於整個帛書的三部分文字是按旋轉方式排列，因此閱讀帛書時必先決定帛書的起訖。

自帛書出土後，中外學者研究該帛書的著作約有二、三十種，其中主要有澳大利亞學者諾埃爾·巴納德1973年出版的《楚帛書翻釋和箋注》、香港學者饒宗頤《楚繒書疏證》（《史語所集刊》四十冊上）、李零《長沙子彈庫戰國楚帛書研究》（1985年中華書局出版）等。

1944

▲敦煌小方盤城漢代邊塞遺址

1944 年，由當時的中央博物館、中央研究院、北京大學文科研究所共同組織了西北科學考察團歷史考古組赴甘肅河西地區進行考古調查。夏鼐和嚴文儒考察了敦煌小方盤城以東部分漢代邊塞遺址，共掘得漢簡 49 枚。

後來夏鼐對所獲漢簡進行了考釋，寫出了〈新獲之敦煌漢簡〉一文，1948 年連同原簡照片一併發表在中央研究院《語言歷史研究所集刊》第十九本上。嚴文儒曾撰寫了《河西考古雜記》（1953 年），書中比較全面地介紹了遺址考察及漢簡出土的情況。

1945

▲甘肅武威南山刺麻灣木簡

11 月，夏鼐、嚴文儒在甘肅武威南山刺麻灣掘得木簡 7 枚，現藏台北中央研究院史語所。

1998 年台灣文淵企業有限公司出版的由簡牘整理小組編的《居延漢簡補篇》一書中發表了這 7 枚木簡的照片和內容。

1951

▲湖南長沙五里碑 406 號墓

中國科學院考古研究所湖南調查發掘團在湖南省長沙市近郊五里碑的一座戰國墓葬（406 號）中發掘出竹簡 37 枚。出土時竹簡殘斷，長短不一，文字漫滅，很難辨認。從可辨認的文字分析，其內容當爲遣策之類。

關於該墓出土竹簡及其他文物的情況，湖南省調查發掘團曾撰文〈長沙近郊古墓發掘記略〉，發表在《科學通報》1952 年 3 卷 7 期上。1957 年，科學出版社出版了由中國科學院考古研究所撰寫的《長沙發掘報告》一書，書中也刊布了這批竹簡的內容。

1951-1952

▲湖南長沙 203 號漢墓

在湖南省長沙市 203 號漢墓（西漢後期）中出土了木牘 9 枚。

1984 年陝西人民出版社出版的由林劍鳴編譯的《簡牘概述》一書中收錄了這一內容。

▲湖南長沙楊家大山 401 號墓

在湖南省長沙市楊家大山 401 號墓出土木牘 1 枚。

1984 年陝西人民出版社出版的由林劍鳴編譯的《簡牘概述》一書中收錄了這一內容。

▲湖南長沙五家嶺 201 號墓

在湖南省長沙市北郊五家嶺 201 號漢墓出土西漢晚期的封檢 9 枚。每枚長 5.8 厘米，寬 2.05 厘米，厚 1.35 厘米。其中一枚上墨書「魚鮓－斛」4 字，其他 8 枚字跡模糊，難以辨認。

1990 年文物出版社出版的由李均明、何雙全合編的《散見簡牘合輯》一書附錄中收錄了該簡情況。

▲湖南長沙徐家灣 401 號漢墓

在湖南省長沙市東郊徐家灣 401 號漢墓中出土了西漢後期木楬 1 枚。該楬長 11.8 厘米，寬 3.1 厘米，厚 0.3-0.5 厘米。上端削去兩角，呈梯形狀，稍往下處兩側刻有缺口，用以繫繩。木楬正面墨書「被絳函」3 字。

1990 年文物出版社出版的由李均明、何雙全合編的《散見簡牘合輯》一書附錄中收錄了該楬情況。

1953

▲湖南長沙仰天湖戰國楚墓

7 月，在湖南省長沙市南門外仰天湖戰國楚墓中出土竹簡 43 枚。整簡長 22 厘米，寬 1.2 厘米，厚 0.1 厘米。墨書楚文字，每簡文字 2 至 21 字不等，有些文字因年久漫漶不清。簡文內容爲遣策類。

1953 年第 2 期《文物參考資料》上刊登了湖南省文物管理委員會寫的〈湖南省文管會清理長沙仰天湖木槨楚墓發現大量竹簡彩繪木俑等珍貴文物〉一文，公布了該墓墓葬及出土文物情況。此後，1954 年第 3 期《文物參考資料》又刊登了〈長沙仰天湖戰國墓發現大批竹簡及彩繪木俑雕刻花版〉、1957 年第 2 期《考古學報》也發表了湖南省文物管理委員會撰寫的〈長沙仰天湖第 25 號木槨墓〉，較詳細介紹了該墓竹簡出土情況，並發表了部分簡影照片。1955 年群聯出版社出版了史樹青先生的專著《長沙仰天湖出土楚簡研究》、1957 年上海出版社出版了饒宗頤先生的專著《戰國楚簡箋證》，專門論述了所出竹簡的內容和性質。

1954

▲湖南長沙楊家灣 6 號戰國墓

湖南省文物工作者在湖南省長沙市楊家灣發掘了 M006 號戰國墓葬，墓中出土了戰國竹簡 72 枚，內有文字者 54 枚。

湖南省文物管理委員會撰寫的〈長沙楊家灣 M006 號清理簡報〉，發表在 1954 年第 12 期《文物參考資料》上；1957 年第 1 期《考古學報》又發表了該委員會撰寫的〈長沙出土的三座大型木槨墓〉一文，其中也刊布了楊家灣 M006 號出土的竹簡情況和部分照片。

1955

▲湖北武昌任家灣六朝墓

4 月，在湖北省武昌市任家灣修建武泰閘挖土時發現了一座未經破壞的六朝古墓，從墓中出土了木簡 3 枚，簡上文字爲墨書隸體，其中有 1 枚上書「道士鄭丑再拜……」等字。簡長 18-23 厘米，寬 3 厘米。

1955 年第 12 期《文物參考資料》上發表了由武漢市文物管理委員會撰寫的〈武昌任家灣六朝時期墓葬清理簡報〉，介紹了該墓葬及出土文物情況，並發表了部分木簡照片。1990 年文物出版社出版的由李均明、何雙全合編的《散見簡牘合輯》一書中也收錄了該墓出土的木簡內容。

1956

▲河南陝縣劉家灣 23 號漢墓

4 月，黃河水庫考古工作隊在河南省陝縣劉家灣 23 號漢墓中發掘出木簡 2

枚，一枚無字，一枚有 3 字。因損壞嚴重，無法辨認釋讀。

1957 年第 4 期《考古通訊》上發表了由黃河水庫考古工作隊撰寫的〈一九五六年河南陝縣劉家灣漢唐墓葬發掘簡報〉，介紹了該墓葬及出土木簡情況。

1957

▲河南信陽長台關楚墓

1956 年春，河南省信陽長台關農民在小劉莊後崗上打井時發現一座古墓，掘出槨板，並進入前室、主室及右側室，取出一部分銅器和漆木器。縣委會得悉後，立即派人前往了解，並將該墓封閉。次年 3 月，河南省文化局文物工隊著手正式發掘。在 1 號楚墓前室的中部出土了鼎、銅壺、竹簡等文物。

竹簡出土於中部北側，緊靠東壁下邊。竹簡出土時多已殘斷。經過整理，共計竹簡 148 枚，據其內容可分爲兩組。

其中第 1 組共 119 枚。出於前室東部，由於農民打井時的踐踏，竹簡已全部殘損。殘簡長短不齊，最長者爲 33 厘米，據編簡帶痕推斷，估計原簡長在 45 厘米左右，每簡約書 30 字左右。現存簡寬約 0.7-0.8 厘米，厚約 0.1-0.15 厘米。文字係用墨書寫在竹黃面，殘存字跡大部分尚能辨認，殘簡每枚最多的存 18 字，共殘存 470 餘字。該組竹簡內容是一部竹書，寫的是一篇記載申徒狄與周公談話的短文。

第 2 組共有竹簡 29 枚。出土於墓葬的左後室。竹簡保存比較完整，但簡的兩端折裂較多，文字也較模糊。最長的一枚爲 69.5 厘米，一般長 68.5-68.9 厘米，寬 0.5-0.9 厘米，厚 0.1-0.15 厘米。根據竹簡出土時的情況觀察，部分竹簡編聯是每 4 枚爲一束，兩兩相對，字面朝裏。先編聯，後書寫。每簡均爲單行墨書，頂格書寫，不留空白。各簡書寫的文字多少不等，多者達 48 字，少者僅 16 字。從已辨認出的字計算，共殘存 957 字，原簡當有千餘字。該組竹簡的內容是記的清單，即屬遣策類。

這兩組竹簡的內容十分豐富，前者對思孟學派思想的研究有所幫助，後者是探討當時楚人日常用器及生活禮俗的有用資料。

1959 年第 9 期《文物參考資料》刊登了河南省文物工作隊第一隊所寫的〈我國考古史上的空前發現——信陽長台關發掘一座戰國大墓〉，初步介紹了該墓出土的竹簡及其他文物情況。此後。1959 年河南人民出版社出版了由河南省文化局文物工作隊編的《河南信陽楚墓圖錄》一書，書中刊布了該墓出土的器物及竹簡圖錄。直到 1986 年，文物出版社出版了由中國社會科學院考古研究所編的《信陽楚墓》一書後才完整詳細地公布了該墓出土的文物、竹簡情況及器物竹簡的圖版、竹簡釋文等。

1959

▲甘肅武威磨咀子 6 號漢墓

7 月，甘肅省博物館爲了配合當地開荒工程，在河西走廊東部武威市新華鄉纏山村磨咀子發掘了 6 號漢墓。該墓爲土洞墓，發掘時已遭嚴重破壞，出土的文物有陶器、木器、漆器、木簡、竹簡等。該墓共出土竹木簡 600 餘枚，出土時已經擾亂和散失。其中完整的有 385 枚，殘簡約有 225 枚。除少量爲竹簡外，多數爲木簡。

木簡有長的和短的兩種，均係松木質料。短木簡有 9 枚，長約 20-22 厘米，寬約 1.5 厘米左右。其內容是記述宜忌之類的迷信簡書。長簡大都保存完好，長約 54-58 厘米，寬約 0.8-1 厘米。簡上墨書隸體。每枚簡文上寫有 60-80 字不等，但以 60 字者爲多。木簡有 4 道編繩，兩端兩道、中間兩道。簡的正面或背面編有順序號碼，相當於今天印本書籍的頁次。

經過整理，發現該批木簡的內容爲古代文獻《儀禮》的部分篇章。這些簡文可分爲三個部分：甲本是七篇《儀禮》，木簡；乙本是一篇《服傳》，它和甲本的《服傳》是相同的鈔本，只是木簡稍短而狹，字小而密；丙本是抄在竹簡上的《喪服》經。甲本共 378 枚簡，存有七個篇名：《士相見》第三，計 16 枚簡；《服傳》第八，計 55 枚簡；《特牲饋食》第十，計 49 枚簡；《少牢饋食》第十一，計 45 枚簡；《有司徹》第十二，計 73 枚簡；《燕禮》第十三，計 39 枚簡；《大射》第十四，計 101 枚簡。其中只有《士相見》一篇保存完整，其餘六篇均有損失，共約缺 40 餘簡。其他殘簡也爲《儀禮》內容。甲、乙、丙三種《儀禮》共有九篇，總存字數約有 27,400 餘字，較之熹平石經七經殘存的文字要多近 20,000 字。

這批木簡的出土在文獻學的研究上有著重大意義，它不僅使我們看到了漢代寫本《儀禮》，還使我們看到了漢代所誦習經書的式樣，對我們研究漢代的簡冊制度提供了極其珍貴的資料。

1960 年第 5 期《考古》雜誌發表了由甘肅省博物館寫的〈甘肅武威磨咀子 6 號漢墓〉一文，介紹了該墓出土的木簡情況。同年第 8 期《考古》雜誌還發表了甘肅省博物館寫的〈武威漢簡在學術上的貢獻〉一文，全面介紹和論述了簡本《儀禮》出土的意義和價值。

▲甘肅武威磨咀子 18 號漢墓

甘肅省博物館在發掘了磨咀子 6 號漢墓後，又繼續發掘了磨咀子 18 號漢墓，在該墓中出土了木簡 10 枚。出土時還有幾枚繫在鳩杖上。從殘存的跡象看，10 枚木簡當初應皆繫在鳩杖的一端。出土王杖長近 2 米。簡長 23-24 厘米，寬 1 厘米。墨書隸體，字跡淸晰。出土時木簡由三道編繩編聯，先編後寫。10 枚簡爲一完整的冊書。

據整理研究，其內容爲西漢宣帝、成帝時關於「年始七十者授之以王杖」的兩份詔書和受杖老人受辱之後裁決犯罪者的案例，以及墓主人受王杖的行文等。這也就是後來大家習稱的著名的「王杖十簡」。「王杖十簡」的出土對我們今天研究漢代「尊老」、「養老」的制度及其具體措施，具有重大的史料價值，且可與《後漢書．禮儀志》所記：「仲秋六月，縣道皆案戶比民，年始七十者授之以玉（按：當『王』字之誤）杖……端以鳩鳥爲飾」應證。簡文中有云「高年受王杖，上有鳩，使百姓望見之」，「先年七十受王杖」等，皆與《後漢書．禮儀志》記載相吻合。因簡文不長，現錄釋如下，以供參考。

制詔御史曰：年七十受王杖者，比六百石，入宮廷不趨；犯罪耐以上，毋二尺告劾；有敢徵召入侵者，比大逆不道。建始二年九月甲辰下。制詔丞相、御史：高皇帝以來至本二年，朕甚哀老小。高年受王杖，上有鳩，使百姓望見之，比於節。有敢妄罵詈毆之者，比逆不道。得出入官府郎第，行馳道旁道。市賣復毋所與。如山東復有旁人養謹者，常養扶持，復除之。明在蘭台石室之中。王杖不鮮明，得更繕治之。河平元年，汝南西陵縣昌里先年七十受王杖，䫀部游徼吳賞使從者毆擊先，用訴地太守上讞。廷尉報：罪名明白，賞當棄市。孝平皇帝元始五年幼伯生，永平十五年受王杖。蘭台令第卅三、御史令第卌三、尚書令滅受在金。

1960 年第 9 期《考古》雜誌發表了甘肅省博物館寫的〈甘肅武威磨咀子漢墓發掘簡報〉及考古研究所編輯室撰寫的〈武威磨咀子漢墓出土王杖十簡釋文〉，比較詳細地介紹了木簡的出土情況及木簡內容，並對木簡內容作了簡單的考證和研究。1964 年文物出版社又出版了甘肅省博物館和中國科學院考古研究所合編的《武威漢簡》一書，書中也收錄了該墓出土的「王杖十簡」內容及照片。

▲新疆巴楚縣脫庫孜沙來古城

4 月，新疆維吾爾自治區博物館南疆考古隊在巴楚縣脫庫孜沙來古城一帶進行發掘和徵集文物工作時，先後發現了有文字的木簡 20 枚。

1959 年第 7 期《文物》雜誌發表了新疆博物館寫的〈新疆巴楚縣脫庫孜沙

來古城發現的古代木簡、帶文字紙片等文物〉一文報導了這次發現的木簡情況。1990 年文物出版社出版的由李均明、何雙全合編的《散見簡牘合輯》一書中也收了這一內容。

1962

▲江蘇連雲港海州网疃庄漢墓

南京博物院在江蘇省連雲港市海州网疃庄焦山的一座東漢初期墓葬中發掘出土一枚木牘。牘長 23 厘米，寬 6.7 厘米。牘上書有 5 欄文字，第 1、2 欄各 7 行，第 3、4 欄各 8 行，第 5 欄有 4 行。出土時字跡已不清晰，只見有「□□衣一領」等字。其內容爲遣策類。

1963 年第 6 期《考古》雜誌刊登了南京博物院寫的〈江蘇連雲港市海州网疃庄漢木槨墓〉一文，報導了該墓出土遣策的情況。1990 年文物出版社出版的由李均明、何雙全合編的《散見簡牘合輯》一書中也收錄了木牘的內容。

1963

▲江蘇鹽城三羊墩漢墓

江蘇省文物管理委員會在江蘇省鹽城三羊墩發掘了一座漢墓，墓中出土了木牘一枚。木牘長 22.8 厘米，寬 3.5 厘米，厚 0.5 厘米。木牘上書有 4 欄文字，但字跡漫漶。第 2 欄可見「□□襜褕一」，第 3 欄可見「間丸犺一」，「相丸□一」等字。木牘的背面亦有字跡，但難以辨認。從所存文字來判斷，其內容當爲記載隨葬器物清單的遣策。

1964 年第 8 期《考古》雜誌發表了江蘇省文物管理委員會等撰寫的〈江蘇

鹽城三羊墩漢墓清理報告〉。報導了該墓葬及出土文物的情況。1990 年文物出版社出版的由李均明、何雙全合編的《散見簡牘合輯》一書中也收錄了該木牘的內容。

1965

▲湖北江陵望山1號楚墓

是年冬至次年春，湖北省文化局文物工作隊爲配合湖北省荊州地區漳河水庫渠道建設工程，先後在江陵望山發掘了四座戰國時代的中小型楚國貴族墓葬。除出土諸如越王勾踐劍、彩繪木雕禽獸漆座屏、大型錯金鐵帶鉤、嵌錯龍鳳紋銅尊等一大批珍貴文物外，在 1 號和 2 號墓內還各出土了一批竹簡，這是在湖北境內、並且是在楚國故鄉紀南城附近首次發現的楚簡。簡文內容除 2 號墓簡爲遣策外，1 號墓簡文爲卜筮祭禱的記錄，這在我國尚屬首見。兩者都具有極爲重要的學術價值。

兩組竹簡的出土，當時即引起了我國學術界的廣泛關注。爲了能及時進行考釋研究，並使其成果爲社會所運用，湖北省文物工作隊曾邀請故宮博物院、中山大學的專家對這兩批楚簡進行了臨摹、考釋、研究等工作，並取得了初步成果。後因發生「文化大革命」運動，此項整理研究工作被迫中斷，其成果也未能早日公布於眾。七十年代初，整理工作重新開始，並約請了北京大學的朱德熙、裘錫圭等專家重新對這批竹簡進行了考釋和研究。1976 年完成了這兩批楚簡的全部整理工作，並寫出了《望山楚簡釋文與考釋》初稿，後又幾經修改，於 1987 年完成了全書的定稿工作。

望山 1 號楚墓是 1965 年冬發掘的，出土器物十分豐富，有陶、銅、漆、木、竹、鐵、鉛、錫、玉、石、骨、皮、絲織物，以及動物遺骸與植物等共達六百餘件之多。竹簡出土於邊箱的東部，疊壓在漆器下面。這批竹簡由於槨室裏積水的浮動與漆木器等器物的疊壓，清理時竹簡的編繩均已腐爛，原來編聯的順序已不清楚，而且所有竹簡無一保存完整，均已殘斷，散存在破碎的器物殘渣中。出土時竹簡呈深褐色，殘斷較甚。殘簡最長的爲 39.5 厘米，最短的僅有 1 厘米多，一般在 10 厘米以下。竹簡寬 1 厘米左右，厚約 0.1 厘米。

這批竹簡的文字均係墨書於篾黃面，篾青面未見有書寫的文字。出土時簡文大都比較清楚，但也有一部分漫漶不清。每簡的字數多寡不同，最多的達三十餘字，最少的僅有一字，一般均爲五字到十五字之間。經過整理統計，這批竹簡簡文共計有 1,093 字，其中單字 216 個，重複字 877 個。這批簡文的書寫頗爲工整，但筆法不甚一致，似出於多人之手。這些情況爲研究戰國時期楚國的簡冊制度、古文字學都提供了一批重要的實物資料。

這批竹簡由於殘斷過甚，已無法復原，經拼接綴合後，竹簡總數共 207 枚，最長的爲 52.1 厘米，一般長度在 15 厘米左右。竹簡的內容主要是墓主卜筮祭禱的記錄，從記載的卜筮祭禱之辭的格式來看，通常先記卜筮的時間，後記卜筮的工具，再記所問事項與卜筮的結果，最後還要記載爲墓主求福去疾的措施。簡文所記的卜筮內容主要有三個方面：一是關於「出入侍王」的；二是關於墓主的仕進的；三是關於疾病吉凶的。從簡文內容來看，墓主當時患有心病，不能飲食，還有足骨病、首疾、胸疾等，記載這類內容的簡文占的數量最多。

這批楚簡是我國首次發現的關於卜筮祭禱的簡文，它不僅爲研究該墓的墓主身分和入葬時間提供了重要的文字資料，而且對於研究當時的楚國習俗也有一定的參考價值。

1966 年第 5 期《文物》雜誌刊發了湖北省文化局文物工作隊寫的〈湖北江陵三座楚墓出土大批重要文物〉一文，較詳細地報導了這次發掘的重要成果，同時還刊登了部分竹簡的照片和摹本。1995 年中華書局出版了由湖北省文物考古研究所和北京大學中文系合編的《望山楚簡》一書，完整地公布了這批竹簡的照片和釋文，並附有對簡文的考證。同年，齊魯書社也出版了由商承祚先生編著的《戰國楚簡匯編》一書，也收錄了望山 1 號楚墓出土的竹簡內容。

1966

▲湖北江陵望山 2 號楚墓

繼望山 1 號楚墓發掘後，1966 年春，湖北省文化局文物工作隊又對望山 2 號楚墓進行了發掘。該墓早年被盜，但出土的隨葬品仍較豐富，有銅、陶、漆、木、竹、玉、石、骨、絲織物等共計 600 餘件，還有一些動物遺骸及植物等。這些器物主要放置於頭箱、邊箱和棺內。在邊箱的最上層中部和東部還發現了一組竹簡。

這組竹簡由於放在隨葬器物之上，出土時尚有 5 枚竹簡保存較爲完好，但由於槨室裏的積水常年浸泡和浮動，竹簡編聯的編繩已腐朽，竹簡已經散亂，而且大多數已經殘斷。出土時竹簡呈深褐色。整簡最長的爲 64.1 厘米，殘簡最短的不足 1 厘米，一般多在 4-10 厘米左右。各簡的寬度與厚度也不盡相同。寬約 0.6-0.67 厘米，厚約 0.1-0.16 厘米。這組竹簡的文字均書寫於篾黃面，篾青與篾的頭、尾兩端均未書寫文字。出土時大部字跡尚較清楚，也有一些殘損不清。每簡的字數不盡相同，以出土時保存基本完整的 5 枚竹簡爲例，最多的達 73 字，最少的僅 3 個字或 4 個字。該組簡文共計有 925 字，其中單字 251 個，重複字 674 個。簡文書寫頗爲工整，但也似乎出於多人之手。

這批竹簡出土後的整理情況與望山 1 號竹簡整理情況完全相同。經拼接綴合後，竹簡總數共 66 枚，最長的竹簡爲 64.1 厘米，最短的殘簡不足 1 厘米，一般多在 4-10 厘米左右。這組竹簡的內容爲記載隨葬物品的遣策，所記器物名稱達 320 種之多，而且許多器名不見於文獻記載。遣策所記的器物排列有序，與出土實物對照也基本相符。因此，這批竹簡的發現，不僅對考定隨葬器物的名稱提供了文字資料，而且對於研究墓主所屬等級的隨葬制度與楚人的習俗都有較高的參考價值。

這批竹簡出土後的情況與望山 1 號墓竹簡的遭遇完全一樣，在出土後剛準備整理時，「文化大革命」運動開始，整理工作被迫中斷。直到七十年代初期才又重新開始整理。1976 年完成了整理初稿，1978 年最後定稿。這批竹簡的出土情況最早報導見於 1966 年第 5 期《文物》雜誌上刊登的〈湖北江陵三座楚墓出土大批重要文物〉一文。1995 年中華書局出版了由湖北省文物考古研究所和北京大學中文系合編的《望山楚簡》一書，書中全部公布了這批竹簡的照片和釋文，並對竹簡內容作了較詳細的考證。同年，山東齊魯書社也出版了由商承祚先生編著的《戰國楚簡匯編》一書，書中也收錄了該批竹簡的內容。

1966-1969

▲新疆吐魯番阿斯塔那 53 號墓

1966-1969 年間，新疆維吾爾自治區博物館在吐魯番縣阿斯塔那古墓群 53 號墓中發掘出晉泰始九年木簡 1 枚。木簡兩面書寫，正面爲「泰始九年二月九日大女翟姜從男子欒」，背面爲「買棺一口，賈練廿匹，練即畢棺，即過。若有名棺者，約當召欒奴共了。旁人馬男共知本約。」從內容來看當爲私人文書。

1972 年第 1 期《文物》雜誌刊登了新疆維吾爾自治區博物館寫的〈吐魯番縣阿斯塔那——哈拉和卓古墓群清理簡報〉，對該墓出土的文物情況進行了報導。1990 年文物出版社出版的由李均明、何雙全合編的《散見簡牘合輯》一書中也收錄了該文書的內容。

1971

▲甘肅甘谷縣渭陽劉家坪東漢墓

12 月，在甘肅省天水市甘谷縣渭陽人民公社十字道生產大隊村北劉家山坪上發現一座東漢墓葬，甘肅省文化組、甘肅省博物館、天水地區和甘谷縣的文教部門共同組了專業人員前赴現場，在當地群眾的協助下，從墓葬中清理出一批木簡。

木簡由松木製成，簡文墨書隸體。出土時破損很多，經整理看出，原簡有三道編繩，兩面書寫。正面抄寫正文，背面上端署有編碼第一、第二、第三、第五、第六、第七、第九、第十、第十一、第十二、第十四、第十五、第十六、第十七、第十八、第廿、第廿一、第廿二、第廿三，此外還出土了許多殘存簡片，難以綴連，多屬於已失順序的第四、第八、第十三、第十九四碼的殘簡。木簡最長的有 23 厘米左右，每簡正面約寫 60 字左右，最多者寫有 74 字。共有 23 枚簡，現存簡文 964 字。

木簡內容爲東漢桓帝延熹元年、二年宗正府卿劉柜關於宗室不斷受侵而上報皇帝的奏書。書中云：當時鄉縣官吏「横加僇辱」皇族宗室，侵奪宗室特權利益。劉姓宗室「自訟爲鄉縣所侵，不行復除」，「言郡被書不奉行」，「州郡奉行，或悉承章」。因爲「施行繆錯」，所以「令上恩偏鬲」。揭示了當時以劉姓皇帝、宗正、府官、宗室族屬代表的中央皇室權貴與以州、郡、縣、鄉諸官吏代表的地方豪強縉紳之間爭權奪利的鬥爭。

該批木簡的清理報告尚未發表，但其內容及考釋已於 1984 年刊布在甘肅人民出版社出版的由甘肅省文物工作隊和甘肅省博物館合編的《漢簡論文集》中。1990 年文物出版社出版的由李均明、何雙全合編的《散見簡牘合輯》一書中也收錄了這批木簡的內容。1991 年甘肅教育出版社出版的由薛英群撰寫的《居延漢簡通論》一書中也論及了這批木簡的內容。

1972

▲山東臨沂銀雀山漢墓

4 月間，山東省博物館和臨沂文物組在臨沂銀雀山發掘了 1 號和 2 號兩座西漢墓葬。臨沂縣城的南面有兩座隆起的小山崗，東西對峙，東崗名爲金雀山，西崗名爲銀雀山，兩處都保存有規模較大的漢代墓地。這裏在漢代屬於東海郡的開陽縣。銀雀山靠近城區，由於市政建設的發展，高地已逐漸削平，1 號墓就是在市政基本建設中發現的，這次發掘也是爲配合市政建設而進行的。

銀雀山 1 號和 2 號墓葬中都有漢簡的出土，竹簡出土時浸泡在泥水中，有的竹簡已經和淤泥膠結在一起，朽壞殘斷現象十分嚴重，出土時又受到一些損傷。銀雀山竹簡主要出土於 1 號墓葬，該墓所出竹簡共編 7,500 餘號，整簡數量不多，大部分是殘片，有不少殘簡上僅存一兩字。

竹簡原分長短兩種，長簡全長 27.5 厘米左右，寬度多數爲 0.5-0.7 厘米，厚 0.1-0.2 厘米。絕大部分竹書是用長簡書寫的。用短簡書寫的似乎只有關於「天地、八風、五行、客主、五音」的占書一種，此類竹簡全部殘斷。其整簡長度估計爲 18 厘米左右，寬度爲 0.5 厘米左右。竹簡原來用繩分編成冊，因編繩年久朽斷，出土時竹簡的順序已經散亂。長簡大部分有三道編繩，少部分有兩道編繩。

此外，1 號墓中還出土了一些木牘和木牘殘片，經綴合，這些殘片原物當分屬五塊木牘。

其中第一塊木牘斷裂爲二，經綴合後完整無缺。長 22.9 厘米，寬 4.6 厘米。上面抄列《守法》、《要言》、《庫法》、《王兵》、《市法》、《守令》、《李法》、《王法》、《委法》、《田法》、《兵令》及《上篇》、《下篇》等十三個篇題。分三欄抄寫。出土時木牘的腰部尙有殘存的繫繩。這種木牘疑是捆在簡冊書帙外面的題簽。

第二塊木牘共由六塊殘片綴合，殘長 22.3 厘米，寬 43 厘米。此牘係《孫子兵法》的篇題木牘，分三欄抄寫。上列《勢》、《九地》、《虛實》、《用間》、《七勢》等篇題。

第三塊木牘是由九塊殘片綴合而成的，殘長 22.3 厘米，寬 4.5 厘米。分四欄書寫。上列《將敗》、《兵之恆失》、《效賢》、《爲國之過》、《持盈》等篇題。

第四塊木牘是由四塊殘片綴合而成，殘長 17.8 厘米，寬 4.3 厘米。分三欄書寫。上列《曹氏》、《禁》等篇題。

第五塊木牘是由三塊殘片綴合而成，殘長 4.3 厘米，寬 3 厘米。分二欄書寫。上列〈分士〉、〈興理〉、〈三亂〉、〈三危〉、〈亡里〉等篇題。

銀雀山 2 號墓中僅出土西漢武帝「元光元年曆譜」32 枚簡。這類竹簡大部完整，簡長 69 厘米左右，寬 1 厘米，厚 0.2 厘米。有三道編繩。

1 號漢墓出土的竹簡內容主要是古書類，一部份是現在還有傳本的古書，大部份是佚書。前者主要有《孫子》、《尉繚子》、《晏子》、《六韜》等書（《孫子》和《六韜》中都包括一些佚篇）。其中除了《孫子》十三篇外，其他幾種似乎原來都不是足本。上引篇題木牘中的《王兵》篇，其內容錯見於今本《管子》的〈參患〉、〈七法〉、〈地圖〉等篇中，此篇與《管子》的關係尚有待於進一步研究。此外尚有一殘篇，其內容似與《周書・王佩》相合。主要有：

1.《孫臏兵法》，《漢書・藝文志》中稱《齊孫子》，簡本不全。

2.見於《漢書・藝文志》兵陰陽家下的《地典》。

3.唐勒、宋玉論馭賦（疑爲宋玉賦佚篇）。

4.上引篇題木牘中所列諸篇中的絕大部分。

5.論政和論兵的文章多篇，篇名有〈十官〉、〈五議〉、〈務過〉、〈爲國之道〉、〈起師〉等。

6.有關陰陽、時令、占候之書，如《曹氏陰陽》等。

7.相狗書、作醬法等雜書。

這批漢簡的出土是本世紀文物考古工作的重大發現之一，在一個墓葬中集中出土了這麼多先秦古籍和古佚書還是十分罕見的，對於我們研究我國古代歷史、哲學、曆法、古文字、簡冊制度以及書法藝術等都提供了極爲豐富而珍貴的資料。

這批竹簡出土後，不久即運往北京，由國家文物局文物保護科學技術研究所、山東省博物館和故宮博物院的同志們進行了清洗、編號、照像等工作。1974年，國家文物局專門抽調了中華書局、中國歷史博物館、故宮博物院、北京大學、中山大學、中國社會科學院、山東省博物館的一些專家學者成立了「銀雀山漢墓竹簡整理組」專門從事竹簡的整理工作。最後編成了《銀雀山漢墓竹簡》一書，分三輯出版。第一輯包括《孫子兵法》、《孫臏兵法》、《尉繚子》、《六韜》、《晏子》以及《守法守令等十三篇》；第二輯爲《佚書叢殘》；第三輯包括全部散碎竹簡、篇題木牘及《元光元年曆譜》。目前除第一輯已於1985年由文物出版社出版外，第二、三輯尚未出版。

這批竹簡出土後，1974年第2期《文物》雜誌上刊登了由山東博物館和臨沂文物組合寫的〈山東臨沂西漢墓發現《孫子兵法》和《孫臏兵法》等竹簡簡報〉，首次報導該批竹簡的情況。此後，1974年第12期《文物》雜誌發表了銀雀山漢墓竹簡整理組整理的〈臨沂銀雀山漢墓出土《孫子兵法》殘簡釋文〉。1975年1月，文物出版社出版了由整理組整理編輯的《銀雀山漢墓竹簡（壹）》（內容包括《孫子兵法》和《孫臏兵法》竹簡的圖版、摹本、釋文、注釋，線裝一函十冊）。1975年第1期《文物》雜誌發表了整理組整理的〈臨沂銀雀山漢墓出土《孫臏兵法》釋文〉。1975年2月文物出版社又出版了由整理組編輯的《孫子兵法》32開普及單行本。1976年第12期《文物》雜誌發表了整理組整理的〈臨沂銀雀山漢墓出土《王兵》篇釋文〉。1976年文物出版社又出版了由整理組編輯的《孫子兵法》32開普及單行本。1977年第2期《文物》雜誌發表了整理組整理的〈銀雀山簡本《尉繚子》釋文(附校注)〉，1985年第4期《文物》雜誌發表了整理組整理的〈銀雀山竹書《守法》《守令》等十三篇〉釋文。1985年9月，文物出版社出版了由整理組修訂後的《銀雀山漢墓竹簡（壹）》八開精裝本，內容包括《孫子兵法》、《孫臏兵法》、《尉繚子》、《晏子》、《六韜》、《守法守令等十三篇》的圖版、摹本、釋文、注釋，頗便研究參考。且這次出版時對《孫臏兵法》的篇章內容較此前出版的作了科學的調整。1985年12月文物出版社出版了吳九龍編的《銀雀山漢簡釋文》一書，內容包括了銀雀山1號、2號漢墓全部出土的竹簡、木牘釋文。該書按原簡出土順序號編排，沒有圖版，只錄原簡釋文。書前有敘論，介紹了兩座墓葬的形制及出土竹簡的學術價值，書後附有〈元光元年曆譜〉復原圖及〈銀雀山漢簡校注本分類目錄〉。在銀雀山漢簡內容尚未全部公佈之際，該書有一定參考價值。

▲甘肅武威旱灘坡漢墓

11 月，甘肅省武威市柏松公社下五畦大隊在旱灘坡興修水利時發現了一座東漢墓葬，墓中出土簡牘 92 枚。

該墓爲單室土洞墓，木簡原裹成一束，置於棺內死者頂部。出土時已經散亂，現存木簡 78 枚，木牘 14 枚。簡長 23-23.4 厘米，先編後寫，有三道編繩，出土時編繩痕跡尚清晰可辨。簡文單行墨書隸體。簡的寬度爲 0.5-1 厘米不等，大致可分爲寬、窄兩種。寬簡在右側編繩處刻有鍥口，窄簡未刻；兩種簡的編聯間距也有差別，可以看出原來當是各自編聯成冊的。在寬簡中有 2 枚空白無字，當是「贅簡」（簡冊的「扉頁」）。窄簡中有一枚上書「右治百病方」，當爲簡文的尾題，內容爲醫方類。木牘長 22.7-23.9 厘米，寬 1.1-4 厘米。兩面皆書寫有文字，除一版書寫單行以外，其餘皆寫兩行以上，最多的書寫六行。每行書寫 33-40 字左右，亦爲墨書隸體。這批竹簡的內容全屬醫方類，每一條目列方名、病名、症狀、藥物名、用藥劑量、服藥方法、針灸穴位、禁忌等。全書體例多是一病一方，共存醫方三十多個，涉及內科、外科、婦科、五官科、針灸科。方劑中所列藥物有一百多種，其中有六十九種見於《神農本草經》，十一種見於《名醫別錄》，還有二十多種爲上述兩醫書中所未收。這些藥物在簡牘中大都是作爲複方成份出現的，一個方劑用藥可多達十五味。

這部木簡醫書包括了臨床醫學、藥物學、針灸學的豐富內容，它的出土是我國醫學史上的一件大事，爲研究我國古代醫學，特別是漢代醫學，提供了珍貴的實物資料。

該墓葬還出土了鳩杖，可以推測該墓墓主可能是一個具有一定社會地位並從事醫藥事業的老中醫。

1973 年第 12 期《文物》雜誌刊登了甘肅省博物館、武威縣文化館合寫的〈武威旱灘坡漢墓發掘簡報——出土大批醫藥簡牘〉一文，首次報導了該墓出土的文物及醫簡情況。1975 年 10 月，文物出版社出版了由甘肅省博物館和武威縣文化館合編的《武威漢代醫簡》一書，全部發表了這批醫簡材料，其中包括圖版、摹本、釋文、注釋以及由中醫研究院醫史文獻研究室撰寫的〈武威漢代醫藥簡牘在醫學史上的重要意義〉一文。

▲湖北雲夢大墳頭 1 號漢墓

12 月，湖北省雲夢縣城關公社蕭李大隊的社員在取土時發現了一座木槨墓葬，當即報告了有關部門，隨後由湖北省博物館、孝感地區文教局、雲夢縣文教局及文化館等單位組成發掘小組進行了發掘。這裏過去保存有許多古墓的封土堆，當地居民俗稱「大墳頭」，因此該墓葬就被湖北省文物考古部門定名爲大墳頭 1 號漢墓。

該墓距睡虎地 11 號秦墓僅 400 米，墓葬中出土了木牘一塊，牘長 24.6 厘米，寬 6.1 厘米，寬 0.3 厘米。木牘正背兩面均有墨書文字。正面排三欄，共書 116 字；背面排四欄，書 105 字；兩面共有 221 字。牘上文字大都可識，內容記載的是隨葬器物的名稱、數量、大小和質料等。木牘正面第一欄記隨葬的銅器；第二欄記隨葬的木胎漆照；第三欄以記漆器爲主，雜以個別銅器及漆衣陶壺。背面第一欄記稻穀、瓜、李等食物，次記六博棋局，後記竹器等；第二欄先記木、陶等容器，次記化妝用的鏡奩，再記絲織物；第二欄最後一行至第三欄第五行是記木俑及偶馬車，然後記銅兵器及木梳；第四欄雖似爲補記後來增加的隨葬器物（因爲最後五行尚有刮削後重寫的痕跡），但仍然盡量成組記載，如最後三行均記漆耳杯。這種排列有序的隨葬器物清單，在馬王堆、鳳凰山等墓葬的遣策上也見到過。這對研究漢代的葬禮仍有很大的幫助。遣策所載器物與出土實物基本相符合。

1973 年第 9 期《文物》雜誌刊登了湖北省博物館、孝感地區文化局、雲夢縣文化館漢墓發掘組合寫的〈湖北雲夢西漢墓發掘簡報〉報導了木牘的出土情況。同期《文物》還刊登了陳振裕撰寫的〈雲夢西漢墓出土木方初釋〉一文，對該木牘的內容進行了考釋。

▲湖南長沙馬王堆1號漢墓

湖南省文物考古工作者在長沙馬王堆發掘了一座西漢墓葬，即長沙馬王堆1號漢墓。該墓出土的隨葬物品極爲豐富，從絲織品、漆器、竹木器、陶器到糧食、食品、明器等，多達一千餘件。墓主的屍體歷二千餘年仍然保存完好。該墓出土竹簡共312枚，木楬49枚。

竹簡出土該墓東邊箱北端，出土時已散落爲五個小堆，其中大部分置於一漆盒上，少部分壓在一漆鼎和一陶鼎之下。竹簡長27.6 厘米，寬0.7厘米左右，厚約0.1厘米。竹簡係書寫後再用細麻繩分上、下兩道交錯編聯成冊。出土時編繩已朽斷，從殘存繩痕來看，兩道編繩間相距 9 厘米左右，兩道編繩距上下簡端的距離亦各爲9厘米左右。每簡字數少者2字，多者達25字左右。墨書隸體，部分帶有小篆筆法，文字多可辨認，其內容爲記載隨葬器物的清單（遣策），這是迄今所見遣策中簡數最多的一種。

竹簡出土時已部分散亂，經整理復原後，其前後的大體順序是：開頭記副食品、調味品、酒醴和糧食，其次是漆器、陶器、梳妝用具和衣物，最後是樂器、竹器以及木製和土製的明器。經遣策所記與出土實物對照，大多數是相符合的，這對簡文的辨識和隨葬品的定名都有很大的幫助。它爲研究漢初的社會經濟、農業生產以及生活習慣等提供了極爲珍貴的資料。

49枚木楬大部分出土於該墓的西邊箱，少部分出於南邊箱和東邊箱。其中有 17 枚出土時仍繫在各個竹笥頂側。木楬大小不一，長約 7.1-12 厘米、寬約3.7-5.7厘米、厚約0.2-0.4厘米不等。木楬頂端均呈半圓形，用墨塗黑，穿有兩個繫繩的小孔。木楬所書文字是對竹笥所盛物品的說明。

1972年文物出版社出版了由湖南省博物館、中國科學院考古研究所、文物編輯委員會共同編寫的《長沙馬王堆 1 號漢墓發掘簡報》刊布了該墓出土竹簡的情況。1972 年第 9 期《文物》雜誌刊登了部分專家學者座談馬王堆 1 號漢墓出土文物的座談紀要，其中對遣策也進行了較詳細的討論。1973 年文物出版社又出版了由湖南省博物館、中國科學院考古研究所合寫的《長沙馬王堆 1 號漢墓》（精裝上、下兩冊）一書，書中全部刊登了竹簡、木楬的照片，並對簡文也作了較詳盡的闡述。

▲甘肅居延地區採集簡

在居延地區採集到出土地點不明的散簡兩組，一組 14 枚，一組 7 枚。

這些木簡的照片及釋文皆刊登在 1991 年中華書局出版的由甘肅省文物考古研究所編的《居延新簡》一書中。

1973

▲河北定縣 40 號漢墓

河北省文物管理處和定縣博物館在河北定縣 40 號漢墓（西漢中山懷王劉脩墓）發掘出大批竹簡。該墓位於定縣城關西南四公里處的八角廊村。大約在西漢末年該墓曾被盜掘過，但由於盜掘者在墓中引起大火，盜墓人驚駭逃出，至使該墓中的一些重要文物得以保存。這批竹簡雖因過火炭化，卻避免了腐朽，同時也因盜擾火燒，使竹簡又受到了嚴重的損壞。竹簡出土時已經散亂殘斷，炭化後的簡文墨字已多不清晰。此外在出土竹簡的槨室東側附近尚存有絹帛炭灰、書刀、長方形研墨石板、滴水小銅壺等，估計當時墓中可能還存放有帛書等。

該墓竹簡出土後於 1974 年 6 月送至北京保護整理。1976 年 6 月，文物出版社邀請當時的馬王堆帛書整理組成員協助整理定縣竹簡（編號、寫釋文）。1976 年 7 月，唐山發生大地震，整理工作被迫停止。地震中，竹簡雖經精心照管，但在轉移中封存的盛簡木箱被不知情者搬倒，使竹簡又一次散亂，並遭到一定的損毀。地震後於 1980 年 4 月，由國家文物局古文獻研究室出面召集，由李學勤先生主持負責，定縣竹簡的整理工作才又得以繼續。經過整理，發現這批竹簡內容多爲先秦文獻，極其珍貴。計有：

1.《論語》620 枚簡，多爲殘簡。簡長 16.2 厘米，寬 0.7 厘米。每簡約書 19-21 字不等。竹簡兩端和中簡各有一道編繩，出土時尚保留有連綴的痕跡。殘簡的釋文共有 7,576 字，不足今本《論語》的二分之一。其中殘存文字最少的爲〈學而〉篇，僅有 20 字；殘存文字最多的爲〈衛靈公〉篇，有 694 字，可達今本本篇的 77%。簡本《論語》與今本《論語》在篇章的分合上也多有不同：如簡本〈鄉黨〉「食不厭精」至「鄉人飲酒」，今本分爲二、三、五章的都有，而簡本僅爲一章；「雷風烈必變」與「升車」，今本分爲兩章，而簡本也只是一章。〈陽貨〉「子貢曰君子有惡乎」今本別爲一章，而簡本則同上面「子路曰」合爲一章。特別是〈堯曰〉篇，今本爲三章，而簡本則爲兩章；今本的第三章在簡本中用兩個小圓點與上間隔，用兩行小字抄寫在下面，好像是附加的一些內容。在題寫章節與字數的殘簡中，正有一枚記〈堯曰〉篇「凡二章，凡三百廿二字」，則知簡本〈堯曰〉只有兩章，與今本不同。此外各章文字與今本也有不少出入。簡本《論語》雖是殘本，因中山懷王劉脩死於漢宣帝五鳳三年（公元前 55 年），所以它是公元前 55 年以前的抄本，當時世有《魯論》、《齊論》、《古論》三種《論語》存在，因此簡本《論語》的出土爲研究《論語》的版本流傳提供了新的材料。

2.《儒家者言》共存竹簡 104 枚。竹簡出土時已經殘斷，長短不一。其內容是對儒家忠、孝、禮、信等道德的闡發。上述商湯和周文的仁德，下記樂正子春的言行，其中以孔子及其門弟子的言行爲最多。這些書的絕大部分內容散見於先秦和西漢時期的一些著作中，特別多見於傳世文獻《說苑》和《孔子家語》之中。

3.《哀公問五義》，此書的內容也見於今本《荀子・哀公》、《大戴禮記》和《孔子家語》之中。這批竹簡的形制和其他各書不一致，可能是另一種抄本。

4.《保傅傳》，這部分殘簡內容分別見於今本賈誼《新書》和《大戴禮記》。前者又分別見於《保傅》、《傅職》、《胎教》和《容經》四篇之內，後者卻合爲一篇，名曰《保傅》。簡文與兩者基本相同，但比《大戴禮記》和《新書》多出「昔禹與夏王」以下的後半部分文字，又比《新書》多出《連語》的兩節。

5.《太公》。

6.《文子》。

7.《六安王朝五鳳二年正月起居記》。

8.《日書》、占卜等殘簡。

迄今爲止，上述竹書只有《儒家者言》、《論語》已經發表外，其餘尚未正式公布。

關於該墓葬及出土文物情況，河北省文物研究所撰寫了〈河北定縣40號漢墓發掘簡報〉發表在1981年第8期《文物》雜誌上。同期《文物》雜誌還刊登了國家文物局古文獻研究室、河北省博物館、河北省文物研究所、定縣漢墓竹簡整理組聯合撰寫的〈定縣40號漢墓出土竹簡簡介〉一文，對該墓出土的竹簡的形制、內容做了大致的介紹，同時還刊布了簡文中的《儒家者言》的釋文。1997年文物出版社出版了由河北省文物研究所和定縣漢墓竹簡整理小組合編的《定州漢墓竹簡論語》一書。書中對出土簡本《論語》的版本、文句也做簡單的介紹，同時還對《論語》的全部釋文做了簡單的注釋和校勘。

▲湖北江陵藤店1號漢墓

7月，湖北省江陵縣藤店公社社員在興修水利時發現一座戰國中期墓葬，這是一座有斜坡墓道的長方形土坑豎穴木槨墓。發掘前墓口已露出，坑壁有五級生土台階，墓底長4.85米，寬3.05米，坑深6.6米。葬具爲一槨二棺，保存較好。槨室中分成頭、邊箱與棺室三部分。內外棺相套，內棺爲弧形懸底棺，長2.25米，寬0.96米，高1.07米，棺上用繩索捆束，三橫二豎。骨架大致保存完整，葬式爲仰身直肢葬，雙手在盆骨處交叉，兩腳跟靠攏，用竹席包裹。該墓出土的隨葬品有銅、陶、漆木、玉石、皮革以及竹簡等器物共 300 餘件。其中以「越王朱勾自作用劍」鳥書銘文銅劍和皮甲、漆盾、皮手套、竹簡爲最重要。墓主生前的身分相當於大夫一級。

該墓出土的竹簡共有 24 枚，出土時竹簡殘損嚴重，殘簡最長的 18 厘米，寬 0.9 厘米。殘存字數最多的爲 7 字，可識文字共有 47 字。

1973 年第 9 期《文物》雜誌發表了由荆州地區博物館撰寫的〈湖北江陵縣藤店 1 號墓發掘簡報〉，文中較詳細地報導了該墓出土竹簡情況。

▲湖北江陵鳳凰山西漢墓（8、9、10 號墓）

在湖北省江陵紀南城鳳凰山發掘了三座漢墓，共出土竹簡 428 枚，木牘 9 枚。

其中 8 號漢墓頭箱底部出土竹簡 176 枚，簡長約 22-23.8 厘米，寬約 0.55-0.8 厘米，厚約 0.1 厘米。簡文內容是記錄隨葬器物的清單。該墓葬的時代係西漢文帝至武帝時期。

9 號漢墓出土竹簡 80 枚，出土時簡文字跡已經模糊不清，簡文內容也是記錄隨葬物品的清單。此外該墓還出土了木牘 3 塊，每塊長約 16.5 厘米，寬約 3.8-4.9 厘米，厚約 0.25-0.4 厘米。三塊木牘出土前均被鋸截爲車器，故文字有所殘缺。經綴合後，可以看出此三牘內容皆爲安陸守丞官收到郡、縣中的信牒後所上郡中文書。該墓葬的時代爲西漢文帝至景帝時期。

10 號漢墓是西漢文帝至景帝時期的墓葬，爲土坑豎穴墓。竹簡出土於邊箱竹笥內，共有 172 枚。簡長 23 厘米，寬 0.7 厘米，厚 0.15 厘米。其中有兩枚形制較大者長爲 37.3 厘米，寬 2.9 厘米，厚 0.25 厘米。該墓還出土了木牘 6 塊，牘長約 23-23.5 厘米，寬約 4.6-5.8 厘米，厚約 0.3-0.4 厘米。

該墓出土的簡牘內容主要是：

1、2 號木牘記的是合股做商販的契約；3 號木牘記的是兩戶人家之間的芻稿帳，牘上所記田芻、田稿皆用斗升計算，可能是將草切碎用作飼料，此牘當是墓主生前剝削佃戶芻稿的收支帳；4 號木牘兩面書有文字，正面僅有一行，記「芻二石爲錢」五字，背面所記內容，據黃盛璋考證，很可能是景帝三年平定吳楚七國時期，由於當時糧運與軍務緊急而交納給官府的稅賦；5 號木牘內容爲市陽、鄭里兩處二、三、四、五、六等月收入與付出帳；6 號木牘記的是該墓隨葬器物的清單。該墓出土的 172 枚竹簡，內容大致可分爲兩類，一類爲田租賬，一類爲商業賬。

總之，該墓所出簡牘內容主要是鄉里行政機構的文書，涉及到算賦、田租、貸種、芻稿等方面，還有一些是隨葬器物的清單和承包契約等，與墓主生前所從事的商業活動有關，同時也是研究漢文帝末年至景帝初年江陵地區的土地占有、租賦徭役等內容的重要參考資料。10 號墓中部分簡文因殘缺已無法辨認。

關於這三座漢墓竹牘的出土情況，《文物》雜誌 1974 年第 6 期上刊登了由長江流域第二期文物考古工作人員訓練班撰寫的〈湖北江陵鳳凰山西漢墓發掘簡報〉作了詳細介紹。此外同期《文物》雜誌還刊登了由黃盛璋撰寫的〈江陵鳳凰山漢墓簡牘及其在歷史地理研究上的價值〉和由弘一撰寫的〈江陵鳳凰山 10 號漢墓簡牘初探〉二文，對三座漢墓出土的竹簡、木牘內容進行了較詳細的考證和論述。1990 年文物出版社出版的由李均明、何雙全合編的《散見簡牘合輯》一書也收錄了上述三墓出土的簡牘內容。

▲湖北光化五座西漢墓

湖北省博物館在湖北省光化縣五座頭發掘了一座西漢墓葬，該墓出土竹簡 30 餘枚，但只有 5 枚可見墨跡，其他簡文皆無法辨認。根據可識簡文內容來看，這批竹簡內容當屬記載隨葬器物的清單。

1976 年第 2 期《考古學報》上刊登了由湖北省博物館寫的〈光化五座西漢墓〉一文，報導了該墓出土文物及竹簡情況。

▲江蘇連雲港海州西漢侍其繇墓

12 月，南京博物館在江蘇省連雲港市海州區南門大隊网疃庄附近發掘了一座西漢中晚期的土壙豎穴夫妻雙棺合葬墓。從出土龜鈕銀印的印文得知男性墓主姓名爲侍其繇。

該墓出土了木牘 2 塊，分別出土於兩棺。每塊長 23 厘米，寬 7.5 厘米，厚 0.5 厘米。南棺出土的一塊字跡已經消失；北棺出土的一塊正面字跡尚清晰，牘上分上、中、下三欄書寫，墨跡隸體。背面上端亦有字跡，但已漫漶不清。木牘的內容爲隨葬衣物的清單。

1975 年第 3 期《考古》雜誌上發表了由南波寫的《江蘇連雲港市海州西漢侍其繇墓》一文報導了該墓出土文物及木牘內容等情況。1990 年文物出版社出版的由李均明、何雙全合編的《散見簡牘合輯》一書也收錄了該墓出土木牘的內容。

▲江蘇連雲港海州西漢霍賀墓

江蘇省連雲港市海州區農民在小礁山北麓平整土地時發現了一座漢墓。經過南京市博物館和連雲港市博物館發掘清理後，確認該墓墓主爲霍賀。

該墓共出土木牘 7 塊，但只有一塊上有墨書隸體文字。牘長 22 厘米，寬 6.5 厘米。

1974 年第 3 期《考古》雜誌刊登了由南京博物館和連雲港市博物館合寫的〈海州西漢霍賀墓清理簡報〉，公布了該墓出土的文物及木牘情況。

▲湖南長沙馬王堆 3 號漢墓

1973 年 12 月至 1974 年初，湖南省博物館在長沙市馬王堆發掘了 2 號和 3

號兩座漢墓。其中在 3 號墓中出土了一批具有重要歷史價值的古代竹簡和帛書，一時震驚了中外學者。根據該墓出土的一件紀年木牘，可以斷定該墓下葬的年代是漢文帝前元 12 年（公元前 168 年），說明這些簡帛在地下已經埋葬了二千一百四十多年了。

3 號漢墓共出土竹木簡 600 多枚，除 220 枚爲古代醫書外，其餘皆爲記錄隨葬器物的清單。這批竹簡保存的非常完整，字跡也十分清楚。醫書簡的內容可以分爲 4 種書，發表時分別爲《十問》（竹簡）、《合陰陽》（竹簡）、《雜禁方》（木簡）、《天下至道談》（竹簡）。這些書中除《天下至道談》原簡有書題外，其餘三種原簡皆無書題，現在的書名爲馬王堆帛書整理組所擬定的。這四種書的內容皆與房中和養身有關。

《十問》是以「養陽」爲主要內容，包括服食、行氣、導引、按摩等多種方法。此書似採自多種房中書，當與《漢書．藝文志》著錄的古房中書有密切關係，只不過是該書只限於養陽之方，是一種專題內容的摘錄或彙編。因書中設有黃帝、堯、王子巧父、盤庚、禹、齊威王、秦昭王等「十問」，故整理組擬書名爲《十問》。

《合陰陽》主要講的是性技巧。因篇首有「凡將合陰陽之方」語，所以整理者拈以題篇。全書分八章，第一章講性交過程；第二章講「十動」；第三章講「十節」；第四章講「十修」；第五章講「八動」；第六章講「五音」；第七章講交合所益；第八章講「十已之徵」。

《雜禁方》篇幅很短，主要是講巫詛禁咒。其中半數文字涉於房中，其內容多與《醫心方》卷二十六《相愛方》相近。

《天下至道談》的內容主要也是講性技巧，多與《合陰陽》相同。全書分二十章（前兩章無篇題，後十八章有篇題）：第一章講爲什麼「陰陽九竅俱產而獨先死」；第二章講「三詣」；第三章講「審操玉閉」；第四至第八章講「八益」、「七損」；第九章講「合男女必有則」；第十章講「十勢」；第十一章講「十修」；第十二章講「八道」；第十三章爲第十至十二章的總結；第十四章講「八動」；第十五章講「五音」；第十六章講「八觀」；第十七章講「五徵」與「五欲」；第十八章講「三至」和「十已」；第十九章講女性生殖器部位及「十已」後性高潮的反映。

出土的遣策記載的是該墓隨葬器物的名稱和數量。其中有車騎、樂舞、奴僕、侍從以及所持兵器、儀仗、樂器等。遣策所記絕大部分與出土實物吻合，僅有 3 塊木牘所記的侍從和車騎，不見相應實物，但卻見於棺室東面的壁畫上。

除上述竹木簡外，該墓還出土了一大批極爲珍貴的帛書，無論從數量上還是從內容上講都是前所未有的。帛書出土於三號墓東邊箱的一個漆盒內，總共有十多萬字。經整理組整理後發現，大部分是已經失傳了一兩千年的古佚書。有的雖然還有傳世本子，但和帛書對照，文字上也有較大的出入。據統計，這批帛書包括有《老子》、《周易》等二十多種古籍。內容涉及我國古代的思想、歷史、軍事、天文、曆法、地理、醫學等。這批佚書的出土，對研究我國古代歷史和哲學思想、研究秦漢時期的軍事、天文、地理、醫學等方面都提供了豐富的新資料。

出土帛書有兩種形式，一種是寫在通高爲 48 厘米的寬幅帛上，摺疊成長方形，放在漆盒下層的一個格子裏，摺疊的邊緣已有斷損。另一種帛書是寫在通高爲 24 厘米的帛上，捲在長條形木片上，出土時壓在兩卷竹簡下也。帛書因年久而粘連，破損比較嚴重。佚書大部分沒有標明篇題。這批帛書從內容上看，大致可分爲十五大類。計有：

（甲）1《老子》甲本，無篇題。

2《老子》甲本卷後佚書之一，無篇題。

3《老子》甲本卷後佚書之二，無篇題。

4《老子》甲本卷後佚書之三，無篇題。

5《老子》甲本卷後佚書之四，無篇題。

（乙）1《老子》乙本卷前佚書之一，《經法》。

2《老子》乙本卷前佚書之二，《十大經》。

3《老子》乙本卷前佚書之三，《稱》。

4《老子》乙本卷前佚書之四，《道原》。

5《老子》乙本。

（丙）1《周易》，無篇題。

2《周易》卷後佚書之一，無篇題。

3《周易》卷後佚書之二，《要》。

4《周易》卷後佚書之三，《昭力》。

5《周易·繫辭》，無篇題。

（丁） 與《戰國策》有關的書一種，無篇題。（發表時稱《戰國縱橫家書》）

（戊） 屬於事語類的佚書一種，無篇題。（發表時稱《春秋事語》）

（己） 關於天文星占的佚書一種，無篇題。

（庚） 關於相馬的的佚書一種，無篇題。

（辛） 關於醫經方的的佚書一種，無篇題。

（壬）1 關於刑德的佚書之一，無篇題。

2 關於刑德的佚書之二，無篇題。

3 關於刑德的佚書之三，無篇題。

（癸）1 關於陰陽五行的佚書之一，無篇題。

2 關於陰陽五行的佚書之二，無篇題。

（子）導引圖一幅。

（丑）地圖一幅。

（寅）駐軍圖一幅。

（卯）街坊圖一幅。

（辰）雜占。

其中帛書《老子》甲本抄寫在通高 24 厘米的帛上，《老子》乙本抄寫在通高 48 厘米的帛上。皆朱絲欄墨書。甲本的字體在篆隸之間，不避漢高帝劉邦諱，抄寫時代可能在高帝時期。乙本的字體爲隸書，避邦字諱而不避惠帝劉盈諱，抄寫時代可能在惠帝或呂后時期。甲、乙兩本各附抄有四篇古佚書，甲本在卷後，乙本在卷前。甲本《老子》和卷後四篇古佚書合抄成一個長卷，共 463 行，約有 13,000 多字。乙本《老子》與卷前四篇古佚書出土時摺疊的邊緣已經殘斷，分成 32 片，經綴合，共有 252 行，約 16,000 餘字。兩種《老子》抄本大體相同，但和今本對照，在文字上和篇章次序上都有較大出入。帛書《老子》的《德經》在前，《道經》在後，與《韓非子》的〈解老〉、〈喻老〉所引《老子》本文次序一致。帛書《老子》乙本的上下篇卷尾注有「德三千四十一」、「道二千四百六十二」字樣，爲乙本《老子》的總字數。習稱《老子》「五千言」，大概是省事而稱的約略之數，帛書乙本實爲 5,467 字。

《老子》甲本卷後四篇古佚書，均無篇題，文獻記載也無可查考。第一篇共 181 行，約有 5,400 餘字。是有關儒家思想中的「慎獨」、「性善」的內容。第二篇是有關伊尹論「九主」的內容，共 52 行，約 1,500 多字。文中講到九種君主，特別肯定了「法君」。第三篇共 48 行，約 1,500 字。是有關兵家論述攻戰守禦的內容。第四篇共 13 行，約 400 餘字。文字簡短，綜述了「五行」和德、聖、智的關係。因後部殘缺甚多，文義不明。

《老子》乙本卷前四篇古佚書皆有篇題，爲《經法》、《十大經》、《稱》、《道原》。共抄有 175 行，約 11,160 多字。除少數幾篇文字略有殘缺外，其餘保存的都很完整。據整理者研究其成書年代當在戰國或秦時。有的同志認爲這四篇古佚書或即爲《漢書・藝文志》中列在道家的《黃帝四經》，因漢文帝時崇尚黃老，所以把有關黃帝內容的四篇與《老子》合抄爲一卷。有人認爲第二篇《十大經》中記載黃帝初立，以及他的大臣如力黑（即力牧）、閹冉、果童、太山之稽（即大山稽）、高陽等人的事跡和相互問答之詞，因此可能是《漢書·藝文志》中所列的《黃帝君臣》，或是列入兵陰陽類的《力牧》。

《經法》一篇中所反映的法家思想十分明顯，強調刑名。主張法要像準繩那樣作爲判明是非曲直的標準。此外，本篇中也還提出要「賦斂有度」，以「節民力」。這些對研究當時法家與道家的思想關係提供了新的重要的資料。

另外兩篇：《稱》共 1,600 字，其形式類似格言，主要講的人生處世哲學，帶有樸素的辯證法。《道原》共 464 字，內容是推究道之本原，屬道家者言。

帛書《周易》，無篇題，出土時包括《繫辭》在內約有 5,200 餘字。卦辭與爻辭與今本基本相同，但六十四卦的排列次序則完全不同，保存了比較簡單的原始形式。今本《周易》分上下經，帛書則不分。帛書本除《繫辭》2,700 多字以外，沒有「彖」、「象」、「文言」。帛書《繫辭》與今本不同之處是沒有「大衍之數五十」一章；另外，「昔聖人之作《易》也……是故易達數也」一段約 160 字左右，今本移作「說卦」的篇首。

帛書《周易》卷後三篇佚書，其內容都是解釋《周易》本文的。第一篇卷尾殘缺，無篇題，存 35 行；第二篇卷首殘缺，篇題爲《要》，存 18 行，1,648 字。上述兩篇都是假託孔子與學生的問答，子貢的名字屢見。第三篇題爲《昭力》共存 6,000 餘字，比較完整。內容是傳《易》之人與繆和、呂昌、吳孟、張射、李平、昭力等人的問答之辭。所見人名多不可考。

與《戰國策》有關的佚書（發表時稱爲《戰國縱橫家書》）抄寫在廣 23 厘米，長約 192 厘米的帛上。現存 325 行，每行 30-40 字不等，共有 11,200 多字。全篇首尾完整，後面留有餘絹。原來曾對摺、再摺，共二十四層，出土時斷爲二十四片。摺疊處殘破，文字有所爛缺。該書書法在篆隸之間，避「邦」字諱，當是公元前 195 年前後的寫本。全書分二十七章，章與章間用小圓點隔開，不提行。在二十七章中，見於今本《史記》和《戰國策》的有十一章，此外十六章不見於現存的傳世古籍。這二十七章可分爲三個部分：第一部分有十四章，內容都和蘇秦有關，只有第五章見於今本《史記》和《戰國策》；第四章的一部分雖存今本《戰國策》中，但差異較大。第二部分有五章，每章後均記字數，五章後還有總字數，顯然是另一個來源。第三部分有八章，最後三章也都不見於傳世古書。這部分帛書是一部十分重要的戰國後期的歷史資料，尤其是第一部分的十四章最爲可貴。《史記》對於蘇秦活動的年代和有關的史實有不少錯亂。現在因爲這部分帛書的出土，蘇秦的活動以及這一段戰國時期的歷史似乎有可能加以重寫。另外幾章佚文也足可補這個時期的史料空白，就是在《史記》和《戰國策》中見過的各篇，由於字句不同，也往往有重要文獻價值。

事語類佚書整理小組定名爲《春秋事語》，抄寫在廣約 23 厘米，長約 74 厘米的帛上。現存 97 行，約 3,000 多字。出土帛書的前部殘缺嚴重，不知卷首缺多少行。帛書的後部較爲完整，且尙有餘絹。出土時帛書捲在一塊約 3 厘米寬的木片上，約十二、三周，由於絹質腐朽，出土時已分裂成二百餘個大小不同的殘片，復原工作相當困難。該書書法由篆變隸，不避「邦」字諱，當是漢初或更早一些時候抄寫的。全書分十六章，每章均提行另起。在這十六章中，只有第二章關於燕國和晉國的戰爭不見記載，其他的歷史事件都可以查明年代。此外，該書記事簡略，但在敘述當事人的談話以及後來人的評論時比較詳細。有一部分內容和《春秋》三傳、《國語》等古書相近，但裏面保存了不少從未見過的資料，極可寶貴。

天文星占的佚書共存 144 行，約有 6,000 餘字。無篇題。這部分的內容主要是關於木、金、水、火、土五星占及五星行度。書中根據實測記載了從秦始皇元年（公元前 246 年）到漢文帝三年（公元前 177 年）七十年間五星在天空中運行的位置，並推算出它們的公轉周期。如土星（帛書作「塡星」）的公轉周期，《史記・天官書》和《淮南子・天文訓》都計算爲二十八年，帛書卻推算爲「三十歲一周於天」，更接近於現代天文科學計算的數字（29.46 年公轉一周）。這是我們至今發現的最早的天文學著作，史料價值極其珍貴。

有關相馬經一類佚書，共存 70 餘行，約有 5,200 多字。原無篇題。書中提到「伯樂所相君子之馬」、「國馬」、「良馬」、「走馬」、「奴馬」等。有人認爲此書當屬《漢書·藝文志》中的《相六畜》一類。

關於醫經方一類的佚書，共約 17,000 餘字，原無篇題，整理組根據各書的內容，分別定名爲：《足臂十一脈灸經》、《陰陽十一脈灸經》甲本、《脈法》、《陰陽脈死候》、《五十二病方》（以上五種醫書合抄在一卷帛書上）、《卻穀食氣》、《陰陽十一脈灸經》乙本、《導引圖》（以上三種合抄在一卷帛書上）、《養生方》、《雜療方》、《胎產書》（以上三種各抄爲一卷帛書）十一種。由於《陰陽十一脈灸經》有兩種抄本，文字基本相同，所以帛書古醫書實際上共有十種（四種竹簡本醫書已見上述）。

抄錄《足臂十一脈灸經》等五種醫書的帛書是高約 24 厘米的半幅帛，埋藏時摺疊成三十餘層，出土時摺疊處均已裂斷。帛書書法秀麗，字體近篆，在馬王堆帛書中是字體較早的一種，抄寫年代大約在秦漢之際。

《足臂十一脈灸經》和《陰陽十一脈灸經》內容都是論述人體十一脈的循行、主病和灸法，與現存的《黃帝內經·靈樞·經脈篇》中論十二脈的部分接近。特別是《陰陽十一脈灸經》很多文句與《經脈篇》相同。但是這兩種古醫書都只講了十一條脈，較《經脈篇》缺少一條手厥脈。帛書所述各脈循行方向和徑路以及主病病候不僅比《經脈篇》簡略，有的論述甚至相反。《經脈篇》所記各脈所屬臟腑與其相表裏的臟腑間的絡脈關係在這兩種帛書中大都闕如。因此，整理組推斷這兩種古灸經的著作年代要早於《靈樞·經脈篇》，是研究經絡學說形成和發展的珍貴資料。

《脈法》首句爲「以脈法明教下」，整理組據此爲帛書定名。該書內容也是論述根據脈法來判斷疾病的徵候，書中還特別提到用灸法和砭石治療的問題。

《陰陽脈死候》和上述《脈法》一樣，也是一篇古代診斷學著作。其內容與《靈樞·經脈篇》中關於「五死」的一段相近，但有一些重要出入，而且沒有《經脈篇》所具有的五行學說的色彩。估計這種古醫書的著作年代應早於《黃帝內經》的成書。

《五十二病方》是我國現已發現的最早的醫方。該帛書書首有目錄，正文中每種疾病都有抬頭的標題，目錄與正文標題互相一致，共有五十二方。整理組據此爲該書定名。書中每種疾病標題下分別記載了各種方劑和療法，少則一、二方，多則二、三十方不等。疾病的種類包括了內科、外科、婦產科、小兒科、五官科等科的病名，尤以外科病名爲多。對疾病的治療方法主要是用藥物，也有灸法、砭石及外科手術割治等方法。書中提到的藥名多達二百四十餘種，有一些不見現存的古本草學文獻。值得注意的是本書和前面介紹的四種古醫書中都沒有提到針法，而《黃帝內經》中不但有針法，而且還詳細論述了九種不同的形制、用途的醫針。由此可見帛書《五十二病方》的成書年代較早，對我國醫藥學史的研究有著非常重要的價值。

《卻穀食氣》等三種帛書是高約 50 厘米的整幅帛，出土後已成殘片，整理者主要是依據浸水痕跡、摺疊關係及帛書本身的經緯紋理等情況來拼接復原的。從字體來考察，這卷帛書當爲漢初寫本。《卻穀食氣》是目前能夠見到的關於行氣或氣功的最早的文獻之一，書中所述的「朝霞」等名與《楚辭》及《陵陽子明經》相合。帛書《導引圖》是現存時代最早的導引圖譜，圖中圖文並茂，資料價值很高。這兩種佚書的發現，爲研究我國特有的氣功療法的源流和發展都提供了很有價值的線索。

《胎產書》主要講養胎、理胞和求子之法，同時也講了有關胞產的宜忌，類似古醫書《產經》。這些內容與產科的知識有關，但在古代亦屬房中書的研究範圍。在帛書的右上部繪有兩幅圖。右邊畫的是兩個正視小兒，在頭、頸的左右兩側、雙肩、雙腋、雙手、雙足和私部標有十二辰（一個始自右手，一個始自右足），是依小兒產日預卜凶吉所用。它與後來在湖北雲夢睡虎地出土的秦簡《日書》中所附《人字圖》相同（「字」即生育之義）。左邊畫的是一個標有四方十二月的方圖，中間題有「南方禹藏」四字，是圖題。該圖也可能是《雜療方》中「禹藏理胞圖法」的插圖。在古代，婦女生育後，將小兒的胞衣埋藏在一定的方位，以爲可以使小兒健康長壽。《醫心方》卷二十三引《產經》云：「昔禹於雷澤之上，有一婦人悲哭而來，禹問其由，答曰：『妾數生子而皆夭死，一无生在，故哀哭也。』禹教此法，皆長壽，无復夭失也。」可見古代這種迷信方術託名於禹，故名「禹藏」。該書的文字部份，開頭一段是禹與幼頻的問對，講的是逐月養胎之法。經考證，當即《諸病源候論·妊娠候》與《千金要方·徐之才逐月養胎方》所本。

《養生方》的性質屬於《漢書·藝文志》中的房中類，其內容與房中有密切的關係。古人所說的「養生」，概念很廣泛，它不但包括一般的養生補益，而且也包括各種性治療和性保養（包括「養陰」、「養陽」）。該書內容當有三十二種醫方，但由於帛書殘損，實際上只有二十七種保存下來。據所述的內容，大致可分爲五類：1.用於男性的治療和保養；2.用於女性的治療和保養；3.用於行房；4.一般的養生補期；5.一些雜亂的有關房中書的引文。此外，卷末還附有女性生殖器的平面圖，上面標有表示其部位的術語。

《雜療方》的內容也多涉於房中，它的前半部分主要是講「內加」（即男性如何用藥巾擦試陰莖或藥入於尿道口的方法，以「舉」爲度）和「約」（即女性如何用藥巾擦試陰戶的方法，以「知」爲度）。它的後半部是講藏埋胎胞之法、益內利中之方和避鬼域蟲蛇之方。

這批簡帛出土後，最早的報導見於 1974 年第 7 期《文物》雜誌上發表的由湖南省博物館和中國科學院考古研究所合寫的〈長沙馬王堆二、三號漢墓發掘簡報〉，同年第 9 期《文物》雜誌又刊登了曉菡寫的〈長沙馬王堆漢墓帛書概述〉，專門對出土的帛書進行了詳細介紹。其後，《文物》雜誌又陸續發表了馬王堆帛書整理組整理的部分帛書、竹簡釋文。具體是：1974 年第 10 期發表了〈《老子》乙本卷前古佚書釋文〉、11 期發表了《老子》甲乙本及《五星占》釋文，1975 年第 4 期發表了《戰國策》（即《戰國縱橫家書》）釋文、第 6 期發表了古醫書釋文（一）、第 9 期發表了古醫書釋文（二），1977 年第 1 期發表了《春秋事語》釋文、第 8 期發表了《相馬經》釋文，1984 年第 3 期發表了《六十四卦》釋文。1992 年，湖南出版社在馬王堆發掘二十周年之際出版了由傅舉友、陳松長合作的《馬王堆漢墓文物》一書，書中首次發表了帛書《易傳》中《繫辭》的部分照片和釋文。1993 年上海古籍出版社出版的第三輯《道家文化與研究》中發表了由陳松長釋寫的〈帛書《繫辭》釋文〉及由陳松長、廖名春合寫的〈帛書《二三子問》、《易之義》、《要》釋文〉。此外，1976 年文物出版社出版了由馬王堆帛書整理組編的平裝 32 開本帛書《老子》、《戰國縱橫家書》（《文物》雜誌發表時稱爲《戰國策》）、《經法》（包括《老子》乙本卷前古佚書《十大經》、《稱》、《道原》）簡注本。1980 年文物出版社又出版了由整理組編的八開精裝本《馬王堆漢墓帛書》（壹），其中包括《老子》甲本及卷後古佚書《五行》、《九主》、《明君》、《德聖》、《老子》乙本及卷前古佚書《經法》、《十大經》、《稱》、《道原》的圖版、釋文和注釋；1983 年又出版了八開精裝本《馬王堆漢墓帛書》（參），其中包括《春秋事語》和《戰國縱橫家書》的圖版、釋文和注釋；1985 年又出版了八開精裝本《馬王堆漢墓帛書》（肆），其中包括 3 號墓出土的帛書、竹簡本全部醫書，即《足臂十一脈灸經》、《陰陽十一脈灸經》甲本、《脈法》、《陰陽脈死候》、《五十二病方》、《卻穀食氣》、《陰陽十一脈灸經》乙本、《導引圖》、《養生方》、《雜療方》、《胎產書》、《十問》、《合陰陽》、《雜禁方》、《天下至道談》的圖版、釋文和注釋。

1974

▲甘肅居延甲渠候官、甲渠塞第四燧、肩水金關

1972-1974 年間，由甘肅省文化廳文物處、甘肅省博物館文物隊、酒泉地區及當地駐軍等單位組成了居延考古隊，對額濟納河流域的居延漢代遺址進行了初步發掘，試掘重點是三處不同類別而面積較小的遺址，即北部地區的甲渠候官（今稱破城子，發掘代號爲 EP）、甲渠塞第四燧（EPS4）和南部肩水金關（EJ）。總掘面積爲 4,500 平方米，共出土漢簡 19,700 餘枚。

這次新出土的居延簡就其數量和內容而言，都遠遠超過了以往出土的居延漢簡，它不僅又爲研究漢代社會歷史提供了重要的第一手資料，而且也勢必使對居延漢簡的研究推向一個新的階段。

這次發掘的第一個點是甲渠候官（破城子），這裏在 1930 年至 1931 年間當西北科學考察團調查時曾被瑞典考古學家貝格曼（Folke Bergman）定爲 A8 地點。根據出土遺跡研究的成果，證明此地爲漢代張掖郡居延都尉所屬之甲渠候官所在地。西北科學考察團曾在這裏發現了木簡 5,200 多枚，遺物 1,230 多件。這次試掘了鄣和塢、烽台、塢東灰堆三部分，共開探方 68 個，發掘面積比前西北考察團要大得多。從出土的簡文內容可知，這是屬於最後一組甲渠候官的建築物。東側的建築物是吏卒的宿舍和廚房。其中在 F22 號不足 6 平方米的小屋中出土了從東漢建武初期到王莽天鳳年間的四十餘冊書及其他簡牘 900 餘枚。連同鄣內城北部出土的簡牘共計有 3,431 枚之多。在城南 60 米處，有甲渠候官專用的烽火台遺跡。城牆東側距門有 30 米的地方有一個 70x40 米範圍的柴草、糞便、廢棄物的燒灰和沙礫的堆積，在這裏發掘出 222 枚木簡和 739 件遺物。北、東、南三面出土的木簡多爲昭帝、宣帝時期的；西北部多爲元帝、成帝時期的；西部爲王莽時期的。

這次在甲渠候官遺址中共掘得木簡 7,933 枚，遺物 881 件。如果加上貝格曼掘得的 5,200 枚，共在甲渠候官遺址中出土木簡約 13,133 枚。此外，在甲渠候官遺址還出土了弓、箭、銅箭頭、鐵甲、滑車、貨幣、鐵製農具以及木版畫和竹笛等等。據遺址和出土簡文分析，候官的創建至遲不會晚於漢武帝末年，昭帝、宣帝時期屯戍活動比較興盛，曾大量建築鄣塞，完全有可能在這個時期就已奠定了現在發現的遺址的規模。

第二個發掘點是甲渠候官南 3 公里伊肯河西岸蒙名保都的烽燧遺址，此處現在仍存有高 3.4 米、基礎爲 8 平方米的遺跡，這次居延考古隊調查時確認爲甲渠塞第四燧（EPS4）。三十年代時貝格曼對該地曾定爲 P1，曾掘得木簡一枚。這次試掘分東、西兩處進行，西區即烽台和塢，東區爲一個 21x16 米的灰堆，開探方兩個。西區掘得木簡 195 枚，遺物 105 件。最早的紀年簡爲漢昭帝始元三年（公元前 84 年），止於更始三年（公元 25 年）。從由這裏出土的第四候長何某治所的封檢中得知，當年這裏先是第四燧，後爲第四候候長駐在的燧。

第三個發掘點是金塔縣天倉北 25 公里的額濟納河上游谷地北口東岸的城堡

遺址。三十年代貝格曼在這裏發掘時定該地爲 A32，並在此掘得木簡 850 餘枚、遺物 50 餘件。這次居延考古隊調查首次發現，這裏原來是張掖郡肩水都尉府所屬的肩水金關關城（EJ）。肩水金關在行政上屬肩水都尉府，是和居延都尉府相連的南北交通要地。肩水金關關門兩側有對峙的 6.5x6 米的長方形夯土墩台，中間開有 5 米寬的門道，門道兩側有排立的木柱，說明關門的結構基本上與漢長安城城門的結構相同，所不同的是金關關門西側的夯土墩台中尙闢有居室和通向門樓的階梯，這種形制當爲邊塞關門的特點。門內有烽火台，圍牆內有居住區、馬廄等。在這裏出土的文物除簡牘外，還有麻紙、封泥、筆、硯、木板畫等，還發現有「綮信」（「綮信」是一張 21x26 厘米的紅色編織物，上寫「張掖都尉綮信」六字）。這次發掘，在肩水金關共得簡牘 11,577 枚（其中未編號的有 1,426 枚），遺物 1,311 件。加上 1930 年出土的 850 枚木簡，在這裏共出土簡牘 12,427 枚。

總計，這次居延考古隊在上述三處遺址中共掘得新簡牘 19,700 餘枚，遺物 2,300 件，無論在數量上還是簡牘的內容上都是空前未有的。這三批簡牘絕大多數是木質的，只有極少數量是竹簡。就形制而言，有簡、牘、楬、觚、封檢、削衣等。通常完整的簡牘每枚約長 23 厘米左右，最長者達 88.2 厘米（EPT57．108《候史廣德坐罪行罰》檄）。其中紀年簡的上限始於西漢昭帝始元時期，下限至西晉武帝太康四年，西漢武帝時期和東漢光武帝建武八年以後的簡數量極少，昭帝至新莽時期的年號簡基本上是連續的，屬於宣帝時期的最多。屬於新莽末至建武初的除更始帝劉玄的更始二年至三年和赤眉軍劉盆子政權的建世二年外，還有割據隴西的隗囂復漢元年（《後漢書》等史書記載均作「漢復」）和西漢平帝年號順延的漢元始廿六年（相當於東漢光武帝建武二年）的。

居延新簡的整理工作始於 1975 年春，先由甘肅省博物館文物工作隊等單位對全部居延新簡進行了清理，初步寫出了釋文，並按出土探方或房屋依次記錄了每枚簡牘的形制、材質、尺寸、簡文等，爲它們建立了詳細的資料檔案。1978 年起，在國家文物局的領導下，組織了由甘肅省博物館、國家文物局古文獻研究室和中國社會科學院歷史研究所等單位的同志前後進行了爲時數年的整理工作。1983 年 5 月，在湖南長沙舉行的全國哲學社會科學中國古代史規劃上，新出土的居延漢簡的整理工作被列入「六五」期間國家重點科研項目。整理工作分兩步進行，第一步先整理甲渠候官和甲渠塞第四燧出土的簡牘，第二步再整理肩水金關出土的簡牘。甲渠候關和甲渠塞第四燧出土簡牘的釋文經過多年的反覆對照簡影和覆對原簡，前後數易其稿，於 1983 年 9 月至翌年元月在北京經過集體討論定稿。肩水金關出土的簡牘尚未整理結束。據統計，這批簡牘中有以下重要資料：

1.文書類

《甘露二年丞相御史律令》

《建武六年甲渠部吏毋作使屬國秦胡盧水士民》

《大司農罪人入錢贖品》

《鹽鐵令品》

《建武初期殘冊》

成帝時期的《詔書輯錄》殘冊

成帝永始三年《詔書》冊

王莽時期的《詔書輯錄》殘冊

建武初期《居延都尉吏奉谷秩別令》

甲渠候官《言府書》五種

建武初年《軍情》簡

《塞上烽火品約》

建武五年《居延令移甲渠遷補牒》

《候吏廣德坐罪行罰檄》

河平三年《斥免將軍行塞所舉燧長》簡

《驗問侯史无追逐器》簡

天鳳三年甲渠《米糒少薄》

建武五年《候長王褒劾狀》

建武三年《候粟君所責寇恩事冊》

2.冊簡類

《相利善劍刀》

《算術書》

《九九術》

《倉頡篇》

《急就篇》

《論語》等

3.曆書類等

干支表

《曆書》

紀年簡等（紀年簡有 1,222 枚，爲研究漢代年號、紀年的寶貴資料）。

居延新簡最顯著的特點是出土了大量的簡冊，其數量之多、內容之豐富、價値之珍貴均是前所未有的。其中以甲渠候官（破城子）房屋二十二保存的完整冊書最多，彌足珍貴。這些簡冊絕大多數是廢棄前還在使用的文書，出土時或被堆儲在一起，或與雜草、畜糞混合堆成積薪，或墊在圈底，或當作垃圾拋在各處。有的仍編聯成冊，有的編繩雖已朽斷，但出土時仍保持冊形，有的雖已散落，但還可以編聯成冊。從遺存簡冊和編繩痕跡來看，編繩有二道、三道兩種，饒有興趣的是新莽時期還有用紅繩編聯的。簡冊內容包括有詔書、律令、科別、品約、牒書、推辟書、爰書、劾狀、各類簿籍等。此外，還有《九九術》、干支表、各種形式的曆譜、醫藥方和《倉頡篇》、《急就篇》等殘簡。特別是發現了詳細載有長安至河西的二十個驛置的里程簡（EPT59·582），途經京兆、右扶風、北地、安定、武威、張掖等郡，對確定西漢京城長安以西、敦煌以東的交通路線具有重大的意義。新舊居延漢簡連同出土的實物，不僅忠實地記錄了漢代居延地區的屯戍活動和興衰歷史、形象逼真地再現昔日西北屯戍的風貌和生活情景，也爲研究漢代的政治、軍事、經濟、文化、科技、法律、民族關係、中西交通、文字、書法等各個領域，提供了極爲珍貴的第一手資料。

這批簡牘出土以後，1978 年第 1 期《文物》雜誌刊登了由甘肅居延考古隊寫的〈居延漢代遺址的發掘和新出土的簡冊文物〉一文和遺址、簡冊照片，對這次試掘甲渠候官（破城子）、甲渠塞第四燧和南部的肩水金關三處遺址的情況進行了首次報導。同期《文物》還刊登了由徐苹芳寫的《居延考古發掘的新收穫》一文，對新出土的簡牘作了較詳細的分類介紹，同時還和以前發現的居延舊簡進行了比較研究，說明新出簡牘的價值所在。此外，在同期的《文物》雜誌上還發表了由甘肅省居延考古隊簡冊整理小組整理的〈《建武三年候粟君所責寇恩事》釋文〉。1979 年第 1 期《文物》雜誌發表了由甘肅居延漢簡整理組整理的〈居延漢簡《候史廣德坐罪行罰檄》釋文〉。1979 年第 4 期《考古》雜誌上發表了由甘肅省居延考古隊簡冊整理組整理的〈《塞上烽火品約》釋文〉。1990 年文物出版社出版了由甘肅省文物考古研究所、甘肅省博物館、文物局古文獻研究室、中國社會科學院歷史研究所合編的《居延新簡》32 開平裝本，書中只刊布了甲渠候官和甲渠塞第四燧出土簡牘的釋文，沒有圖版照片，釋文按原簡出土地點及探方的順序編號。1994 年 12 月，中華書局出版了仍由上述四個單位合編的八開特精裝《居延新簡——甲渠候官、甲渠塞第四燧》一書，該書全部收錄了 1972-1982 十年間於甲渠候官、甲渠塞第四燧及三十井塞次東燧等處遺址調查採集、發掘、覈查新獲簡牘的全部簡影、釋文。根據登錄的統號統計，甲渠候官所獲簡牘數爲 7,933 枚，第四燧所獲簡牘爲 195 枚。此外還收錄了如下五宗簡牘：(1)1982 年在甲渠候官治所採集散簡 20 枚；(2)甲渠塞第四燧採集散簡 67 枚；(3)1976 年在居延都尉三十井塞次東燧獲簡 173 枚；(4)1972 年居延地區採集散簡 7 枚；(5)1972 年居延地區採集地點不明散簡 14 枚。這樣，該書收錄的簡牘總數達到 8,409 枚。其中個別未能獲得簡牘照片者，都在有關釋文處注明「圖版缺」。該書上冊爲簡牘釋文，下冊爲簡牘圖版。爲便於讀者翻閱查檢，分別編有詳細目錄。由於一些原因，甲渠候官和甲渠塞第四燧的發掘報告未能收入該書內，作者爲在一定程度上彌補這一缺憾，特在該書的前言中較多地介紹了有關的遺址發掘情況，並附有遺址發掘圖 4 幅。

關於肩水金關遺址所出土的 11,000 多枚簡牘的整理情況，目前尙未定稿。據中華書局出版的《居延新簡——甲渠候官、甲渠塞第四燧》一書的前言介紹，作者將另編該書的姊妹篇《居延新簡— —肩水金關》一書，屆時除全部發表肩水金關的簡牘內容外，還將甲渠候官、甲渠塞第四燧和肩水金關的發掘報告一併附入此書內正式發表。

▲江西南昌東湖區 1 號晉墓

3 月，江西省博物館考古隊在南昌市東湖區永外街清理 M1 號晉墓時出土了木刺 5 枚，木方 1 枚。5 枚木刺大小相同，長 25.3 厘米，寬 3 厘米，厚 0.6 厘米。上書墨跡楷書，其中有三枚上的文字相同，爲「弟子吳應再拜，問起居，南昌字子運」；另兩枚，一上書「豫章吳應再拜，問起居，南昌字子運」； 一上書「中郎豫章南昌都鄉吉陽里吳應年七十三字子運」。木方長 26.2 厘米，寬 15.1 厘米，厚 1.2 厘米。方上文字內容爲隨葬衣物的清單。因晉簡文字皆用楷書書寫，因此內容較爲易懂。

關於該墓葬及其他出土文物情況，1974 年第 6 期《考古》雜誌刊登了由江西省博物館寫的《江西南昌晉墓》一文作了較詳細的報導。

▲北京大葆台 1、2 號漢墓

北京市文物考古工作者在北京市西南大葆台發掘了 1 號和 2 號兩座漢墓。該墓葬的位置屬於漢薊州西南郊。兩墓東西並列，墳丘連亙成一高 8 米，長約 100 米，寬 80 餘米的巨大丘壟。1 號在東，墓主爲男性；2 號墓在西，墓主爲女性。由墓葬的封土疊壓關係表明，1 號墓的下葬時間早於 2 號墓。兩墓早期都曾被盜擾和焚毀。根據墓中出土的五銖錢和一件針刻「二十四年五月丙辰」字樣的紀年漆器所提供的年代範圍，推測是西漢燕刺王劉旦（卒於昭帝元鳳元年，公元前 80 年）或廣陽頃王劉建（卒於元帝初元四年，公元前 45 年）與王后的并陵合葬墓。1 號墓是一個大型的「黃腸題湊」墓葬，題湊用 15000 多根柏木椽堆壘而成，題湊外側圍有由偏平立木構成的雙層「外回廊」，題湊內部空間分爲前室、後室和內回廊三部分，重槨和三層套棺置於後室的中部，內外回廊均未分隔成小室，但外回廊仍是放置隨葬品的主要地方。墓室規模極爲壯觀。墓中出土了木俑、偶車馬、大量陶器和馬、豹的骨骼。該墓還出土了竹簡一枚，簡長 20.5 厘米，寬 0.7 厘米。上面墨書「樵中格吳子運」六字。1977 年第 6 期《文物》雜誌發表了由北京市古墓發掘辦公室寫的〈大葆台西漢木槨墓發掘簡報〉一文，刊布了該墓葬的形制、時代及出土文物情況。

1975

▲湖北江陵鳳凰山 167 號漢墓

吉林大學歷史系考古專業赴紀南城開門辦學小分隊與當地文物工作者在湖北省江陵鳳凰山發掘了 167 號漢墓，該墓爲漢文帝至景帝時期的墓葬。

該墓出土了木簡 74 枚，簡長 23 厘米，寬 1-1.5 厘米，厚 0.2-0.3 厘米。出土時木簡保存完好，尚保持了編冊原狀，編列如初。簡上還殘留著原編繩的痕跡。簡文清晰可識，其內容爲隨葬器物的清單。所載隨葬品的類別、排列次序、數量等，與槨內容實際情況大體相符。這不僅有助於遣策文字隸定的科學性，而且爲從考古學角度研究墓葬本身，皆提供了許多方便條件。此外，該墓還出土了木楬數枚，出土時尚係於被置於墓主頭箱的隨葬絹袋上，其上署寫著糧食名稱及其數量。

1976 年第 10 期《文物》雜誌刊登了由鳳凰山 167 號漢墓發掘整理小組寫的

〈江陵鳳凰山 167 號漢墓發掘簡報〉和由吉林大學歷史系考古專業赴紀南城開門辦學小分隊撰寫的〈鳳凰山 167 號漢墓遣策考釋〉兩文，對該墓葬的時代、形制、出土文物以及遣策內容都作了詳細的報導和考釋。

▲湖北江陵鳳凰山 168 號漢墓

3 月，在湖北省紀南城文物保護與考古發掘工作領導小組的領導下，文物考古工作者在紀南城配合基本建設工程，進行了大規模的考古發掘工作。鳳凰山 168 號漢墓便是其中發掘的一座古墓。該墓的北邊是上條所述的鳳凰山 167 號漢墓，南邊是鳳凰山 169 號漢墓，三座墓緊鄰並列。

168 號漢墓除出土一具保存完好的男屍外，還出土了大量的隨葬器物。隨葬器物主要放置於槨室的頭箱和邊箱內。頭箱主要放置奴婢木俑以及車、船、馬、牛、狗等模型明器。邊箱主要放置漆、木、竹、陶等生活用具以及竹簡、文具、銅錢、木片俑等。該墓出土了竹牘 1 枚、竹簡 66 枚、天平衡桿一件。共出土文物 500 餘件。

竹牘長 23.2 厘米，寬 4.1-4.4 厘米。墨書隸體，文字清楚。內容爲：「十三年五月庚辰，江陵丞敢告地下丞：市陽五大夫隧少言與大奴良等廿八人、大婢益等十八人、軺車二乘、騎馬四匹，可令吏以從事。敢告主。」由此可以看出該墓的下葬時間、墓主的姓名、籍貫、身分以及隨葬物品的有關情況。

竹簡 66 枚，長 24.2-24.7 厘米，寬 0.7-0.9 厘米，厚 0.1 厘米。從簡上殘存的編繩痕跡來看，竹簡是先經書寫，再以細繩分上下兩道按順序編聯成冊。出土時編繩已朽，竹簡順序散亂。簡文爲墨書隸體，字跡清晰。每簡字數少者 2 字，多者 14 字，共計 346 字。文字內容爲隨葬器物的清單。記有器物的名稱、大小、數量等。竹簡所載器物與出土實物對照，基本相符。

天平衡桿一件，爲長條形竹片，長 29.2 厘米，寬 1 厘米，厚 0.3 厘米。衡桿正中上側有一小銅環。出土於墓道盡頭的竹笥內。衡桿上有墨書隸體文字，分別書寫在衡杆的正、反、側三面。正、反面文字爲：「正爲市陽戶人嬰家稱錢衡，以錢爲累，劾（刻）曰四銖，兩端□十。敢擇輕重衡及弗用，劾論罰繇，里家十日。」側面書有「□黃（衡）律」三字。從文字內容來看，正反面十八字爲一條律令，側面當爲律令名——《□衡律》。從律文內容來看，規定還是比較嚴格的，這反映了漢初「重農抑商」的政策。

此外，該墓還出土了無字木牘 6 件。其中 4 件較大，長 23.1 厘米，寬 5.8 厘米，厚 0.2-0.4 厘米。2 件較小，長 11.4 厘米，寬 5.8 厘米，厚 0.3 厘米。

關於該墓出土文物及竹簡、木牘的情況，1975 年第 9 期《文物》雜誌刊登了由紀南城鳳凰山 168 號漢墓發掘整理組寫的〈湖北江陵鳳凰山 168 號漢墓發掘簡報〉中詳細報導了這些內容。同時還發表了部分簡牘、稱錢衡桿的圖版。同期《文物》雜誌刊登了〈關於鳳凰山 168 號漢墓座談紀要〉，文中就 168 號漢墓發掘的意義、關於墓主的姓名身分及其社會地位、關於漆器問題、關於天平、關於屍體的保存以及該墓出土的文物對研究秦漢時期的歷史等問題，專家們發表了不少頗有研究性的發言，對進一步研究該墓葬出土文物有一定的指導意義。

▲湖北江陵鳳凰山 169 號漢墓

據 1981 年第 5 期《文物》雜誌刊登的俞偉超先生寫的〈古代分期問題的考古學觀察（一）〉及 1982 年第 1 期《農業考古》刊登的陳振裕寫的〈從鳳凰山簡牘看文景時期的農業生產〉等文章介紹，湖北江陵鳳凰山 169 號漢墓也曾出土過一批竹簡，簡文的內容爲隨葬器物的清單。

▲湖北雲夢睡虎地 11 號秦墓

12 月，湖北省博物館、孝感地區亦工亦農考古訓練班、孝感地區和雲夢縣文化部門在雲夢睡虎地發掘了十二座戰國末至秦代的墓葬。其中在 11 號秦墓中出土了大量的秦代竹簡，無論以竹簡的數量，還是竹簡的內容來看，都是七十年代我國文物考古的重大收穫。

睡虎地 11 號秦墓是一座小型的木槨墓葬，隨葬器物有青銅器、漆器、陶器、竹簡等七十多種。從本墓出土的文字資料來考證，該墓爲秦始皇三十年左右的墓葬，墓主是一個名叫喜的人。

竹簡原藏棺內，保存較好，字跡清晰，出土時只有少數殘斷。簡文的文字是毛筆墨書秦隸，書法別具一格。這批竹簡經科學保護、細心整理並拼復後，總計有 1,155 枚（另殘片 80 片），簡長 23-27.8 厘米，寬 0.3-0.7 厘米。

從出土時簡上殘存的編繩痕跡來看，原簡是用三道編繩編聯的。經過整理，簡文的內容爲記、律、日書等，計有如下十種：1.《編年紀》、2.《語書》、3.《秦律十八種》、4.《效律》、5.《秦律雜抄》、6.《法律答問》、7.《封診式》、8.《爲吏之道》、9.《日書》甲種、10.《日書》乙種。其中《語書》、《效律》、《封診式》、《日書》乙種四種書簡上原有書題，其他幾種書題是整理小組擬定的。

1.《編年紀》竹簡共 53 枚，發現於墓主頭部下。根據清理墓葬時所繪的位置圖和簡文內容重排復原，可以看出竹簡原捲成一卷。《編年紀》逐年記述了秦昭王元年（公元前 306 年）到秦始皇三十年（公元前 217 年）統一全國的戰爭過程等大事，同時還記錄了一個名叫喜的人的生平及有關事項，整個《編年記》有些像後世的年譜。該篇原竹簡分上、下兩欄書寫，上欄是昭王元年至五十三年，下欄是昭王五十四年至始皇三十年。從竹簡字體來看，從昭王元年到秦王政（始皇）十一年的大事，大約是一次寫成的；這一段內關於喜及其家事的記載和秦王政（始皇）十二年以後的簡文字跡較粗，可能是後來續補的結果。以《編年紀》的史事與《史記》等書對校，很多記載是一致的，有些史事簡文記載的比《史記》還要詳細，有些史事是傳世古籍所沒有的，可補史文之缺。《編年記》還有助於認識 11 號墓墓主的身分和經歷。簡文中的喜，生於秦昭王四十五年，他在秦始皇時期曾任安陸御史、安陸令史，鄢令史等與法律有關的職務，並曾從軍。簡文終結於秦始皇三十年，此年喜四十六歲。墓中出土的人骨經鑒定係四十至四十五歲男性，棺中又隨葬大量的法律簡書。從這些情況推斷，該墓墓主很可能就是《編年紀》裏的「喜」。

戰國時代在中國歷史上占有重要地位。《史記・六國年表》是研究這段歷史的主要參考書，但司馬遷寫《史記》時所依據的材料主要是《秦記》，而《秦記》「不載日月，其文略不具」。因此，《史記》中有關戰國的部分，無論是史實或年代方面都有某些不足之處，《編年記》的出土，在某種意義上彌補了這個缺憾。

2.《語書》竹簡共 14 枚，發現於墓主腹下部，在右手的下面。這 14 枚簡的簡長和簡文筆體都一致，但後段的六枚簡簡首組痕比前八枚簡的位置略低，似乎原來是分開編的。後段書有「發書，移書曹」等語，文意與前段相呼應，可能是前段的附件。原書有標題，寫在最後一枚簡的背面。《語書》的內容是秦王政（始皇）二十年（公元前 227 年）四月初二日南郡的郡守騰頒發給本郡各縣、道的一篇關於讓人們守法去惡的文告，並要求各縣、道在收到文告後立即下發到所屬各曹，如屬曹不受命，各縣、道要向郡報告，由郡官進行責處。這些內容反映了當時政治鬥爭的複雜性。

3.《秦律十八種》竹簡共 201 枚，發現於墓主軀體右側，出土時簡冊已經散亂。每條律文的末尾都記有律名或律名的簡稱，計有：《田律》、《廄苑律》、《倉律》、《金布律》、《關市》、《工律》、《工人程》、《均工》、《徭律》、《司空》、《軍爵律》、《置吏律》、《效》、《傳食律》、《行書》、《內雜史》、《尉雜》、《屬邦》十八種。這十八種律文所包含的內容十分廣泛。《田律》、《廄苑律》是關於農田水利、山林保護、牛馬飼養方面的法律。《倉律》、《金布律》中對國家糧食的貯存保管和發放、貨幣流通、市場交易等都作了明確的規定。《徭律》、《司空律》是關於徭役徵發、工程興建、刑徒監管的法律。其餘《置吏律》、《軍爵律》、《效》和《內史雜》等是關於官吏任免、軍爵賞賜以及官吏職務等方面的法律。總之，從農業到手工業，從徭賦到交換，從經濟到政治等多方面的制度在這十八種律中都有反映。《秦律十八種》雖然不是這十八種法律的全文，更遠非秦律的全部，但其內容仍然是很豐富的，它對研究秦朝的政治法律和經濟制度都是很有價值的參考資料。

4.《效律》竹簡共 60 枚，它和《語書》、《秦律雜抄》、《爲吏之道》三種簡書一起發現於人骨腹下。從簡文字體看，《效律》和《秦律雜抄》可能是一個人抄寫的，但兩篇的簡長略有差異。《效律》的第一枚簡背後寫有「效」字標題，是一篇首尾完整的律文。上述《秦律十八種》中也有《效》，兩相比勘，知道十八種中的《效》只是摘錄了該《效律》的中間的一部分。《效律》中詳細規定了核驗縣和都官物資帳目的一系列制度。對於在軍事上有重要意義的物品規定尤爲詳盡。特別是對度量衡器的管理，律文中明確規定了誤差的限度，這是貫徹執行統一度量衡政策的法律保證。

5.《秦律雜抄》竹簡共 42 枚，和《語書》等一起出土於墓主腹下。簡文各條有的有律名，有的沒有律名，內容也比較龐雜。它大約是根據應用需要從秦律中摘錄了一部分律文。有一些條在摘錄時可能還對原律文作了簡括的刪節。《秦律雜抄》摘錄的範圍相當廣泛，簡文存在的律名計有《除吏律》、《游士律》、《除弟子律》、《中勞律》、《藏律》、《公車司馬獵律》、《牛羊課》、《傅律》、《敦表律》、《捕盜律》、《戍律》等十一種。在這十一種中，除了《除吏律》與上述《秦律十八種》中的《置史律》名稱相似外，其他與十八種中並無重複，可見秦律的種類非常繁多。《秦律雜抄》中許多律文的內容與軍事有關，其中關於軍官任免、軍隊訓練、戰場紀律、戰勤供應以及戰後賞罰獎懲的法律條文是研究秦朝兵制的重要材料。

6.《法律答問》竹簡共 210 枚，出土於墓主的頸右側。該書的內容共有 187 條，多採用問答的形式，對秦律的某些條文、術語以及律文的意圖作出了明確的解釋。從該書的內容範圍來看，《答問》所解釋的是秦朝法律中的刑法部分，即關於盜、賊、囚、捕、雜、具等。此外，《法律答問》中還有一部分是關於訴訟程序的說明，如「辭者辭廷」、「州告」、「公室告」、「非公室告」等，是研究秦朝訴訟制度的重要材料。

7.《封診式》竹簡共 98 枚，出土於墓主頭部右側。由於年久積壓，竹簡出土時已經散亂。該書的標題寫在最後一枚簡的簡背。該書的簡文內容共分二十五節，每節第一枚簡簡首寫有小標題，計有：《治獄》、《訊獄》、《有鞫》、《封守》、《覆》、《盜自告》、《□捕》、《□□》、《盜馬》、《爭牛》、《群盜》、《奪首》、《□□》、《告臣》、《黥妾》、《遷子》、《告子》、

《癘》、《賊死》、《經死》、《穴盜》、《出子》、《毒言》、《奸》、《亡自出》。根據出土位置圖，《治獄》、《訊獄》兩節應當居於卷首。該兩節的內容是對官吏審理案件的要求。其餘各條都是對案件進行調查、檢驗、審訊等程序的文書程式，其中包括了各類案例，以供有關官吏學習，並在處理案件時參照執行。該書所收刑事案例中大部分是關於盜牛、盜馬、盜錢、盜衣物、逃亡、逃避徭役以及殺傷等方面的內容。在案例中有兩例是因親子不孝，父親控告兒子，並請求政府將其殺死和斷足流放，政府則予以照辦。還有兩例是關於懲罰奴隸的，一例是主人請求將男奴隸賣給政府並罰為城旦，一例是主人請求政府將女奴隸處以黥劓的酷刑。第一例中提到了奴隸買賣的情況，這對進一步研究封建社會早期的階級關係和階段鬥爭都有著重要的價值。

8.《為吏之道》竹簡共 51 枚，出土於墓主腹下。這篇佚書竹簡分上下五欄抄寫，內容多為官吏常用的詞語，有些地方的文意不很聯貫，推測是供學習做吏的人使用的識字課本。一般以四字為句，這種格式和秦代的字書《倉頡篇》、《爰歷篇》等相似。竹簡的第五欄中有韻文八首，由其格式可以判定是「相」，即當時勞動人民舂米時歌唱的一種曲調。在第五欄末尾處還附抄了兩條魏國法律，這兩條法律頒布於魏安釐王二十五年（公元前 252 年），內容是關於嚴格限制「假門逆旅，贅婿後父」和「率民不作，不治室屋」的人，甚為珍貴。可能是這兩條律文的精神與秦法相近，因此被抄在這裏。

9.《日書》。該墓出土《日書》兩種。為了便於區別，整理者分別稱之為《日書》甲種和《日書》乙種。甲種《日書》共有竹簡 166 枚，出土於人骨頭部的右側，出土時保存完好，無篇題，篇的正、背面都寫著《日書》內容，讀簡時先讀全部篾黃面，再讀篾青面，簡文寫的又小又密。乙種《日書》共有竹簡 257 枚（殘簡未計在內），出土於人骨的足下部，出土時已經殘斷，《日書》內容只寫在篾黃面，字也寫的大一些，這種《日書》有篇題，「日書」二字寫在該組簡最後一枚簡簡背。甲種《日書》的字數遠比乙種《日書》要多，內容也更為複雜。乙種《日書》的內容多與甲種《日書》相同，但也有不同之處。兩種《日書》在抄寫時都有脫漏，但在內容相同而文字有出入的地方，兩本可以互校。《日書》是一種用來選擇時日吉凶的書籍。在《漢書・藝文志》中屬於數術類。在古代操這種數術的人稱爲「日者」，《史記》有〈日者列傳〉，可見《日書》的流傳源遠流長，當在戰國時期業已存在。在科學還不發達的戰國秦漢時期，這類書當屬社會生活中的習用之書。它和卜筮相近，在秦代當不在禁絕之列。在漢代的墓葬中也曾多次發現過此類書籍。

這批竹簡出土後，《文物》雜誌 1976 年第 5 期刊登了季勛寫的〈雲夢睡虎地秦簡概述〉一文，對整個出土的竹簡及其內容進行了報導和概述。1976 年第 6 期《文物》雜誌發表了由湖北省孝感地區第二期亦工亦農文物考古訓練班撰寫的〈湖北雲夢睡虎地 11 號秦墓發掘簡報〉，對該墓葬的時代、形制、出土文物及竹簡情況作了較詳細的報導。同期《文物》雜誌還刊登了由雲夢秦簡整理小組整理的〈雲夢秦簡釋文（一）〉，包括《南郡守騰文書》（後來改稱爲《語書》）、《大事記》、《爲吏之道》。1976 年第 7 期《文物》雜誌發表了由整理組整理的〈雲夢秦簡釋文（二）〉，包括上述《秦律十八種》及《秦律雜抄》的內容。1976 年第 8 期《文物》雜誌發表了由整理組整理的〈雲夢秦簡釋文（三）〉，包括上述《秦律答問》及《封診式》。1977 年文物出版社出版了由睡虎地秦簡整理組編的《睡虎地秦墓竹簡》八開線裝本，該書中未收兩種《日書》，其他內容都收了進來，並對簡文作了簡注，附有竹簡圖版。

1978 年文物出版社又出版了由整理組編的平裝 32 開本《睡虎地秦墓竹簡》一書，該書同樣未收《日書》甲、乙種，也沒有圖版照片，對簡文也作了簡注和語譯。1981 年文物出版了由雲夢睡虎地秦墓編寫組寫的《雲夢睡虎地秦墓》一書，全面詳細地介紹了睡虎地 11 號秦墓等的墓葬時代、形制、出土文物等情況，並發表了有關的文物照片。1990 年文物出版社又出版了由秦簡整理組編的《睡虎地秦墓竹簡》八開精裝本。書中全部收錄了睡虎地 11 號秦墓出土的十種竹書，並附有圖版、釋文、注釋。竹簡的圖版照片按原大影印。書中除《編年記》、《爲吏之道》、《日書》甲、乙種外，都試加了白文語釋。原墓中已折斷散亂的竹簡儘可能地做了綴合和復原，並根據文句銜接和出土位置等情況進行了編排，不能確定編排次序的則按內容性質分類試排。

▲陝西咸陽馬泉西漢墓

陝西省咸陽市博物館在靈台縣馬泉發掘了一座西漢時期的墓葬，該墓出土了竹簡殘片 3 枚，每枚殘長約 6 厘米，寬約 0.7 厘米，厚約 0.3 厘米。上有墨書，但字跡模糊，難以辨認簡文內容。

1979 年第 2 期《考古》雜誌刊登了由咸陽市博物館寫的〈陝西省咸陽馬泉西漢墓發掘簡報〉，報導了該墓出土竹簡的情況。1990 年文物出版社出版的由李均明、何雙全合編的《散見簡牘合輯》一書，書中也收錄了上述內容。

1976

▲湖北雲夢睡虎地 4 號秦墓

1975-1976 年間，湖北省博物館在雲夢縣睡虎地 4 號秦墓中發掘出木牘 2 枚。出土時一枚保存完好，長 23.1 厘米，寬 3.4 厘米，厚 0.3 厘米；另一枚下段殘缺，木牘殘長 17.3 厘米，寬 2.6 厘米，厚 0.3 厘米。均兩面書寫墨跡文字。牘文內容爲士卒黑夫與驚寫給中的家信。這是我國目前發現的兩封家信實物。據考證，這兩封家信均寫於秦始皇二十四年（公元前 223 年）。

1976 年第 6 期《文物》雜誌刊登了由湖北省孝感地區第二期亦工亦農文物考古訓練班寫的〈湖北雲夢睡虎地十一座秦墓發掘簡報〉，報導了該墓出土木牘的情況。1980 年第 8 期《文物》雜誌刊登了黃盛璋撰寫的〈雲夢秦簡兩封家書中有關歷史地理的問題〉一文，對該信的內容及信中所提到的地名進行了考證。1990 年文物出版社出版的由李均明、何雙全合編的《散見簡牘合輯》一書中刊布了該信的內容。

▲廣西貴縣羅泊灣 1 號漢墓

廣西壯族自治區貴縣化肥廠擴建時在羅泊灣發現了一座西漢早期墓葬。廣西壯族自治區文物工作隊前往發掘（即羅泊灣 1 號墓）。

該墓規模巨大，上半部積土版築，下半部掘土爲穴。地表有高大的墳丘，墓中有斜坡式墓道，墓道東側有車馬坑。墓坑內壁烘燒。墓底木槨構築，墓室分前、中、後三室，十二個槨箱，結構非常複雜、牢固。前室中部爲享堂，中室、後室置長方形漆棺三具，其中一具爲雙層漆棺，放在後室前部中間，應爲主棺。槨室早年被盜，屍骨不存，遺物不多，大多爲漆器和玉石器。槨室底板下有殉葬坑七個，隨葬器物坑二個。七個殉葬坑各置木棺一具，共出土殉葬者七具，經鑒定爲六女一男，皆爲青少年。隨葬器物坑中共出土各種銅器 200 多件、鐵器 20 多件、陶器 50 多件，保存完好。

此外，該墓中還出土了木牘 5 枚，兩件完整，三件殘破。其中出土於槨室內的一枚稱《從器志》，該牘長 38 厘米，寬 5.7 厘米，厚 0.2-0.7 厘米。木牘兩面書字，墨跡隸體。正面分 5 欄，背面分 3 欄，共有 372 字，是一份完整的記載隨葬器物的清單。還有一枚稱爲《東陽田器志》，木牘殘長 29 厘米，寬 4.9 厘米。其內容是記載隨葬農具的清單。還有一枚木牘長 25.2 厘米，寬 4.8 厘米。兩面書字，記載的都是農具類。其他二枚木牘字跡模糊，已不可辨認。

該墓還出土了木簡 10 餘枚，出土時均已殘斷，只有數枚可以釋讀。該墓還出土了封檢 2 枚，上面記載的內容是器物名稱和食物名稱。

從《從器志》記載的甲、矛、盾、弓、弩、矢等兵器來看，該墓墓主生前可能擔任過武職官吏。

1978 年第 9 期《文物》雜誌刊登了由廣西壯族自治區文物工作隊寫的〈廣西貴縣羅泊灣 1 號墓發掘簡報〉報導了該墓葬的時代、形制以及出土文物的情況。

▲居延都尉三十井塞次東燧採集簡

甘肅省居延考古隊在額濟納旗布肯托尼以北地區的居延都尉三十井塞次東

燧採集到木簡 173 枚。

這批木簡的內容及照片圖版發表在 1991 年中華書局出版的由甘肅省文物考古研究所編的《居延新簡——甲渠候官、甲渠塞第四燧》一書中。

1977

▲甘肅玉門花海漢代烽燧遺址

酒泉鋼鐵公司鋼鐵研究所職工在玉門市花海鄉鎮所以北約 30 公里處的一座漢代烽燧遺址中發現了一枚有字竹簡和幾枚素簡，隨後嘉峪關市文物保管所派人前往考查，結果發現木簡、　片 91 枚，無字素簡 12 枚，和一件七面稜形觚。觚的斷面趨近圓形，長 37 厘米，文字分兩部分，接連抄錄共 212 字。前半部爲筆錄詔書的一部分，計 133 字；後半部爲書信，79 字，與前半部分內容無關。這批漢簡的內容當屬漢代酒泉郡北部都尉的文書檔案。此外，在遺址中還發現了竹製毛筆桿、筆套各一件。該地原來從未做過調查，此次爲首次發現。出土所見有簡、觚、封檢、削衣等，但多已殘碎。木簡內容有詔書、簿籍、甲子表、書信以及小學字書《倉頡篇》等。遺物比較豐富，特別是「武帝遺詔」與《倉頡篇》的發現，爲研究漢代歷史及文書學增添了新的資料。

這批材料首次公布見甘肅人民出版社出版的由甘肅省文物工作隊和甘肅省博物館合編的《漢簡研究文集》中嘉峪關市文物保管所所寫的《玉門花海漢代烽燧遺址出土的簡牘》一文中。原簡現藏嘉峪關市長城博物館。1991 年甘肅人民出版社出版的由甘肅省文物考古研究所編的由吳礽驤、李永良、馬建華釋校的《敦煌漢簡釋文》一書的前言中也報導了這些簡牘的出土情況。

▲安徽阜陽雙古堆 1 號漢墓

安徽省阜陽市博物館在阜陽雙古堆 1 號漢墓中發掘出大批竹簡，同墓出土的還有銅器、漆器、鐵器、陶器等文物二百餘件。根據出土器物上有「女（汝）陰侯」銘文及漆器銘文紀年最長爲「十一年」等材料，確認墓主是西漢第二代汝陰侯夏侯灶。夏侯灶是西漢開國功臣夏侯嬰之子，卒於文帝十五年（前 165 年）。因此，阜陽漢簡的下限不得晚於這一年，大抵爲漢初遺物。

竹簡出土於墓東邊的箱內，出土時放在一漆竹笥內。因此墓已塌，且經盜擾，原來存放簡牘的漆笥已朽壞，簡牘不僅散亂扭曲，變黑變朽，而且纖維質逐漸溶解粘連，成爲類似刨花板那樣的朽木塊。簡片已薄如紙張，互相疊壓鑲嵌，給剝離揭取工作帶來難以想像的困難。經國家文物局保護研究所的同志近一年時間的精心揭剝，這批簡牘才得以重見天日。

阜陽漢墓出土有竹簡、木簡和木牘，大部分非常破碎，但是它包含的內容卻相當豐富，經過清理，發現有《詩經》、《周易》、《倉頡篇》、《年表》、《大事記》、《萬物》、《作務員程》、《行氣》、《相狗經》、辭賦、《刑法》、《日書》等。此外還出土了一些干支表殘片。

1.《倉頡篇》：包括李斯所作〈倉頡〉、趙高所作〈爰歷〉、胡毋敬所作〈博學〉，現存基本完整的字有五百四十一個。這是《倉頡篇》亡佚近千年後，最大的一次發現。過去，《流沙墜簡》、《居延漢簡》等處所載《倉頡篇》殘文，皆爲漢代「閭里書師合〈倉頡〉、〈爰歷〉、〈博學〉三篇，斷六十字以爲一章，凡五十五章」的修定本。以阜陽簡《倉頡篇》與之對校，發現有若干異文。而且有避秦始皇名諱的「飭端修法」的句子，當是未經漢人修訂過的本子。

2.《詩經》：整理出一百多個破碎的簡片，包括今本《詩經·國風》中的近六十篇詩和《小雅》中的〈鹿鳴〉、〈伐木〉等，但遺憾的是已無一首完好者，有的僅存篇名。原簡每詩皆有篇題和字數，如「《日月》九十六字」等等。某一《國風》之後又有尾題，如「右方《北（邶）國》」；「右方《鄭國》」等等。《漢志》載《詩》有魯（申培）、韓（嬰）、齊（轅固）三家及毛傳。清人陳喬樅《詩經四家異文考》云：「四家之詩，其始口相傳授，受之者非一邦之人，人各有其鄉音，故有同意而異字，同字而異音者。」今阜陽簡《詩經》與上述四家又皆不同，有異文近百處，多爲同音假借，也有異義的異文。這對於研究漢初語音和詩義很有價值。

3.《周易》：有三百多個破碎的簡片，包括今本《易經》六十四卦中的四十多卦，其中有卦畫、卦辭的九片，有爻辭的六十多片。每爻辭之間，用圓點隔斷。辭後有卜事之辭。《漢志・六藝略》有《易經》十二篇，而《數術略》中另有《周易》三十八卷、《於陵欽易吉凶》二十三卷、《大次雜易》三十卷等屬於筮龜家的《易》。阜陽簡《周易》當屬此類。其卜事之辭爲固定的格式，指出各種天象和人事的吉凶，如晴雨、田漁（田獵和捕魚）、征戰、事君、求官、行旅、出亡、嫁娶、疾病等等。《同人・九三》之後即有「卜有罪者凶，戰鬥敵強不得志，卜病者不死乃瘳」等語。《周易》經文與今本《易經》亦有不少異文，多爲通假字。《周易》的卦畫留存下來的很少，僅見臨、離、大有三卦，其陰爻作「︿」形，與今本《易經》、馬王堆帛書《易經》等皆不同。如臨卦卦畫，今本作䷒，馬王堆帛書作[illegible]，阜陽簡則作[illegible]。這些材料豐富了我們對八卦卦畫的知識。

4.《年表》、《大事記》：上起西周，下迄於漢。記周秦以來各國君王在位之年。此簡殘斷尤甚，現存一百七十餘片，絕大多數不相連屬。表中王、公、侯、伯，多以謚號稱謂，楚熊噩（鄂）、吳州于等稱名。王、公、侯、伯之上皆未標國名，可能當初此卷簡札右起第一支簡專列國名，可惜已經看不到了。《大事記》僅存少量殘簡。

5.《萬物》：共五十餘條，這是阜陽簡中較爲完整的一部分，有一支殘簡多至三十餘字者。《萬物》以一句話爲一段，每段之間用墨點間隔，文義並不關聯。主要的內容是醫藥方面的。除此而外，還有講某物致某用的；有講某種物理現象的，此類簡兼有《本草》及《博物志》等書的內容。《漢志・方技略》有「神仙」十家，如《黃帝雜子十九家方》、《泰壹雜子十五家方》等等。班固云：「神仙者，所以保性命之真，而游求於其外者也。」此類簡或與神仙家著作相近。

6.《作務員程》：此類簡近百片，也殘破得相當厲害。主要內容有器物製造、建築工程、農產品加工等方面的規格、標準，以及每人每天的工作量。勞動力有上工、中工、下工之分，工作量有夏日、春秋日、冬日之分，已相當精細。有些材料可與雲夢秦簡《秦律十八種・工人程》相互參證。雲夢秦簡《爲吏之道》「除害興利」一節，有「作務員程」一語。作務，作業工技之流；員程，計其人及日數爲功程。我們將阜陽簡中有關內容冠以此名。此外還有一些度量衡制度的材料，可補文獻之闕遺，可惜材料不多。

7.《行氣》：這類竹簡殘存不多，內容主要講行氣的功能和方法。

8.《相狗經》：僅殘存數條，講狗的體態特徵與善走的關係。《漢志・數術略》形法家中有《相六畜》等書，此即其類。

9.辭賦：阜陽簡中發現有兩片《楚辭》，一爲《離騷》殘句，僅存四字；一爲《涉江》殘句，僅存五字，令人惋惜不已。另有若干殘片，亦爲辭賦之體裁，未明作者。

10.《刑德》、《日書》：漢人十分迷信，言行舉止，皆要避凶取吉。此類書即爲當時必備的工具書，睡虎地秦墓，馬王堆漢墓中均有出土。阜陽簡中約有數百餘片。內容多爲星象、天文與人間活動吉凶的關係。

阜陽簡中還有《干支表》殘片。《干支表》以朱線劃欄，朱色絢麗，雖歷二千餘年，猶十分耀眼。《干支表》可能是《日書》或《刑德》的附屬。

11.木牘：共三塊，一塊較完整，二塊已殘破，皆爲書籍篇題。完整的一件，正、背兩面各分三行書寫，今存篇題四十六條，內容多與孔子及其門人有關，這些篇題的內容大多能在今本《孔子家語》中見到。

另一塊木牘也是兩面書寫，現存較完整的篇題二十多條，如「趙襄子飲酒五日」，包括春秋、戰國故事，在劉向纂集的《說苑》、《新序》中可以見到。阜陽簡中有若干屬於這些篇題的簡片。

還有一塊木牘，單面書寫，篇題甚簡短，如「樂論」、「智（知）遇」、「頌學」等等，似與《荀子》等儒家學派有關。

1978 年第 8 期《文物》刊登了安徽省文物工作隊、阜陽地區博物館、阜陽縣文化館寫的〈阜陽雙古堆西漢汝陰侯墓發掘簡報〉，報導了這一墓葬情況和《詩經》、《倉頡篇》、《刑德》的部分照片。1983 年第 2 期《文物》雜誌發表了由國家文物局古文獻研究室、阜陽地區博物館組成的阜陽漢簡整理組寫的〈阜陽漢簡簡介〉，對出土竹簡的內容作了全面的介紹。同期《文物》還刊登了整理組整理的〈阜陽漢簡《倉頡篇》釋文〉。1984 年第 8 期《文物》雜誌又發表了由整理組整理的〈阜陽漢簡《詩經》釋文〉及胡平生、韓志強合寫的〈阜陽漢簡《詩經》簡論〉一文，對竹簡本《詩經》作了全面介紹和論述。1988 年第 4 期《文物》雜誌發表了整理組整理的〈阜陽漢簡《萬物》釋文〉和胡平生、韓志強合寫的〈《萬物》略說〉一文（〈萬物〉篇，即 1983 年第 2 期《文物》雜誌刊登的〈阜陽漢簡簡介〉中的第五種《雜方》類），比較詳細地論述了〈萬物〉篇出土的意義和價值。1988 年 5 月上海古籍出版社出版了由胡平生、韓志強合著的〈阜陽漢簡《詩經》研究〉一書，全部發表了竹簡本《詩經》的照片和釋文，並附有竹簡文字的摹本和簡本《詩經》的復原圖。書中對簡本《詩經》作了較全面的研究。

1978

▲湖北隨縣曾侯乙墓

1977 年，某部隊在隨縣（現隨州市）西北約 3 公里的擂鼓墩一帶施工時發現了三座大墓，其中曾侯乙墓（即擂鼓墩 1 號墓）於 1978 年 3 月進行了發掘。

曾侯乙墓是一座岩坑豎穴式墓，墓口東西長 21 米，南北寬 16.5 米，呈不規則的多邊形。木槨分東、中、西、北四室，槨室四周及槨頂填塞木炭和白膏泥。東室置主棺，爲重棺，外棺銅木結構，銅框架間嵌木板。東室和西室有殉葬棺二十一具，狗棺一具。共出土樂器、銅禮器、金器、玉器、漆木竹器和竹簡等七千餘件。在一件漆箱蓋上畫有二十八宿圖案。

該墓出土的竹簡共二百四十多支，約六千六百字，大都保存完整，內容記載了用於葬儀的車馬以及車上配件、武器、甲冑和駕車官吏。竹簡中有些官名，如「令尹」、「宮廄尹」、「連敖」等與楚國官名相同。鎛鍾上有銘文三十一字：「佳王五十又六祀，返自西陽，楚王酓章乍曾侯乙宗彝，奠之於西陽，其永時用享。」這些反映了曾、楚之間的密切關係。曾侯乙墓的發掘是建國以來考古工作的一次重大收穫，墓中文物保存好，數量多，造形精巧，文字資料豐富，在同類古墓中是罕見的。

曾國可能即文獻中的隨國。據鎛鐘銘文與墓葬特點分析，年代應爲公元前433年或稍晚，其時曾已爲楚的附庸。

關於該墓的情況，《文物》雜誌1979年第7期刊登了隨縣擂鼓墩1號墓考古發掘隊寫的〈湖北隨縣曾侯乙墓發掘簡報〉，此後文物出版社1981年又出版了由湖北省博物館編的《隨縣曾侯乙墓》一書，詳細介紹了該墓出土文物及竹簡的情況。

▲湖北江陵天星觀1號楚墓

1-3月江陵天星觀1號楚墓出土了一批竹簡。天星觀1號墓位於江陵縣觀音壋公社五山大隊境內，東臨長湖，西距紀南城約30公里。這是座有封山堆斜坡墓道的長方形豎穴土坑木槨墓，是迄今發掘的最大的楚墓之一。

原墓坑長41.2米，寬37.2米，現存墓坑坑口長30.4米、寬33.2米，坑壁有十五級生土台階。坑口至坑底深12.2米。葬具爲一槨三棺，保存較好。木槨長8.2米、寬7.5米，槨室分爲五大室七小室。在槨室的橫隔板上繪有十一幅彩繪壁畫，繪菱形、田字和雲紋等幾何形紋樣。中室置大小相套的三棺，第二層外棺的蓋板、側板、擋板的各木板之間以及蓋板與側板之間，均用鉛攀釘和銅抓釘扣接，較爲特殊。

這座墓早年嚴重被盜（七室中除北室外均被盜），但殘存的隨葬器物尚有陶器、銅器、兵器、車馬器、樂器、漆器以及竹簡等二千四百四十餘件。南室和北室主要放置青銅容器、漆木器等，東室置樂器、西室置車馬器、兵器、竹簡等。中室有少量玉石器。出土物以木甲、漆木盾、漆木龍首車轅、鳳鳥懸鼓、漆木虎座飛鳥、漆鎮墓獸、銅編鐘、編磬和竹簡最爲重要。

竹簡內容分爲「卜筮紀錄」和「遣策」兩組。據竹簡記載：墓主爲邸𨾊君番（潘）勳。它對楚國的封君制度、封君葬制以及對潘氏家族的歷史等方面的研究，都有重大意義。

該墓葬的出土文物情況，《光明日報》1978 年 7 月 23 日作了報導，其後 1982 年第 1 期《考古學報》發表了由湖北省荊州地區博物館撰寫的〈江陵天星觀 1 號楚墓〉一文，對該墓的時代、形制、出土文物及竹簡內容都作了詳細的介紹。

▲山東臨沂金雀山漢墓

9 月，臨沂市博物館在山東臨沂金雀山發掘了 11 號、13 號兩座漢墓，墓中出土竹牘碎片 8 塊，由於出土時殘損嚴重，內容已難以辨明，據研究可能爲遣策類。

1984 年第 11 期《文物》雜誌發表了臨沂市博物館寫的〈山東臨沂金雀山周氏墓群發掘簡報〉，報導了該墓出土的竹牘及其他文物情況。

▲江蘇連雲港花果山雲台漢墓

江蘇省連雲港花果山下的雲台磚廠在爆破取土時發現了一座漢代墓葬，該墓葬屬於西漢晚期，墓中出土了木竹牘共 13 枚。今簡牘已損壞，未見簡牘照片。

據簡報報導，簡牘尺寸分別爲：1 號(原出土編號，下同)牘長 13 厘米，寬 5.8 厘米；2 號牘長 4.2 厘米，寬 5 厘米；3 號牘長 6.2 厘米，寬 4.5 厘米；4 號牘長 4.5 厘米，寬 8 厘米；5 號牘長 4 厘米，寬 7.5 厘米；6 號牘長 2.6 厘米，寬 5.5 厘米；7 號牘長 20 厘米，寬 4 厘米；8 號牘長 3.2 厘米，寬 6.4 厘米；9 號牘長 6.2 厘米，寬 5.7 厘米；10 號牘長 12.5 厘米，寬 5 厘米；11 號牘長 9.5 厘米，寬

4.4 厘米；12 號牘長 8.25 厘米，寬 4.2 厘米。以上牘均爲木質。13 號牘長 15 厘米，寬 3 厘米，竹質。簡牘內容涉及有關刑事案件及曆日干支。

1990 年文物出版社出版的由李均明、何雙全合編的《散見簡牘合輯》一書中收錄了該墓出土的竹牘文字內容。

1979

▲青海大通縣上孫家寨 115 號漢墓

青海省文物考古工作隊在大通縣上孫家寨村西北發現了一片墓地，共發掘了 178 座漢墓，其在 115 號漢墓中出土了大批木簡。該墓爲豎穴土坑、單槨雙棺的夫妻合葬墓。因墓內出土的銅印上有陰刻篆文「馬良私印」的字樣，根據漢代墓內隨葬名章的習慣，知該墓墓主名馬良。在該墓出土器物中最有時代特徵的是五銖錢，皆爲武帝、昭帝、宣帝時遺物，所以該墓葬的時代當爲西漢晚期。

該墓早年曾被盜掘過，因此出土的隨葬器物不算很多，但在兩棺之間卻出土了一大批木簡，共計有 240 枚之多。簡長 25 厘米，寬 1 厘米，厚 0.2 厘米。經鑒定，這批木簡是用雲杉木材製作而成的。木簡上的文字爲墨跡隸體，每簡約有 30-40 字不等。出土時尚有殘簡 400 餘片。根據出土木簡的字體、內容，可將全部簡文分作：1.兵法類；2.軍法、法令、軍爵類；3.篇題目錄。

1.兵法類主要是講戰守攻取的要點。一般先講布陣之法，其次講戰爭當中必須注意的原則。簡文中涉及到的陣法之名有：圓陣、浮苴、橫陣、方陣等。由於簡文殘損嚴重，可能還有一些別的陣名。在講戰守進退時，士卒在戰爭中只能向前，要拚死殺敵，不得顧及其他。如臨陣逃脫而不能見危授命者，皆應繩之以法。在作戰中士兵應按金鼓鈴旗之指揮而進退，不當行而行者則斬。爲將率兵者必須做到賞罰分明。部曲要按陣圖操練，目的是爲了整齊畫一，令行禁止。隊列訓練、布署位置次序都必須嚴格要求，目的是爲了實戰的需要。從上述簡文內容可以看出，治軍之法在於從最基本的隊列訓練開始，然後按陣圖操演陣勢，以司奇正進退、戰陣攻守之法。這些內容有些與銀雀山漢墓出土的《孫臏兵法》、《孫子兵法》相近、相同，但沒有這兩部書系統、完整，簡文當是摘引自某些兵書中的章節或句子。

2.軍法、軍令、軍爵類主要是根據兵法原則及當時朝廷的律令而制定的具體措施。從墓中所出殘簡內容來看，其中並無律文，而只有令（主要是實施辦法）。講軍法的簡文內容大致可分爲三個方面：即一是講書於尺籍之軍令與軍爵；二是講懲罰軍紀；三是講負馬、私卒等等。簡文中涉及軍爵的內容較多，講士卒斬首捕虜要以首級計功、拜爵。簡文中所記因戰功而應拜爵之法非常詳細，對於雖有戰功而不夠拜爵標準者又可賜錢以資獎賞。但簡文中對拜爵的規定也有一定界限，如「毋過左庶長」、「毋過五大夫」等。簡文中在計功授爵的同時，也還有一些懲處的規定，如對「軍功增首」（即多報斬首數量）者要懲辦，對畏懦不能力戰者要處罰。此外，簡文中還有關於騎兵方面的紀律、驛騎或驛的紀律，還有關於驛馬的規定，這些都是屬於軍令的範圍。

3.篇題目錄。在該墓出土的殘簡中，有不少是篇題目錄。如「▨首捕虜□□論廿一」、「▨不法廿六」、「▨虜以尺籍廿二」、「▨私卒僕養數廿八」、「從馬數使私卒卅六」、「私車騎數卅」等（上面▨表示殘簡簡頭，上殘字數不詳，□表示不識殘字）。目錄殘簡僅存 7 枚，上面的篇目序號存有：廿一、廿二、廿六、廿八、廿九、卅六、卅七、卌四八個，「廿一」之前和「卌四」之後殘缺。由此可以判定，該墓出土的木簡原當編聯成冊，有正文，有目錄。

在這批簡的內容中，有時講到「孫子十三篇」、「孫子曰」等，有些學者認爲是《孫子兵法》的佚文，有的認爲是引用《孫子兵法》的文句。意見不一。有人認爲該墓出土的木簡簡文多與軍事有關，當是軍法、軍令總彙的抄本，而不是軍法、軍令詔的原文，其作用當是供當時軍事人員學習的讀本。簡文中的「孫子十三篇」、「孫子曰」等，皆非《孫子兵法》原文，當爲引申之辭。

1981 年第 2 期《文物》雜誌刊登了由青海省文物考古工作隊寫的〈青海大通縣上孫家寨 115 號漢墓〉一文，詳細介紹了該墓出土木簡的情況。同期《文物》雜誌還刊登了由國家文物局古文獻研究室和大通上孫家寨漢簡整理小組共同整理的〈大通上孫家寨漢簡釋文〉，以及由朱國昭寫的〈上孫家寨木簡初探〉一文，對木簡內容進行了初步的研究。1993 年文物出版社出版了由青海省文物考古研究所編的《上孫家寨漢晉墓》一書，書中較詳細地介紹了 115 號漢墓的時代、形制以及出土文物的情況，並全部公布了該墓出土的木簡照片及釋文。

▲江蘇盱眙東陽漢墓

南京博物館在江蘇盱眙東陽清理 1－7 號漢墓時，在 7 號墓中西棺內死者頭部發現一枚木札，木札呈長方形，質地細膩。長 23.6 厘米，寬 4.2 厘米，墨書 3 行，共 32 個字，隸體。木札的文意爲敬獻王公母、諸鬼神等祈福之辭令。

1975 年第 5 期《考古》雜誌刊登了由南京博物館寫的〈江蘇盱眙東陽漢墓〉一文，刊布了該墓出土文物及木札的情況。1990 年文物出版社出版的由李均明、何雙全合編的《散見簡牘合輯》一書也收集了該木札的內容。

▲江西南昌東吳高榮墓

6 月，江西省南昌市文物工作者在市內陽明路中段南側清理了一座早期東吳墓葬，墓主爲高榮。墓中出土木簡 21 枚，木牘 2 件。木簡呈長方形，大小相同，長 24.5 厘米，寬 3.5 厘米，厚 1 厘米，隸書。內容相同，爲：「弟子高榮再拜問起居，沛國相高萬綬。」木牘每塊長 24.5 厘米，寬 9.5 厘米，厚 1 厘米。其中一塊字跡不清，另一塊字跡較清晰，兩面書寫，牘上書寫的內容爲記錄隨葬器物的清單。

1980 年第 3 期《考古》雜誌刊登了〈江西南昌東吳高榮墓的發掘〉一文，報導了該墓出土文物的情況。1990 年文物出版社出版的由李均明、何雙全合編的《散見簡牘合輯》一書也收集了該上述內容。

▲甘肅敦煌馬圈灣漢代烽燧遺址

甘肅省博物館文物隊（現爲文物考古研究所）與敦煌縣文化館組成漢代長城調查組，在敦煌縣西北 95 公里，東距小方盤城 11 公里，西距後坑 2.7 公里，北距疏勒河 8 公里處的馬圈灣發現了一座斯坦因當年考察經過時被遺漏的烽燧遺址。同年 9 月 16 日文物工作隊對此遺址進行了科學發掘。該遺址東側爲鹽池灣，西側爲馬圈灣，在兩湖灘之間形成一西北走向的戈壁走廊，長城自東向西穿過，將走廊攔腰截斷，烽燧即建於戈壁西側邊緣、長城內側 3 米處。此烽燧遺址，甘肅省博物館編號爲 D21。其東側的烽燧，斯坦因編號 T12a，甘肅省博物館編號 D22；其西側的烽燧，斯坦因編號爲 T11，甘肅省博物館編號 D20（以下稱新編號）。烽燧及其東側的塢內建築，早期倒塌後被砂礫掩埋，發掘前遺址呈圓形砂丘，保存基本完好。歷時 20 多天，共開探方 19 個，發掘面積 1900 平方米，其中有 15 個探方出土了簡牘。

馬圈灣烽燧遺址共出土簡牘 1217 枚，絕大多數是用紅柳和胡楊木做成的木簡，竹簡極少，共 16 枚。就形制而言，有簡、牘、符、觚、籤、封檢、削衣等。觚的截面多爲等腰三角形，個別爲正方形，也有形狀不規則者。完整的一般長 23.3 厘米，寬約 0.8 厘米。這批簡牘，絕大多數出土於灰層中，與雜草、畜糞、草灰、殘破鐵木器具、絲織品殘片等混雜堆積，少量出土於塢南的畜圈。10 枚出於塢內地面，23 枚出土於塢南墻外廢土中。在全部出土簡牘中有 63 枚紀年簡。

出土於 T7 的西漢宣帝本始三年(公元前 71 年)的觚，時間最早，係晚期被棄入灰層。在早期灰區 T12 中，最早的紀年簡爲元康元年（公元前 65 年）。簡牘內宣、元、成、哀各代都有；而以平帝至王莽時期居多，占一半以上。最晚的紀年簡爲王莽始建國地皇二年（公元 21 年）。

簡牘多已散亂，不連綴，經初步整理，有少數簡可以歸爲一冊。內容大致有詔書、奏記、檄、律令、品約、牒書、爰書、符傳、簿冊、書牘、曆譜、術數、醫藥、契券、封檢、楬（籤）等。尚有出入關吏卒食糧廩給簿、大煎都侯士吏「受就人」名籍簿、大煎都侯「更卒」名籍簿等間接資料。這些資料，結合長城烽燧考察情況，證明玉門關不當設於小方盤域，而應設於馬圈灣遺址附近，確切地說，應設於其西側。由於馬圈灣遺址以北的長城，並沒有關門遺跡，其東、西側均爲湖灘，地勢低窪，不可能設置關門，因此，玉門關口似不在長城線上，很可能在遺址西南的古代交通大道上。這一推測，大大縮小了探索玉門關址的地理範圍，爲這一問題的最終解決，提供了極爲重要的線索。

馬圈灣簡牘是有史以來敦煌出土簡牘最多的一次，而且其中一部分完整的簡牘爲王莽派往西域的五威將王駿的幕府檔案。因此這批簡牘的內容大大超過了斯坦因所獲漢簡的範圍，對於解決長期以來敦煌漢簡研究中的疑難問題提供了大量的新資料。

關於該墓出土簡牘的情況，甘肅省博物館、敦煌縣文化館合寫的〈敦煌馬圈灣漢代烽燧遺址發掘簡報〉發表在 1984 年甘肅人民出版社出版的《漢簡研究文集》中。1991 年甘肅人民出版社還出版了甘肅省文物考古研究所編、吳礽驤等釋校的《敦煌漢簡釋文》一書，書中刊布了馬圈灣出土的全部簡牘的釋文。

▲四川青川縣戰國墓

1979-1980 年間四川省博物館和青川縣文化館在四川省青川縣郝家坪發掘 50 號戰國墓時出土了兩塊木牘。均爲戰國晚期文物。牘長 46 厘米，寬 3.5 厘米，厚 0.5 厘米。兩面書寫，牘上文字清晰可辨。其正面內容爲秦王頒布的《更修田律》，背面記不除道日干支，總共 121 字。另一塊木牘，字跡殘損，無法辨認。《更修田律》木牘的出土引起了廣大學者的關注。

1982 年第 1 期《文物》雜誌刊登了四川省博物館、青川縣文化館合寫的〈青川縣出土秦更修田律木牘——四川青川縣戰國墓發掘簡報〉，公布了這一材料。同期《文物》還刊登了于豪亮寫的〈釋青川秦墓木牘〉和李昭和的〈青川出土木牘文字簡考〉兩文，對木牘內容進行了研究和探討。

▲甘肅敦煌博物館採集散簡

敦煌市博物館工作人員在：

1.敦煌境內鹽池灣烽燧遺址採集木簡 8 枚，其中名籍 4 枚，曆書 2 枚，令品 1 枚，燧文書 1 枚。名籍是燧的基層檔案，可靠性較強。據簡文內容看，該遺址當爲廣漢燧。這些簡出土時皆殘斷，無一完整者，最長的 18.5 厘米，寬 1.2 厘米，其中有紀年簡 1 枚。

2.在後坑烽燧遺址採集到 14 枚木簡，有 4 枚較完整的。簡長 23 厘米，寬 1 厘米多，草書，內容除官文書外，烽火、爰書也占一定比例。

3.在馬圈灣烽燧遺址（未發掘之前）採集木牘 3 枚，有 1 枚完整，長 23 厘米，寬 1.9 厘米，有紀年簡 1 枚。內容爲文書類。

以上三處採集到的簡牘現皆藏敦煌博物館。

1991 年中華書局出版的由甘肅省文物考古研究所編的《敦煌漢簡》，1991 年甘肅人民出版社出版的由甘肅省文物考古研究所編，吳礽驤、李永良、馬建華釋校的《敦煌漢簡釋文》及 1993 年法律出版社出版的《簡帛研究》第 1 輯中何雙全文〈敦煌新出簡牘輯錄〉，三書中皆收錄了上述木簡的內容。1991 年第 9 期《文物》雜誌刊登了敦煌市博物館寫的〈敦煌漢代烽燧遺址調查所獲簡牘釋文〉也收錄了上述木簡內容。

1980

▲江蘇邗江縣胡場 5 號漢墓

江蘇揚州市博物館和邗江縣圖書館在發掘江蘇邗江縣胡場 5 號漢墓時出土了木牘 13 塊，其時代爲西漢宣帝時期。

該墓爲方形豎穴異槨夫婦合葬墓。出土了 13 枚木牘，其中有 1 枚出於男棺蓋板北端，12 枚出於側廂。牘長約 23 厘米、寬 3.5-7 厘米不等。有 6 枚尚存字跡，能識讀者有 4 枚。內容有神靈名、記事日記、廣陵宮司空告土主文書及隨葬器物志等。木楬 6 枚出於側廂北端，楬的上端爲圓頭塗黑，下署食品名稱。封檢 7 枚亦出於側廂北端，封檢上端有封泥槽，出土時其上尚有封泥，封泥上印有「王」字陽文，封檢下端署各類糧食布帛名稱。

1981 年第 11 期《文物》雜誌刊登了揚州博物館和邗江縣圖書館合寫的〈江蘇邗江胡陽 5 號漢墓〉一文，較詳細地介紹了該墓出土的木牘、木楬、封檢以及其他文物的情況。1990 年文物出版社出版的由李均明、何雙全合編的《散見簡牘合輯》一書收錄了上述牘、楬的內容。

▲湖北鄂城 1 號東吳墓

湖北省鄂城縣鄂城水泥廠 1 號墓出土了木刺 6 枚。刺長 24-25 厘米，寬 3.3 厘米，厚 0.4 厘米。其時代爲東吳早期，木刺出土時分散在墓室四周。

1990 年文物出版社出版的由李均明、何雙全合編的《散見簡牘合輯》一書收錄了木刺內容。

▲漢長安城未央宮遺址

4-6 月間，中國社會科學院考古研究所在西安發掘未央宮前殿 A 區遺址時出土了 115 枚木簡，由於過去曾被火燒過，所以大都已殘。

1995 年第 3 期《文博》雜誌刊登了李毓芳寫的〈漢長安城未央宮的考古發掘與研究〉一文，稱：「在房址內還發現了一批被火燒烤過的西漢木簡，簡文有的屬於病歷醫方，如有一支醫方簡上端題有『馬宗山女方』字樣，這說明在西漢時代已有病歷醫方。」

1996 年，中國大百科出版社出版了由中國社會科學院考古研究所編的《漢長安城未央宮考古發掘報告》一書，書中公布了這批木簡的釋文、摹本、圖版，但未做進一步的注釋和研究，釋文後面的按語云，這批簡涉及到醫藥、人名和記事等。同墓出土的還有新莽時的貨幣，且有些簡文內容帶有祥瑞文字記載，疑當參雜有新莽時簡。

1981

▲甘肅敦煌酥油土漢代烽燧遺址（D38）

3 月，甘肅省敦煌縣黨漢鄉社員在西廂酥油土以北放牧時，在漢代烽燧遺址上發現漢簡 4 枚，敦煌縣文化館聞訊後立即趕到現場調查，又採集到漢簡七十餘枚。原簡現藏敦煌博物館。酥油土位於敦煌縣西北 57 公里。東臨野馬井子，西近波羅湖，北距苦溝（疏勒河）2 公里。

這次發現漢簡的烽燧遺址爲甘肅省文物隊編號爲 D38 的遺址，這次採集的漢簡全部爲木質，多以當地所產之胡楊、紅柳爲材料。出土木簡多數已經殘斷，且字跡漫漶不清。經整理，內容大致有律令、檄文、日常屯戍簿冊、字書、兵書、曆書、私人書啓及其他雜簡。按形制可分爲簡、牘、觚、符、簽、封檢以及削衣等。紀年簡僅有一枚，爲西漢昭帝始元七年（公元前 80 年）。但據其他簡牘的朔閏干支來推算，其下限當至王莽，而昭、宣時期較多。這批簡牘的出土，對進一步研究漢代邊塞制度，提供了新的資料。雖然這次所獲漢簡數量並不很多，但在某些方面，對研究以往出土的敦煌漢簡乃至居延漢簡都提供了新的重要的資料。

這批資料的釋文最早刊布於 1984 年甘肅人民出版社出版的《漢簡研究文集》中，由敦煌縣文化館寫的〈敦煌酥油土漢代烽燧遺址出土的木簡〉一文較詳細地介紹了該簡出土的地點、經過、內容、價值等。

▲湖北江陵九店 56 號楚墓

1978 年湖北省江陵九店公社磚瓦廠（現更名爲紀南第二磚瓦廠）在雨台大隊的施家洼建廠，在生產取土中，陸續發現一些楚墓，省、縣文物部門曾多次進行調查。隨著磚瓦廠規模擴大，用土增加，1981 年 5 月，湖北省博物館江陵工作站配合生產取土正式進行了發掘。發掘工作歷時 9 年，至 1989 年底，發掘工作告一段落。在此期間，共發掘墓葬 600 座，車馬坑 1 座，井 4 座，其中西周晚期墓 1 座，東周墓 596 座，另 3 座爲唐以後的磚室墓。

這些墓葬可以分爲單棺墓與單棺單槨墓兩大類。單棺墓一般墓坑窄淺，只填五花土，出土器物有銅器，但個別墓有壁龕，隨葬有少量銅器及珍貴的竹簡。這次發掘在 M56 中發現 205 枚竹簡，竹簡出土於側龕內。繫成卷入葬，內裹墨盒（盒內盛墨）、削刀。竹簡出土時呈黑褐色，字用墨書寫於竹黃面。其中完整和較完整的 35 枚，餘均殘斷。上有編聯線痕三道。字數約 2,700 個（包括殘損不清的字）。簡文書寫從頂端開始，不留天頭。一簡中字數最多的 57 字。整簡長 46.6-48.2 厘米，寬 0.6-0.8 厘米，厚 0.1-0.12 厘米。可辨字 2,332 個。簡文的內容可分爲兩個部分：

1.記載了與農作物有關的內容，簡文多爲數量單位。

2.數術方面的內容，與雲夢秦簡《日書》的性質相同。具體有楚建除家言；有每季三個月中哪些天干日是吉日，利於做什麼工作，哪些天干日是不吉日，不利於做什麼工作；有記巫術活動者；有記建築住宅等方位對人產生的吉凶事宜，屬於相宅之書的內容等。還有大部分殘簡，不能繫聯，簡文內容不能通讀。從殘文來看，也當屬術數類內容。這批楚簡的出土說明選擇時日吉凶的書籍早在戰國時期的楚國就已流行了。《日書》主要反映了楚人「信鬼好祀」的迷信思想，是研究當時唯心主義天命觀的重要資料。簡文中有些是講一年的時日吉凶，十二個月是按照月序排列的，這對於楚國曆法的研究有一定的幫助。簡文還有涉及到當時社會生活情況方面的，例如簡文中曾多次提到的「入人」、「入人民」、「逃人不得」、「寇盜」等反映奴隸買賣和奴隸逃亡的詞語，這對於研究楚國的社會性質是十分難得的重要資料。

竹簡現存湖北江陵博物館。

文物出版社 1984 年出版了由楚文化研究會編的《楚文化考古大事記》中刊

布了這一情況。1995 年科學出版社出版了荊州博物館編的《江陵九店東周墓》全面報導了該墓及出土竹簡的情況。

▲甘肅武威磨咀子收集簡

9 月，武威縣文物管理委員會在保護調查重點文物時，新華鄉纏山大隊社員袁德禮交出一份近年在磨咀子漢墓出土的《王杖詔書令》木簡 26 枚。這是繼 1959 年出土《王杖十簡》後又一次重要發現。該批木簡出土的情況不明，經調查與《王杖十簡》同出一墓地。今見該冊木簡漢隸書寫，字跡清晰，每簡背面署有編碼「第一」至「第廿七」，惜「第十五」已遺失，可見原冊實有 27 簡。簡長 23.2-23.7 厘米，寬 0.9-1.1 厘米。編繩雖已不存，但從殘留痕跡尚可看出原簡當有兩道編繩。該冊記載有關尊敬長老，撫恤鰥寡，撫恤孤獨、殘疾者以及高年賜杖、處決毆辱受杖主者等五份詔書，末簡署「右王杖詔書令」六字。

該批木簡最早刊布在 1984 年甘肅人民出版社出版的由甘肅省文物工作隊和甘肅省博物館合編的《漢簡研究文集》中，書前印有該簡冊的全部照片圖版。書中有由武威縣博物館撰寫的〈武威新出土王杖詔令冊〉一文，文中對該簡冊的情況作了詳細介紹，寫定了簡冊釋文，並對簡冊內容進行了考證。

▲甘肅居延甲渠候官、甲渠塞第四燧採集簡

甘肅省文物考古研究所在額濟納河以南的甲渠候官治所採集到散簡 20 枚，在甲渠塞第四燧採集到散簡 67 枚。

這些木簡的內容及照片均發表在 1991 年中華書局出版的由甘肅省文物考古研究所編的《敦煌漢簡》一書中。

1982

▲湖北江陵馬山磚廠 1 號楚墓

荊州地區博物館在江陵馬山公社磚瓦廠取土時發現一座小型土坑豎穴楚墓（即江陵馬山 1 號墓），該墓規模雖小，但由於墓坑挖在天然的白膏泥層中，所以棺槨和隨葬器物都保存較好。該墓墓主爲女性，年歲約在 40-45 歲左右，身高約 160 厘米，出土時皮包骨架，頭髮烏黑，梳有偏髻，仰身直肢葬，手腳用錦帶捆縛，雙手有絹製的「握」，左腰繫一顆嵌綠松石的料珠。隨葬器物有銅、陶、漆木、竹器及大批的絲織物（繡、錦、羅、紗、絹、絛等）。這批絲織物不但數量多，而且質地精良，朱砂、茄紫、深赭、淺綠、茶褐、金黃、棕黃、絳紅等色澤艷麗，搭配協調悅目，織錦與鎖繡的圖案千姿百態，複雜而多變。這是繼長沙馬王堆一號漢墓之後又發現的一座「絲綢寶庫」。

該墓中僅出土竹簡一枚，拴在竹笥上，文曰「□以一緥衣見於君」，從文義看當屬遣策類。

1982 年第 10 期《文物》雜誌刊登了荊州地區博物館寫的〈江陵馬山磚瓦廠 1 號楚墓出土大批戰國時期絲織品〉和陳躍鈞、張緒球合寫的〈江陵馬山磚瓦廠 1 號墓出土的戰國絲織品〉、彭浩寫的〈江陵馬山磚瓦廠 1 號墓所見葬俗述略〉，全面報導了這次出土文物的情況。

1983

▲江蘇揚州平山養殖場 3 號漢墓

江蘇省揚州市平山養殖場 3 號漢墓出土木楬 3 枚，該墓時代爲西漢中晚期。楬首圓形塗黑，上有兩個繫繩小孔，下有題署。竹簡內容爲遣策類。

1990 年文物出版社出版的由李均明、何雙全合編的《散見簡牘合輯》一書收錄了該墓出土竹簡的內容。

▲湖南常德市德山夕陽坡二號楚墓

多，湖南省常德市德山夕陽坡二號楚墓出土竹簡兩枚。一枚簡首稍損壞，長67.5 厘米；一枚完整，長 68 厘米。兩簡寬度均爲 1.1 厘米。上有墨書文字清晰可見。一枚有 32 字，一枚有 22 字，共 54 字。上下簡文連接，是一份完整的有紀年記事內容的重要記錄。現釋錄如下：簡一爲「越涌君𪚥逕其眾以歸楚之歲𦥑屌之月己丑之日王居於㳻郢之游宮士尹□王」，簡二爲「之上與昭折王之愳造遜尹呂逯以王命賜舒方御歲禒」。簡文：「士尹」至「之愳」間的文意不太好理解，綜觀全文，其大意是：在越涌君率眾歸附楚國的這一年四月己丑這一天，楚王居留於㳻郢的游宮內，士尹宣揚楚王的聲威，造遜尹秉承王命御賜舒方一歲的俸祿。（此爲湖南省博物館劉彬徽先生的解釋）這兩枚簡是湖南省境內迄今所出土的竹簡中唯一保存最完整的兩枚長簡，彌足珍貴。

該墓的發掘簡報目前尚未發表，材料最早刊布在 1987 年《求索》雜誌增刊《楚史與楚文化研究》一書中，由楊啓乾先生撰寫的〈常德市德山夕陽坡二號楚墓竹簡初探〉一文作了介紹和考釋。1998 年 10 月，湖南省博物館劉彬徽先生在「紀念徐中舒先生誕辰百年暨國際漢語古文字學研討會」上宣讀了〈常德夕陽坡楚簡考釋〉一文，對簡文做了進一步的研究和探討，並對楊文進行了補充和訂正。

▲湖北江陵張家山漢墓（M247、249、258）

1983 年 12 月至 1984 年 1 月，湖北省荊州地區博物館爲配合江陵縣磚瓦廠的取土工程，在東南距江陵縣城約 1.5 公里，東北距故楚都紀南城約 3.5 公里的張家山清理了三座西漢初年的古墓（編號 M247、M249、M258），出土了一批具有時代特徵的隨葬品，最爲難得的是三座漢墓出土了大量的竹簡。這三座墓的棺槨大部朽壞，槨室內早年積水，隨後又積滿淤泥，故竹簡的保存情況均不太好，原貌均遭破壞。M247 的竹簡分置兩處。一處位於頭箱內緊貼槨室西部檔板的底部，上被淤泥和漆木器所壓，出土時散亂在稀泥中，多已殘斷。另一處位於頭箱內緊靠南壁板的底部，上面堆壓著陶器、漆器及淤泥。竹簡放在竹笥內。竹笥已腐，無蓋。笥內竹簡豎向放置，周圍積滿淤泥，一端的上面疊壓著幾塊無字木牘。表層竹簡多已殘斷，下面的竹簡部分保存完整。推測原來竹簡是分卷放置的，後經水浸入，竹簡漂浮，造成散亂。M247簡各篇多有書題，其餘沒有書題的，性質可與過去發現的竹簡帛書比對。M249隨葬的竹簡，置於邊箱西北角的底部，竹簡的一端緊靠頭箱。由於被器物所壓和淤泥覆蓋，特別因邊箱分板和頭箱隔樑全部塌垮在竹簡上面，竹簡絕大部分被壓斷，已失原貌，僅靠槨壁板的一部分保存完整。

M258是一座早年被人挖掘過的墓，槨室內僅存陶器和漆木器殘片。竹簡出在頭箱東北角底部，分散在淤泥中，無一定排列順序。數量少，均殘斷。

這批竹簡出土後即得到了科學的保護和處理，經過整理，這批竹簡包括：1. 漢律、2.《奏讞書》 3.《蓋廬》、4.《脈書》、5.《引書》、6.《算數書》、7.《日書》、8.曆譜、9.遣策。

1.漢律。睡虎地簡以秦律為主，張家山簡與這批竹簡相似，內容以漢律為主體。在簡的數量上，這批簡也同睡虎地相埒。因此，可稱為繼睡虎地秦簡之後的又一重大發現。至於法律以外各種，性質與馬王堆、銀雀山等地所出佚籍近似，也非常重要。

竹簡漢律出於M247，計有五百餘支。發現有書題《二年律令》，同時又有《律令二十□種》、《津關令》等篇題。睡虎地簡秦律律名一般註在每條律文之末，這次發現的漢律則不同，律名各標在一支簡上，不與律文相連。已清理出的律名，與睡虎地簡秦律相同的，有《金布律》、《徭律》、《置吏律》、《效律》、《傳食律》、《行書律》等；不相同的有《雜律》、《□市律》、《均輸律》、《史律》、《告律》、《錢律》、《賜律》等等。此外在簡文內還見有《奴婢律》、《變（蠻）夷律》等律名。

睡虎地簡的秦律雖極珍貴，但並沒有包括秦律的主體部分，即《盜》、《賊》等有關律文，只是在同出的《法律答問》簡中反映出來。這次發現的漢律包含有《盜》、《賊》等方面的內容，所以是有漢律的主體，或至少有其一部分。

竹簡中還有一些制定在蕭何以後呂后時的律令。

2.《奏讞書》，約簡二百支，與漢律同出自 M247，是議罪案例的彙集，也是有關法律的重要文獻。

3.《蓋廬》，出土於 M247，係一篇兵家著作，篇中闔廬只是提問，主要內容都是申胥的話，因此實際上是記述申胥的軍事思想。將《蓋廬》和馬王堆帛書各種有關佚書結合起來，對先秦至漢初兵陰陽以及陰陽家思想的傳統，可以達到較深入的認識。

4.《脈書》，出土於 M247，其內容相當於馬王堆帛書《陰陽十一脈灸經》、《脈法》、《陰陽脈死候》三種。帛書的缺字，這批竹簡基本上都能補足。對照帛書釋文，除個別地方外，所釋大都正確。我們可以認爲帛書《五十二病方》卷前佚書實際是《足臂十一脈灸經》和《脈書》兩種。這證明所謂《足臂十一脈灸經》確爲與《陰陽十一脈灸經》是不同的另一種書。竹簡《脈書》比帛書還多一些文字，最重要的是有很多病名，依由頭到足的次第敘述，其間也有屬於全身的疾病。有不少病名，可以在帛書《五十二病方》裏找到，足資比照。

5.《引書》，出土於 M247，其內容與馬王堆帛書《導引圖》有一定關係。《導引圖》繪有生動的人物形象四十四個，原來都有題記，不幸半數殘缺。人物形象雖各具姿態，但究竟怎樣運動，只憑單個圖象仍難表達。《引書》是用文字講述導引的專門著作，書中詳細描述了導引的各種單個動作，以及治療諸般疾病的導引方法，對動作的解說相當細緻。《引書》還有一部分論疾病的原因，這類文字闡述了導引家的衛生原理，資料十分重要，對於中國醫學史研究的價值，較之馬王堆帛書醫書並無遜色，而且與帛書相得益彰。

6.《算數書》，出土於 M247，是早於《九章算術》成書的一部數學著作，是關於中國數學史的一個驚人發現。竹簡《算數書》和《九章算術》相似，形式也是一部數學問題集，書中小標題約六十個。有些以算法爲題，如《分乘》、《增（增）減》、《相乘》、《合分》等；有些是與經濟生活密切相關的，如《里田》、《稅田》、《金賈（價）》、《程木》等。因此，不僅對研究數學史，對研究當時的社會經濟也很有意義。

7.《日書》，出土於 M249，原無書題，其內容與睡虎地秦簡《日書》大體相依。阜陽雙古堆簡也有《日書》，可知西漢前期這種書籍頗爲通行，很可能是當時日常生活用書。

8.《曆譜》。M247 和 M258 都出有竹簡曆譜，是迄今考古發現中最早的曆譜。據簡文推算，M247 的年代在呂后至文帝初年，M258 則在文帝前元五年（公元前 175 年）或稍後。

9.遣策。遣策出土於 M247，所記殉葬器物多可與墓中出土實物比對，屬於遣策類。

該墓出土竹簡情況 1985 年第 1 期《文物》雜誌刊登了荆州地區博物館撰寫的〈江陵張家山三座漢墓出土大批竹簡〉和張家山漢墓竹簡整理小組撰寫的〈江陵張家山漢簡概述〉，詳細介紹了該墓出土的竹簡情況。此後《文物》雜誌 1989 年第 7 期刊布了整理小組整理的〈江陵張家山漢簡《脈書》釋文〉及連劭名寫的〈江陵張家山漢簡《脈書》初探〉；1990 年第 10 期《文物》雜誌刊布了整理小組整理的〈江陵張家山漢簡《引書》釋文〉和彭浩寫的〈江陵張家山漢簡《引書》初探》；1993 年第 8 期和 1995 年第 3 期《文物》雜誌刊布了整理小組整理的〈江陵張家山漢簡《奏讞書》釋文〉（上、下）和李學勤撰寫的〈《奏讞書》解說〉（上、下）。1992 年成都出版社出版了由高大倫寫的〈江陵張家山漢簡《脈書》校釋〉一書，對漢簡《脈書》作了進一步的校釋和研究。

▲山東臨沂金雀山 28 號漢墓

12 月，山東臨沂金雀山西北側的南壇百貨大樓工地在施工中發現古墓葬，臨沂市博物館立即派人前往調查，經勘查，在樓基範圍內共有 9 座漢代墓葬，（編號 M26－34），隨即對墓葬進行了清理，在 M28 邊廂內出土了一件木牘，該木牘長 23 厘米，寬 6.8 厘米，厚 0.2 厘米。一端有文字，但字跡已模糊，難以辨認。

《文物》1989 年第 1 期刊登了臨沂市博物館寫的〈山東臨沂金雀山九座漢代墓葬〉報導了這一木牘情況。

1984

▲安徽馬鞍山東吳朱然墓

安徽省馬鞍山市雨山鄉安民村東吳朱然墓出土木刺凡 14 枚，每枚長 24.8 厘米，寬 3.4 厘米，厚 0.6 厘米。行文分三種：1.「弟子朱然再拜　問起居　字義封」，2.「故鄣朱然再拜　問起居　字義封」，3.「丹楊朱然再拜　問起居　字義封」。出土木楬 3 枚，每枚長 24.8 厘米，寬 9.5 厘米，厚 3.4 厘米。木楬頂端中央墨書「謁」字，其右書「□節右軍師左大司馬當陽侯丹楊朱然再拜」。

1986 年第 3 期《文物》雜誌刊登了安徽省文物考古研究所和馬鞍山市文物局合寫的〈安徽馬鞍山東吳朱然墓發掘簡報〉一文，報導了該墓出土文物情況。

▲江蘇揚州儀徵縣胥浦 101 號漢墓

江蘇省揚州市儀徵縣胥浦 101 號漢墓（時代係西漢末期）出土竹簡 17 枚。該墓爲夫婦雙棺合葬豎穴土坑木槨墓，簡牘被放置在南棺內東端。其中 16 枚（編號 M101 ： 87）長 22.3 厘米左右，寬 1.2-1.9 厘米，可編爲一冊。內容爲墓主臨終前所立遺囑。另 1 枚（編號 M101：83）長 36.1 厘米，寬 0.9 厘米。內容爲記賜錢事。木牘 2 枚，其中 1 枚（編號 M101：86）長 23.3 厘米，寬 7.5 厘米。兩面書字，內容爲記錢物帳。另一枚長 23.6 厘米，也爲記衣物帳。出土封檢 1 枚（編號 M101：85），長 17.3 厘米，寬 3.5 厘米。上端有封泥槽，下有題署，記賜錢數。

1987 年第 1 期《文物》雜誌刊登了揚州博物館撰寫的〈江蘇儀徵胥浦 101 號西漢墓〉一文，報導了該墓出土文物情況。1987 年第 1 期《文物》又刊登了陳平、王勤全撰寫的〈儀徵胥浦 101 號西漢墓《先令券書》初考〉一文，對該墓出土的簡文進行了考釋。1988 年第 10 期《文物》又刊登了陳雍的〈儀徵胥浦 101 號西漢墓《先令券書》補釋〉，對陳、王的解釋進行了補充。

▲甘肅武威五埧山 3 號漢墓

甘肅省文物考古研究所在武威市韓佐鄉五壩山進行漢墓發掘，出土了一大批文物。其中五埧山 3 號墓出土木牘 1 枚，長 25 厘米，寬 7 厘米。漢隸文體，正背兩面書寫。出土時木牘稍有殘缺，平置於棺蓋之上。木牘內容爲墓主人私事文告。

1990 年文物出版社出版的由李均明、何雙全合編的《散見簡牘合輯》收錄了該墓出土簡牘內容。

1985

▲甘肅武威旱灘坡 19 號晉墓

甘肅省文物考古研究所在武威市松樹鄉上畦大隊旱灘坡進行晉墓發掘，其中 19 號墓出土木牘 5 枚，編號 85MHM19：1-5。1 號牘長 28.6 厘米，寬 10.2 厘米，厚 1 厘米；2 號牘長 27.8 厘米，寬 5.6 厘米，厚 1 厘米；3 號牘長 28 厘米，寬 5.2 厘米，厚 1 厘米；4 號牘長 27 厘米，寬 11.5 厘米；5 號牘長 27 厘米，寬 7 厘米。該墓爲夫婦合葬墓，1-4 號木牘出自男棺內男頭左側，5 號木牘出自女棺內胸前。除 5 號木牘殘損外，餘皆完整。據出土的「升平十三年」紀年木牘來推斷，該墓當屬東晉時期佔據武威的地方政權前涼王張氏時代。木牘內容爲墓主人身分、職位、記事和隨葬衣物疏。

關於該墓出土簡牘內容的釋文，發表在 1990 年文物出版社出版的由李均明、何雙全合編的《散見簡牘合輯》一書中。

1986

▲甘肅天水放馬灘1號秦墓

3月，甘肅天水市小隴山林業局黨川林場的職工在放馬灘護林站修建房舍時發現古墓葬群，當即上報天水市北道區文化館和甘肅省文化廳。甘肅省文物考古研究所派遣工作人員前往了解調查古墓群情況，擬定了鑽探、發掘計畫。並於6月正式開始鑽探、發掘，9月結束。

放馬灘又名牧馬灘，屬天水市北道區黨川鄉。東去40餘公里與陝西寶雞、鳳縣交界，西距麥積山石窟20公里、北道區40公里。墓葬分布在秦嶺山前扇形草地中，地表無墳堆，保存較好，沒有被盜跡象。

經過鑽探，墓地總面積爲11,000多平方米。墓葬100餘座，均分布在秦嶺山前平地，依東西向分上、中、下三層排列。墓間距離近者1米，遠者10餘米。這次共發掘墓葬14座，編號爲86TBDFM1-14。其中秦墓13座，漢墓1座。這些墓均在墓地西部，由於地下水豐富，加之蘆葦叢生，起到了滲透作用，所以墓中積水很多，隨葬品大都保存不好。出土文物400餘件，其中有戰國時期秦木板地圖7幅、竹簡和西漢初期紙繪地圖等重大文物。

放馬灘1號秦墓出土460枚竹簡，大多數保存完整，字跡清晰。由於長期浸泡於墓內積水中，竹簡質地鬆軟而易斷。簡上原有上中下三道編繩，上下端各空出1厘米爲天地頭。大部分簡的天地頭兩面還粘有深藍色布片，推測編冊後曾用布包裹粘托以示裝幀。每簡右側有三角形小鍥口，上留有編繩朽痕，當爲絲織物。簡文都以古隸體書寫在篾黃面，最多者每簡43字，一般在25至40字之間。字體以圓曲弧線的筆劃爲主，更多地帶有小篆之勢，部分字形從結構上還保存了戰國古文的遺風。每簡書寫一條內容，至一章寫完，如有空餘，再寫不同的篇章，其間以圓點或豎道區分。如有轉行，必寫在鄰近簡的空餘處。出土時編繩已無存，次序散亂，無篇題。經整理，內容有《日書》和紀年文書兩類。前一類內容與湖北雲夢睡虎地出土的基本相同，因此定名爲《日書》。

《日書》簡冊的長度不一，內容稍有區別，所以分爲甲、乙兩種。紀年文書係邽丞向御史呈奏的「謁書」，敘述一名叫丹的人的故事。推測丹爲 M1 墓主，所以把這部分內容定名爲《墓主記》。這些簡的內容很廣泛，以形式而論是抄自當時日者占家手中的巫書，但觀其內涵，除言天道鬼的迷信條文外，更多的是關涉人事的條文，是研究當時社會和思想文化的重要文獻。

1.《日書》甲種

共 73 枚（M1：14・甲 1－73）。出土時卷在簡最中間。簡長 27.5 厘米，寬 0.7 厘米，厚 0.2 厘米。按內容可分爲八章。1.《月建》：12 枚，1 至 12 簡。記述正月至十二月每月建除十二辰相配十二地支的對應循環關係。月份以正月、二月、三月……爲序，正月起，十二月止。建除十二辰以建、除、盈、平、定、執、彼、危、成、收、開、閉爲序，起於建，止於閉。十二地支以寅、卯、辰、巳、午、未、申、酉、戌、亥、子、丑爲序，起於寅，止於丑。據此，1 至 12 簡的內容當爲夏正的《月建》。2.《建除》：9 枚，13 至 21 簡。內容爲建除十二辰日的條文。記載諸辰日吉凶與否，可從何事，如做官從政、修建宮室、監牢、病療、婚嫁、畜牧農作、祭祀、收藏、出行遠行、買賣奴隸、捉拿亡盜等。特別是建、執、危、開、閉諸條，帶有強烈的社會政治色彩。3.《亡盜》：20 枚，22 至 41 簡。內容爲 22 條專門捉拿逃亡盜賊的擇日條文。每條之首以天干地支次序排列，同時相配十二生肖。記載盜者逃亡的方向、長相、特性、性別、匿藏去處、相距路程、同夥人數、生與死、所盜財物是否還在或已銷贓、能否抓獲等。4.《人月吉凶》：30 枚，43 至 72 簡。記述人的月日之吉凶。古代占術家把一歲中諸月日分別分配給人和與人相處的家禽家畜等，各有其日曆時序，各循其月日。本章不言人日而說人月，以一年中某一月爲人月。講述人月一日至三十日的吉凶，內容可分爲方位和時辰。方位，指一天中東南西北四方在某一時辰的吉凶。時辰，首先按地支次序記日，然後講該日內時辰的吉凶。關於當時的人月，究竟指哪一月，尚難確定。但可以肯定先秦是以月爲單位來確定人月日的，這就是與魏晉時的區別所在。5.《男女日》：1 至 4 簡下欄。內容有 4 條，分別爲男人日和女人日的條文。從上章得知人月是用地支記日的，本章將這些地支記日分成男人和女人日。男人日是〔子〕、卯、寅、巳、酉、戌；女人日是午、未、申、丑、亥、辰。即一月內1、3、4、6、10、11、13、15、16、18、22、23、25、27、28、30日共16天是男人日，2、5、7、8、9、12、14、17、19、20、21、24、26、29日共14天是女人日。男女各按其日行事，有病各按日治療，死後也要按各自的日子埋葬。同時特別註明男人日是奴隸逃亡的日子。6.《生子》：16、17、19簡下欄。記載從平旦至雞鳴16時辰產子是男還是女。7.《禹須臾行》：42、66、67簡下欄和73簡上欄。記載出門遠行前，先在地上畫北斗，然後以禹步之法所規定的程序察步占吉凶，擇日而行。這種做法大概出自道家，道教興起後更甚。8.《忌》：24簡下欄和69至73簡。記載禁忌諸事，包括裁剪、穿衣、滅鼠、養狗、打掃畜圈、動土修建、興兵打仗等以及從事這些活動應注意忌諱哪些日子，不然當有不利。

2.《日書》乙種

共379枚。簡長23厘米，寬0.6厘米，厚0.2厘米。內容有20餘章，其中《月建》、《建除》、《生子》、《人月吉凶》、《男女日》、《亡盜》、《禹須臾行》七章與甲種《日書》的內容完全相同。但有關禁忌的條目多於甲種，並有專門名稱。如：1.《門忌》：30條。專講門的禁忌。門有東、西、南、北、寒、倉、財之分，各有禁忌。2.《日忌》：54條。以干支記日，記述每日、方位、時辰的好壞、做事成敗、有無喜樂哀喪，以及出門遠行、動土修建、伐樹、穿衣、生養家畜等的禁忌。3.《月忌》：10條。專言築宮室，建房屋等的禁忌。從內容上看，本章所言多以官方從事較大活動爲主，可能是專爲「官忌」所列。4.《五種忌》：2條。當有缺失。專講四季農作物播種所注意的事項。5.《入官忌》：2條。言爲政者入官的日子時辰。6.《天官書》：9條。言二十八宿次第及每月之分度。7.《五行書》：6條。言五行互生的次序。8.《律書》：29條。講述五行、五音、陽六律、陰六呂及變六十律相生之法和律數。9.《巫醫》：59條。講巫卜問病諸說。以時辰投陽律，按生肖問病情，有無診治辦法，純屬巫醫之說。10.《占卦》：122條。記載以六十律貞卜占卦的具體內容，包羅萬象，詳細陳述了每卦的好壞。11.《牝牡月》：20條。即區分牝牡月和在各自月份內從事某種活動的條文。12.《晝夜長短表》：25 條。講述一年十二個月中每月白天與黑夜的長短時差。13.《四時啻》：22 條。言四季築室、殺牲、開地穿井、伐木、種植等活動必擇之月。

3.《墓主記》共 8 枚。

無篇章之分。內容爲一名爲丹的人因傷人而棄於市，後又死而復活，同時追述了丹過去的簡歷和不死的原因。

天水放馬灘秦墓出土的《日書》是繼雲夢睡虎地後的第二部秦《日書》，二者簡的數量基本相同。時代相近，是保存最完整的兩部秦《日書》，史料價值很高。前者出於北方，後者出於南方。雖屬同一個歷史時期，有其共性，但又反映出了南北方各自不同的文化面貌。主要差異就是有關禁忌的內容。前者簡數量少，內容簡略，又少言鬼神；而後者簡數量多，內容複雜，又動輒連及鬼神。次爲月名的不同。後者多見楚文化的名詞。如果說雲夢睡虎地的《日書》反映了楚重鬼神而輕政治，代表楚文化面貌的話，那麼天水放馬灘的《日書》則反映了秦重政治而輕鬼神，是純粹的秦文化的典籍。

該墓的發掘及出土文物情況，最早報導見 1989 年第 2 期《文物》雜誌上發表的由甘肅省文物考古所和天水市北道區文化館合寫的〈甘肅天水放馬灘戰國秦漢墓群的發掘〉一文。同期《文物》還刊登了由何雙全撰寫的〈天水放馬灘秦簡綜述〉一文，較全面地介紹了放馬灘出土簡文的情況及內容。

▲甘肅張掖高台縣晉墓

甘肅省文物考古研究所於甘肅省張掖地區高台縣羅城鄉常封村調查時獲得木牘 1 枚，原出土於該村西側墓地。木牘已斷爲 3 片，經綴合，長 23.9 厘米，寬 4.5 厘米。據書體和同出文物考查，當爲晉時之物。文字多磨滅，上書若干姓名，疑爲書信類。

該木牘的釋文發表在 1990 年文物出版社出版的由李均明、何雙全合編的《散見簡牘合輯》一書中。

1987

▲湖北荊門包山 2 號楚墓

1986 年 11 月至 1987 年 1 月，湖北省荆沙鐵路考古隊爲配合荆（門）——沙（市）鐵路建設，在湖北省荊門市十里鋪鎮王場村的一座名叫包山大冢的土崗上（北距十里鋪鎮約 3 公里，南距楚故都紀南城約 16 公里），共發掘墓葬 9 座，其中 3 號墓（3A、3B）和 7、8 號墓爲西漢墓，其餘 1、2、4、5、6 等 5 座爲戰國楚墓。其中 2 號墓的封土保存較好，規模較大。因此，當地群眾稱其爲包山大冢。在這次發掘中，2 號楚墓出土竹簡 448 枚，其中有文字的計 278 枚，總字數 12472 字。分別出自墓葬的東室、南室和北室。竹簡的文字內容可分爲卜筮祭禱記錄、司法文書、遣策等幾類。這批竹簡保存較好，字跡清晰。對於研究楚國歷史和文化具有重要意義。

出土時，竹簡編繩均已腐爛，其編聯順序因水的浮動而漫散不清，但原放置位置無大變動。整理後依文意統一編號，即按內容順序逐簡給號，極少數斷簡因中間缺損無法拼接者則一段一號。無字簡因不能確知其本來位置而一律未予編號。

竹簡均經刮削修製、殺青等處理，竹節大多已削平。書寫卜筮祭禱記錄和司法文書的竹簡製作精細，遣策則相對粗糙。竹簡長度大致分作兩種：一種長度爲 59.6-72.6 厘米，卜筮祭禱記錄、司法文書和遣策寫在這種簡上；另一種長 55.2 厘米，寬度爲 0.5-1 厘米，書寫關於「糴種」的文字。大多數簡的編綫爲上下各一道。部分簡的編口極淺，遣策簡的編口最深。各簡書寫都不留天頭地腳。文字多書於竹黃一面，各簡字數相差懸殊，最少者僅有二字，最多的達九十二字，一般爲五十至六十字左右，字距不勻。有 24 枚簡的背面書有文字，多與正面內容有關。少數簡的簡背文字相連，成爲獨立段落。篇題較少，多書於簡背，字形較大，都屬文書類，它們分別是《集箸》、《集箸言》、《受期》、《疋獄》四種。

包山 2 號墓中的卜筮祭禱記錄簡經整理，可分爲二十餘組，其內容皆是爲墓主貞問吉凶禍福。每組記一事，多則四、五簡，少則一簡。各組簡按貞問時間順序排列。簡文格式大致相同，一般包括前辭、命辭、占辭、禱辭和第二次占辭部分。前辭是簡文的起首部分，包括舉行卜筮祭禱的時間、貞人名、卜筮的名稱和請求貞問者的姓名。記時一般分作年、月、日。年份以不同的事件代表，即以事記年。命辭一般包括貞問事由。貞問之事主要是求貞人出入宮廷侍王是否順利，何時獲得爵位，疾病吉凶三方面的內容。占辭是根據卜筮的結果所作的判斷。如用卜，則是從龜甲上的「兆」來加以判斷；如用筮，則是根據所得卦象來判斷。占辭一般先指出長期之休咎，然後再指出近期的吉凶。禱辭是向鬼神祈禱，請求保佑、賜福及解脫憂患之辭。第二次占辭是祭禱鬼神之後得出的判斷。

簡文中尙有部分貞卜的卦象，每個卦象由本卦和之卦兩部分組成，左右並列。簡文中沒有卦象的名稱，也沒有具體的解說，對照相應的卜筮文辭大致可了解到卦象的含義。

包山 2 號墓中出土的有關文書類竹簡是若干獨立的事件或案件的記錄，都是各地官員向中央政府呈報的文件。《集箸》即集著，共 13 枚簡。是有關驗查名籍的案件記錄。《集箸言》有 5 枚簡，是有關名籍糾紛的告訴及呈送主管官員的記錄。簡背是將此文呈送左尹和王審閱的記錄。《受期》共 61 枚簡，是受理各種訴訟案件的時間與審理時間及初步結論的摘要記錄，一般以一枚簡記一件事，所記內容主要爲接受告訴的官員姓名及職位，人犯姓名及身分；審問結果及審訊人姓名。從全部《受期》簡文來看，接受告訴的人有司敗、司馬、莫囂、新大廄、大正、大夫、州加公、里公、少司敗、右司馬、大官、關敔公以及　人正差等。被告即有官員也有庶人及奴，如大司敗、司馬、太師、大夫、縣正、大迅尹、大廄馭、左喬尹、少宮、邑公、正差、里人、關人、奴等。《疋獄》即記獄，共 23 枚簡，是關起訴的簡要記錄。引起訴訟的事情有殺人（殺兄、殺弟、殺妾）、逃亡（部屬亡）、反官、土地糾紛（徵田、賺田、不分田、葬於其土）、強占妻妾、繼承權之爭、執法不公等。

另外有94枚簡沒有篇題，按內容大致可以分爲三組：

第一組共17枚簡。這組簡是關於子司馬及令尹子士、大師子繲以楚王之命，令有關官員爲鄗郯之地貸陂異之黃金與陂異之砂金以糴種的記錄。其後附有諸官員應爲各地所貸黃金或砂金數目的明細帳，當是有關官員辦理此事的記錄。

第二組共42枚簡。是一些案件的案情與審理情況的詳細記錄，以及呈送給左尹的情況彙報。所記案例以殺人案較多，其案情記載與調查審理較爲細緻慎重。

第三組共35枚簡。這組簡分段的開頭均爲「所誈告于」或「所誈于」，接受　告的對象均爲前述案件審理的負責官員，被誈告者所反映出來的有人名、地點與時間，格式爲某時某地某人。故此組簡當是各級司法官員經手審理或複查過的訴訟案件的歸檔登記。

這些材料對我們了解楚國的司法制度、社會狀況都有很重要的參考價值。

包山2號墓中有遣策，同時也有與方相類似的竹簡。遣策共27枚，散放於室的頭箱、南邊箱、足箱中，大多數已殘斷。所記爲隨葬物品。竹牘一枚放在隨葬的馬甲之中。共書 154 字，所記葬車一輛，係由他人所「受」，加上遣策中所記墓主人爲下葬而自備的五輛從葬之車合計應爲六輛。

總之，2號墓出土的大批竹簡，是建國後發現的字數最多，保存較好的一批楚文字資料。簡文首次披露楚國司法程序和很多案例，據簡文的曆法材料，可研究出楚國官方曆法。卜筮祭禱簡，不僅提供了當時卜筮和祭禱簡的完整體例，以及卜和筮所用的材料、貞人的地位和貞問時限、用卜和用筮的作用，而且提供了楚人先祖等信息；遣策對隨葬器物的分類記敘，多數能與實物對應，據此可知楚器的實際稱名、命名原則和用策制度等等。這批竹簡文字異形、簡省、增繁等情況較爲突出，反映了楚文字的特點。這些都可直接補先秦文獻之不足，並可以解決部分疑難字的釋讀，爲歷史學、考古學和古文字學的研究提供了新資料。

該批簡牘，最早的報導刊登在《文物》雜誌 1988 年第 5 期上。由湖北省荊沙鐵路考古隊包山墓地整理小組寫的〈荊門市包山楚墓發掘簡報〉報導了包山楚墓全面的出土文物情況。〈包山 2 號墓竹簡概述〉則詳細介紹和論述了出土簡牘的情況、價值和意義。1991 年文物出版社又專門出版了文字更詳、研究更深且印有全部照片的《包山楚簡》一書，詳細介紹了包山簡牘的出土情況和簡牘形制及其主要內容。並對簡牘作了釋文和考釋，圖版部分包括竹簡、竹牘和字表。

▲湖北江陵秦家咀楚墓（M1、13、99）

1986 年 5 月至 1987 年 6 月，湖北省荊沙鐵路考古隊在湖北江陵秦家咀發掘了 49 座楚墓，其中在三座中出土了竹簡。1 號墓出土竹簡 7 枚，內容爲「祈福于王父」之類的卜筮祭禱之辭。13 號墓出土竹簡 18 枚，出土時已經殘斷，竹簡內容也爲卜筮祭禱之辭。99 號墓出土竹簡 16 枚，簡文內容可分爲兩類：一類是「貞之吉，無咎」之類的卜筮祭禱之辭，一類是少量遣策。

這些墓葬及其出土文物情況，荊沙鐵路考古隊撰文〈江陵秦家咀楚墓發掘簡報〉發表在 1988 年第 2 期《江漢考古》上。

▲湖南慈利石板村 36 號戰國墓

1987 年 5-6 月間，湖北省文物考古研究所與慈利縣文管所在慈利縣城關石板村發掘了一批戰國、西漢墓葬。墓地在慈利縣城東 3.5 公里，地處低矮的黃土山丘上，西臨零陽水，西北約 3 公里處有澧水回繞而過。其中，36 號墓爲規模最大的一座戰國墓葬。該墓爲長方形豎穴土坑木槨墓，葬具爲一槨一棺。槨棺保存完好。槨室隔爲頭箱、邊箱和槨室。隨葬器物大部分置於頭箱和東側邊箱。頭箱出土的銅器有鼎、鉦、鏡、劍、鈹、戈、矛、鏃等，陶器有鼎、敦、壺、缶、盤、勺、斗、匜，漆器有奩、篦、鎮墓獸、瑟等。頭箱北側出土了一批竹簡，覆蓋在陶壺、漆奩上。因棺內隔板下陷和淤泥的侵入，竹簡已被壓彎或斷裂，錯位十分嚴重。東側邊箱出土了兵器及樂器等。

竹簡出土時，由於淤泥大量侵入棺內，大部分相互緊粘在一起。簡片較薄，厚度爲 0.1-0.2 厘米，寬爲 0.4-0.6 厘米，無一完整。根據出土殘簡來看，原整簡的長度當在 45 厘米左右，數量約在 800-1000 枚左右，文字約當有兩萬。清理後的殘簡共有 4,557 片。簡文爲毛筆墨書而成，部分殘毀字跡清楚，有 60%左右的文字字跡比較模糊，有些字跡存在缺筆。簡文書寫字跡字體不同，當非出自一人之手。簡文文字風格與河南信陽長關台、湖北江陵望山 1、2 號墓出土的楚簡相似。經過整理，發現簡文內容爲記事性的古書，以記吳國、越國二國史事爲主，如黃池之盟、吳越爭霸等等，可能與《國語》、《戰國策》、《越絕書》等某些記載相同。

這批竹簡的內容十分重要，對研究澧水流域的戰國文化乃至楚文化都有極爲重要的意義。可惜竹簡出土時殘損較甚，給整理工作帶來了很大的困難。該批竹簡目前尚在整理之中。

關於該墓葬的時代、形制以及出土文物情況等已由湖南省文物考古研究所和慈利縣文物保護管理研究所合寫成〈湖南慈利石板村 36 號戰國墓發掘簡報〉發表在 1990 年第 9 期《文物》雜誌上。

▲甘肅敦煌市博物館採集散簡

1987 年，敦煌市博物館在下列五處遺址調查中共採集簡、牘、觚等 36 枚。其中在小方盤城南第一燧採集到 5 枚木簡，採集時木簡已殘斷。簡文多草書，疑爲新莽時期的遺物。

在小方盤城南外南牆灰區採集到木簡 2 枚。小方盤城是學術界長期研究而且至今尚未下定論的課題，或曰是玉門關，或曰是玉門候官，但考察該地以往出土簡文，其文書級別是比較高的。本次採集兩枚簡的簡文爲「主簿審白發箭」、「八月戊申入關」，對認定該遺址很有幫助。從這兩條簡文來看，該遺址既非玉門關，也非玉門候官，應當爲玉門都尉府所在地。

在臭墩子烽燧遺址採集木簡 2 枚，簡長 23.2 厘米，寬 1.2 厘米。從內容來看，一枚爲文書，一枚爲郵書。

在蘆草井烽燧遺址採集簡、觚、簽共 8 枚。其中觚較完整，長 24 厘米，寬 1.6 厘米。其內容有兵簿、食簿、兵器簽及都尉府下發的文書。如：「玉門都尉宮謂玉門候官寫移書到如太守府書律令」，背面簽名「掾恩屬漢昌」。這是一份由玉門都尉轉發太守府文書與玉門候官的官文書，簽發人是都尉府的掾、屬，接受單位是玉門候官。該觚出土於蘆草井，可證該遺址應是官文書到達的目的地——玉門候官的駐所。蘆草井簡在中華書局 1991 年出版的《敦煌漢簡》中將出土地點列入小方盤城南第二烽燧中，誤。

在小月牙湖東墩烽燧遺址中採集簡、牘、觚、簽共 19 枚，完整者 7 枚，有紀年簡 2 枚。完整簡簡長 23 厘米，寬 1 厘米。完整簽長 9.8 厘米，寬 2.1 厘米。內容有詔書、名籍、官文書、日跡簿、兵和守衙器簿、候簿等。這些文書的級別都比較高，從上述內容來看，該遺址當是步廣候官駐所。

以上五處採集到的 36 枚簡牘，現皆藏於敦煌市博物館。

1991 年中華書局出版的《敦煌漢簡》、甘肅人民出版社出版的《敦煌漢簡釋文》以及 1991 年第 8 期《文物》雜誌刊登的由敦煌市博物館寫的〈敦煌漢代烽燧遺址調查所獲簡牘釋文〉、1993 年法律出版社出版的《簡帛研究》第一輯中由何雙全寫的〈敦煌新出簡牘輯錄〉中皆收了上述簡文的內容。

1988

▲甘肅敦煌市博物館採集散簡

1986 年至 1988 年，敦煌市博物館對全市文物進行了普查工作，在下列八處遺址普查中採集到簡、牘、觚等共 109 枚。

在後坑墩烽燧遺址中採集到簡、牘、觚三枚。1991 年中華書局出版的《敦煌漢簡》一書中將 88D 後坑：3 出土的簡誤列在懸泉遺址中。

在人頭疙瘩遺址中採集到木簡 10 枚，其中除 2 枚爲候長詣府、鄣卒食簿外，有 4 枚是一冊完整的書信，簡文用草隸書寫。簡長 23 厘米，寬 1 厘米。從書信的內容來看，寫信者習稱弟子王習，收信者是三位有地位之人，發現的書信是由收信者閱後留存。由此看來，該遺址應是候官駐地。此外，在該遺址中還採集到王莽紀年簡一枚，據此推測，這批簡可能是王莽時期的遺物。

在條湖坡烽燧遺址採集到 4 枚木簡，採集時皆已殘斷。

在小方盤城南第二烽燧遺址採集到 12 枚。

在鹽池灣墩遺址採集到 11 枚。

在安敦公路甜水井道班東南三危山邊的漢代效穀懸泉遺址採集到 64 枚。

在大坡遺址採集到 1 枚。

在馬圈灣墩遺址採集到 4 枚。

上述八處採集到的 109 簡牘，現皆藏於敦煌市博物館。

其內容在 1991 年中華書局出版的《敦煌漢簡》、甘肅人民出版社出版的《敦煌漢簡釋文》、1991 年第 8 期《文物》雜誌發表的〈敦煌漢代烽燧遺址調查所獲簡牘釋文〉以及 1993 年法律出版社出版的《簡帛研究》第一輯中皆有收錄。

1989

▲甘肅武威旱灘坡東漢墓

8 月，甘肅省武威地區文物普查隊在武威柏樹鄉下五畦大隊的旱灘坡漢墓清理發掘時出土了殘簡 17 枚。據簡文所見「建武十九年」年號，可斷定這批殘簡爲東漢初年遺物。這批殘簡數量雖少，但內容卻相當重要，皆爲當時實用律令條文，可補史載所缺。計有：《令乙》、《公令》、《御史挈令》、《蘭台挈令》、《衛尉挈令》、《尉令》、《田律》（或《田令》）等條文。此外還有和武威磨咀子出土的《王杖十簡》、《王杖詔書令》相類似的有關優撫高年人的詔書殘文。在上述律令條文中有關於在農忙時期，官吏不得爲公家的事務隨便徵用百姓的車、馬、牛等，這有保護農耕、不誤農時的積極意義。有關於當時有人爲了逃避更賦徭役而在申報戶口時將男性改報爲女性的處罰條文。如簡文云「民占數以男爲女，辟更徭，論爲司寇」。此律對研究漢代徭役問題具有重要價值，因爲它表明在當時徭役的負擔上顯然男女有別，徭役的主要承擔者是男性，如果在申報戶口時有意將男性改報爲女性，以此來逃避更賦徭役，就要被處罰二年徒刑。度田在當時有較嚴格的規定，任何人不得隱匿田畝，這在文獻中也有不少記載。簡文中「鄉吏常以五月度田，七月舉畜害，匿田三畝以上，坐□□」，缺文當爲坐什麼罪的內容。《後漢書．光武帝紀》建武十六年云：「秋九月，河南尹張伋及諸郡守十餘人，坐度田不實，皆下獄死。」可見在當時對度田不實者的處罰還是相當重的。簡文內容講的也是關於度田時隱匿假報田畝的處罰條文。

1993 年第 10 期《文物》雜誌上刊登了由武威地區博物館寫的〈甘肅武威旱灘坡東漢墓〉發掘簡報，文中對簡的出土作了詳細報導，在同期《文物》雜誌上還刊了由李均明和劉軍合寫的〈武威旱灘坡出土漢簡考述——兼論《挈令》〉一文，文中對這次出土的 17 枚簡文作了詳細的考釋，並論述了這批簡出土的價值。

▲湖北江陵九店東周墓（M621、411）

湖南省博物館江陵工作站在江陵九店 621 號墓中發掘出一批殘斷的竹簡。這批竹簡出土時呈黑褐色，簡文用墨跡書寫於竹黃面，經初步整理，共有殘簡 127 枚，其中字跡清晰的簡有 32 枚，字跡不清楚的簡有 57 枚，無字的簡 38 枚。可辨字形 95 個。竹簡最長的 22.2 厘米，寬 0.6-0.7 厘米，厚 0.1-0.13 厘米。

從字形來看，這批竹簡的文字與以往發現的楚簡文字相似，並且保留了部分楚國文字的特有形體。因此，可以斷定，這批竹簡應是楚簡，與同墓所出隨葬器物的特點是一致的。根據考古學的斷代，該墓年代大約屬戰國中期後段，竹簡年代應與墓葬年代一致。

由於殘斷過甚，這批竹簡已不能綴連成文，發掘整理者稱還難以判定其內容性質，但據一些學者研究認爲當屬不明性質的古書殘簡。此外在 M411 號墓墓葬的棺槨間東側南部也出土了竹簡 2 枚。一簡完整，一簡殘缺，字跡不清。整簡長 68.8 厘米，寬 0.6 厘米，厚 0.11 厘米。

這批竹簡現藏江陵博物館，其釋文及照片發表在 1995 年科學出版社出版的由荆州博物館編的《江陵九店東周墓》一書中。同時該書中也報導了 M621 及 M411 的墓葬時代、形制以及其他出土文物的情況。

▲湖北雲夢龍崗 6 號秦墓

10-12 月，湖北省文物考古研究所和地、縣的文物考古工作者爲配合當地的工程建設而在湖北省雲夢縣龍崗進行了一次發掘，共掘得秦漢墓九座。其中 M6 出土了木牘 1 方、竹簡約 150 餘枚，經考證，M6 的時代約當秦代末年，簡牘係秦統一後頒發的法律文書，其字體屬秦隸，內容有不少與 1975 年睡虎地 M11 的秦律（統一前頒發）一脈相承，對研究秦代歷史尤其是秦國法律、文字的演變具有十分重要的價值。

龍崗 M6 位於雲夢縣城郊的「楚王城遺址」南垣外，與城址西垣外的睡虎地 M11 有直線距離約 3 公里，是一座小型的長方形土坑豎穴木槨墓。墓口南北長 3.2 米，東西寬 2.15 米，墓坑深 3.94 米。一槨一棺，被裹置於墓坑內的青膏泥填土層中。棺內以竹蓆裹屍，尚存人骨架，似係男性，側身葬式，頭北面西，唯不見其腿以下肢骨。推測墓主生前因犯罪而受過刖刑，並可能被用來守禁苑。（《周禮・秋官・掌戮》云：「刖者使守囿。」）隨葬品中的陶器、漆器等置於 室頭廂，竹簡、木牘等則置於棺內。

竹簡出自棺內足擋處，保存較差，多殘斷散亂。爲整理方便，清理者將竹簡編了 293 個整理號（包括殘片 10 個號）。根據完整的簡和殘簡端、簡末之數量推算，原來當有 150 餘枚竹簡。每簡上有上、中、下三道編綸，但繫綸處的簡側無楔口。推測這批簡原爲一冊，下葬時被捲置於棺內的。完整的簡長 28 厘米，寬 0.5-0.7 厘米，厚約 0.1 厘米。簡文係墨書秦隸，寫於簡的篾黃面上，一簡可達 24 字（253 簡），簡背面沒有字跡。簡正面上半部的字跡一般較清晰，下半部的多漫漶甚或朽穿而難以辨認。書寫風格統一，字距排列有序，疏密有致。字體取長方結體，斜向（自左向右傾斜），筆道勁快，似係一人所書。從字體結構看，既區別於圓渾、均勻的篆體，又不同於方整趨橫勢的漢隸。應是成熟的秦隸。

由於竹簡保存較差，殘斷嚴重，又無自題之律名，綴聯、考釋工作困難較大，簡文不能全篇通讀。爲了敘述方便，考釋者祇作有限的綴聯，根據簡文內容將其分爲五類，並題篇名《禁苑》、《馳道》、《馬牛羊》、《田贏》、《其他》，其中《禁苑》律文係龍崗秦簡的主要內容。據初步統計，150 餘枚簡共殘存 1770 餘字，其中《禁苑》占 60 餘枚簡約 600 餘字，其內容與墓主生前所做的工作有關。

木牘僅 1 方，出自墓主腰部。長方形，完好無損，牘面較平整，可見刀削痕，牘長 36.5 厘米，寬 3.2 厘米，厚 0.5 厘米。其正反兩面墨書秦隸計 38 字（正面二行 35 字、反面一行 3 字），字跡清晰，現釋錄如下：

鞫之辭，死論不當為城旦，事論失者己座以論。（正面右行）

九月丙申，沙羨丞甲吏丙免辭：死為庶人。令（正面左行）

自尚也。（反面）

據其內容及行款，應是正面書寫未盡才移書於反面的。牘文的性質屬冥判辭，表明墓主生前曾犯罪而坐爲刑徒，死後才判免其罪，定爲庶人（「死爲庶人」）。這是迄今秦律冥判辭的唯一實物。

歸納起來，龍崗秦簡有如下幾點值得注意：

1.有關禁苑管理的律文比睡虎地的《田律》詳，有關馬牛羊的管理、田贏賦稅的律文基本上可視爲新出，而《馳道》律文及木牘冥判辭迄今仍係孤本。

2.龍崗簡的時代比睡虎地簡爲晚，如「皇帝」、「黔首」、「馳道」及「罪」字的字形（不寫作「辠」）等皆係秦統一天下之後才出現的。而這兩批簡有不少內容基本相同，表明二者的傳承關係。有關雲夢、沙丘禁苑的律文，似係爲秦始皇出巡至這兩處禁苑而特別頒發的，說明龍崗簡的主要法律條文行用於秦始皇二十七年（公元前 220 年）至秦二世三年（公元前 207 年）。同時，也爲秦時的雲夢、沙丘、沙羨（見牘文）的地望及雲夢禁苑與「楚王城遺址」的關係提供了寶貴的線索。

3.綜合龍崗 M6 墓葬形制、規格、簡牘及其他隨葬品，對考古學和古文字學的研究可起斷代標尺的作用。墓主生前原來可能是士，犯罪後受到刖刑，死後又免罪爲庶人而葬於龍崗，這一方面開拓了研究秦律者的視野，另一方面也說明秦時的龍崗可能是庶人墓地，睡虎地則可能係士（或以上）墓地。

1993 年法律出版社出版的《簡帛研究》第一輯中刊登了梁柱、劉信芳寫的〈雲夢龍崗秦代簡牘述略〉一文，首先對這次出土文物進行了報導，並詳細介紹了該墓出土的簡牘內容與價值。本提要則摘自該文。1998 年科學出版社正式出版了由梁柱、劉信芳編著的《雲夢龍崗秦簡》一書，書中全部發表了該墓出土的竹簡照片及釋文，並對簡文進行了深入的研究。

1990

▲甘肅敦煌清水溝漢代烽燧遺址

4 月，敦煌市博物館收到本市黃渠鄉笆子場村一農民交來漢簡一冊（27 枚）、散簡 14 枚、無字素簡一綑（21 枚）。這批簡牘是村民挖芒硝時在馬迷兔西北 11.6 公里的清水溝漢代烽燧遺址上發現的。次日，敦煌博物館即派工作人員到現場調查，又採集到漢簡數枚。這批簡的形制有簡、牘、符、冊等，質材多爲當地的胡楊、紅柳，個別爲竹簡。其內容爲曆譜、符、爰書、品約、簿籍等，多數簡文字清楚，文義明白。個別簡由於殘斷漫漶，文義不清，類別也難以判斷。

曆譜木簡一冊，共 27 枚。出土時簡新如洗，字跡清晰，以漢隸書寫。簡長 36-37 厘米，寬 0.6-1.3 厘米，厚 0.3 厘米。每簡上端寫有日期，下面橫書十三行，爲一年每日的干支。從右到左，一日一簡，按日編排。出土時除缺一、二、三日簡外，四日至三十日排列整齊完整。三道編繩中，上道編繩完好，中道編繩殘存一半，下道編繩缺佚。據出土紀年散簡及曆譜所記內容和文獻結合考證，該曆譜屬太初曆法，爲漢宣帝地節元年曆書。該曆譜是我國至今發現最早的，也是最完整的太初曆譜簡冊，它的出土，爲我們認識太初改曆後的標準曆譜格式提供了實物資料。另外，該曆譜用十二時辰注曆，爲至今發現古代曆譜所僅見，它的發現不僅對研究太初曆法，而且對整個古代曆法的研究都有著重要的意義。

散簡 14 枚，所記內容也十分豐富。如第 1 簡所記「元鳳四年七月癸未朔」爲出土散簡的斷代提供了實物資料。第 2 簡是一枚由上級部門移予使用地的符；第 3 枚簡爲移交病卒的爰書；第 12、14 枚簡是出穀簿籍；5 號是士吏稟食簿；7、8、13 簡是殘曆譜。6 號簡文意不詳，10、11 號簡殘斷、漫漶嚴重，文字多不可釋。

這批簡牘的內容已由敦煌市博物館寫成〈敦煌清水溝漢代烽燧遺址出土文物調查及漢簡考釋〉一文發表在 1996 年法律出版社出版的《簡帛研究》第一輯上，作了全面的介紹和考釋，同時還刊登了殷光明寫的〈敦煌清水溝漢代烽燧遺址出土《曆譜》述考〉一文，對出土的地節元年曆書進行了詳細的考證。

▲湖北江陵高台 18 號漢墓

湖北省荊州地區博物館爲配合湖北省宜（昌）黃（石）公路建設工程，在宜黃公路江陵段的高台取土場，先後發掘清理了 30 餘座秦漢墓葬，出土了一大批珍貴文物，M4、M5、M18 等墓中還出土了一批竹簡和木牘，爲研究西漢前期的社會經濟狀況提供了文字資料。M4、M5 的出土文物情況未見公布，M18 出土的木牘刊登在 1993 年《文物》雜誌第 8 期上。該墓出土木牘 4 塊，皆出於頭廂東南部，由於緊貼於槨底板之上，故保存較好（僅 1 塊由於木俑擠壓而稍殘），顏色金黃，字跡清晰。根據出土時排列順序，將其分別編爲 M18：35 甲、乙、丙、丁四個號。出土時 4 塊木牘基本疊置，略有錯位，其中，甲在上，丁在下，乙與丙居中且正面相向而疊，丙疊於乙之上，背面可見絲綢捆縛痕跡。

M18：35 甲：窄長方形，木紋清晰。牘長 14.8 厘米，寬 3.15 厘米，厚 0.4 厘米。正面墨書 6 字，上部爲「安都」，下端爲「江陵丞印」。

M18：35 乙：亦爲較窄的長方形，長 23 厘米，寬 3.7 厘米，厚 0.4 厘米。背面有兩道寬 0.5-0.7 厘米的絲綢綑縛痕跡。正面墨書文字，上部爲「新安戶人大女燕關內侯寡」、大奴甲」、大奴乙」，大婢妨」。左下書「家優不算不顧　」六字。

M18：35 丙：長方形，中間右側殘缺一小塊。牘長 23.2 厘米，寬 4.5 厘米，厚 0.4 厘米。正面墨書文字 4 排：「七年十月丙子朔庚（子）中鄉起敢言之新安大」。女燕自言與大奴甲、乙、（大）婢妨徙安都謁告安受」小數書到爲報敢言之」十月庚子江陵龍氏丞敢移安都丞卍亭手」。

由於牘板右側殘缺一小塊，故第一排文字中「庚」字的下部和「子」字的上部不清，但「庚」字仍可辨認，且簡文第 4 排中亦有「十月庚子」字樣，故可知其爲「庚子」無疑；第二排文字中「大婢」之「大」殘缺，但在牘乙中有「大婢妨」字樣，故可知其應爲「大」字。

背面，上部尚存兩處絲綢捆縛痕跡，左下角墨書「產手　」二字。

M18：35 丁：長方形，上部稍窄，右上角略殘，顏色大部分金黃，正面左側泛黑。長 23.1 厘米，寬 5.5-5.7 厘米，厚 0.4 厘米。正面墨書文字 12 行，內容爲隨葬器物的清單。

上述四塊木牘中，牘甲應爲江陵丞給死者前往安都簽發的「路簽」；牘乙乃屬死者給地君的「報到書」；牘丙爲「告地書」；牘丁爲遣策。據牘丙所記內容，知墓主為新安人，名燕。牘乙記有「七年十月丙子朔庚子」，查《中國先秦史曆表》，知其乃為西漢文帝前元七年，即公元前 173 年。此牘當為江陵中鄉龍氏名起的丞為死者燕寫給「安都丞」的文書。

江陵高台 18 號墓在高台墓地雖只是一座較小的墓葬，但墓內所出木牘文字與陶器對研究整個墓地的時代與器物的分期卻具有一定的意義。此墓的發掘對我們認識江陵及其周邊地區秦漢墓葬所反映的文化現象及其年代關係具有一定的作用。木牘的文字內容對分析漢初的算賦政策、人口遷徙等問題都有一定的參考價值。

該墓的墓葬及出土文物情況最早報導見於 1993 年第 8 期《文物》雜誌上刊登的由荊州地區博物館寫的〈江陵高台 18 號墓發掘簡報〉。本介紹即摘錄自該〈簡報〉的內容。

▲湖北江陵楊家山 135 號秦墓

12 月，湖北省荊州地區博物館為配合宜（昌）黃（石）公路江陵段的施工，在江陵縣荊州鎮黃山村五組與黃山村一組交界處的楊家山一帶共發掘了不同時代的古墓葬 178 座，絕大多數（有 127 座）屬於秦漢墓葬。其中楊家山 135 號秦墓規模最大，該墓保存完好，墓上有封土，當地稱其為「賀家冢」。

該墓無紀年材料出土，但墓葬棺槨形制、墓內隨葬器物有一般秦墓所共有的特點，同時又保留了楚墓的一些文化因素。因此，推斷此墓的時代屬秦，其上限不會超過公元前 278 年（秦拔郢），下限當在西漢以前。

該墓出土竹簡一捆共 75 枚，出土時置於邊箱靠頭箱一端的槨底板上，整捆竹簡堆放有序，雖部分有所殘斷，但絕大部分尚保存完好。整簡一般長 22.9 厘米，寬 0.6 厘米，厚 0.1 厘米左右。出土時竹簡呈黃褐色。簡文為墨書秦隸，字跡大部分清晰可辨。文字均書於竹篾黃一面。出土時編聯竹簡的細繩已經腐朽。經過整理，竹簡的內容為遣策，詳盡地記載了墓中的隨葬物品。文字一般書於竹簡的上端，下端空白無字。每支簡上少則記一物，多則記二、三物，每簡字數少者 2 字，多者十餘字。

1993 年第 8 期《文物》雜誌刊登了由荊州地區博物館寫的〈江陵楊家山 135 號秦墓發掘簡報〉，較詳細地介紹了該墓葬形制、時代及出土文物的情況。

1992

▲湖北沙市蕭家草場 26 號漢墓

11 月，湖北省沙市博物館爲配合宜黃公路工程的建設，在蕭家草場發掘了一座漢墓（編號爲 26 號）。墓中出土竹簡 35 枚，其內容皆爲隨葬物品的清單（遣策）。

該批簡目前正在整理之中，出土情況和簡文詳細內容還尚未刊布。

▲甘肅敦煌懸泉遺址

甘肅省文物考古研究所於 1992 年 5 月至 12 月，在 1990-1991 年度考古發掘的基礎上，第三次對懸泉遺址進行了全面清理和揭露。發掘面積 3800 平方米，出土漢代簡牘達 5000 餘枚，其他各類遺物 600 多件，對探索漢代郵驛制度及西北邊地社會面貌等具有重大價值。

甘肅敦煌市懸泉遺址是我國首次在中西交通大道上清理發掘的一座規模較大的驛站遺址。從發掘情況看，懸泉遺址大體可分爲五期。

第一期爲西漢武帝後期至宣帝中期，遺址規模較大，布局規整，由主體建築塢和兩個附屬建築倉、廄構成。塢呈正方形，面積約 2,300 平方米，土坯砌築。塢門設於東壁正中。塢內有西、北兩組房屋建築，靠北塢牆一組房屋建築由三個封閉式小院落構成，每個院落各有迴廊、前堂、後室、洗手間和廁所，設計精妙，布局合理，目前有兩個院落保存較好。此組房屋建築與塢同時設計築建。

西房雖無封閉式小院，但布局規整，晚於塢而成。後於塢東北角和西北角各增設一角墩。倉位於塢東南測，早期被毀，但大致結構尚可辨認。廄位於塢外南側，殘損嚴重。

第二期爲西漢宣帝中期至成帝、哀帝時期，除塢內建築繼續沿用外，南塢牆被毀，另在其北 9 米處利用地勢重修了一道寬 0.5 米的牆體。倉、廄建築均遭破壞而廢棄，未見重建倉的跡象，新建的馬廄位於原馬廄遺跡的東側。

第三期爲西漢平帝至王莽末年，遺址規模明顯縮小。塢內靠西塢牆的房屋被廢棄，另在西房東側 0.95 米處修築了一道寬 0.4 米的南北向牆體。宣帝時修築的馬廄遭破壞和廢棄，另在塢外西南側修築一處規模更小的馬廄。

第四期爲東漢光武帝至和帝時期，除靠北塢牆的建築被改建沿用外，其餘各處建築隨意性很強，已無規模可循。從目前出土的紀年簡判斷，此遺址在東漢中期和帝永元十三年（公元 101 年）以後被廢棄。

第五期爲魏晉時期，在懸泉遺址西南角漢代廢址上，發現有明顯魏晉風格的烽燧遺址，附近有房屋和馬廄等建築遺跡，因遺址遭受嚴重破壞，除烽燧遺址以外，其他建築遺跡已很難恢復其本身面貌。

本次發掘出的簡牘大多出土於塢東南側早期倉址上的廢棄物堆積中。另外，廁所中也出土了一部分。這些簡牘大多數保存完好，少數朽壞。完整簡牘約占三分之一，字體有的清晰，有的不清晰。簡牘用料有松、柳、楊、竹等。簡牘形制有簡、牘、觚、簽、封檢、削衣等，紀年簡出土了不少，最早的是西漢武帝太始三年（公元前 94 年），但武帝簡甚少，以昭帝至平帝時期的簡最多，王莽、東漢建武簡較少，集中於昭、宣、元、成、哀、平間。特別是前兩次發掘時未曾發現的紀年簡的出土，填補了遺址使用時序上的缺環。經過整理，這批簡牘的內容有詔書、律令、科品、檄記、簿籍、爰書、劾狀、符、傳、曆譜、術數書、典籍字書、醫藥方、相馬經以及私人書記等。尤其是大量郵驛文書、簿籍的出土，爲探索漢代郵驛制度提供了更爲豐富翔實的資料。數量巨大的各種簿籍，翔實生動地記錄了接待官員、使者的過程、支付食品、糧食、車馬、草料的數額和價值；刑徒、官奴婢名籍，爲深入研究罪徒、奴婢的使用和管理制度，提供了豐富的資料；地方郵亭由具有軍人身分的戍卒管理，對探索地方政府與邊郡軍事機構的關係，以及編民與軍人身分的相互轉化等問題的研究，提出了新的課題；鄉里戶籍，尤其是具有野戰軍隊士卒——曲士身分者的戶籍和客田者的戶籍，在驛置內大量出現的事實，是研究驛置職能時需要深入考慮的問題；驛置道里簿，詳細記載了酒泉至敦煌的路線、驛置、里程；郵書課記錄了懸泉置附近的亭置名稱，提供了敦煌至淵泉、敦煌至冥安的具體交通線路。總之，這次出土的簡牘，大大突破了前兩次發現的漢簡的內涵，拓寬了漢代郵驛和中西交通研究的視野和思路，爲漢代西北地區的政治、軍事、法律、中外交流、民族關係、郵驛制度、屯戍制度等的進一步深入研究，奠定了雄厚的基礎。

除簡牘外，其他各類出土遺物亦種類繁多，主要有銅、漆、木、石、陶、骨、革、麻、絲、毛、皮、糧食等 16 大類，生動展現了當時交通大道上郵驛活動的概貌。尤其是牆壁墨書題記有大量發現，其主要出土於塢內東北角房屋倒塌堆積中，內容涉及詔書、醫藥方等，特別是西漢平帝元始五年（公元 5 年）的「使者和中所督察詔書四時月令五十條」，以赭石界欄，直行隸體，字體工整，章法嫻熟，保存比較完整，是極難得的珍品，爲漢代曆律和醫藥水平的研究補充了新資料。這批木簡現收藏在甘肅省文物考古研究所。

關於這批簡牘的出土情況，1993 年 3 月 14 日《中國文物報》刊登了由柴生芳同志寫的〈懸泉遺址發掘又獲新成果〉一文，較詳細地介紹了 1992 年 5 月至 12 月懸泉遺址第三次發掘時所獲簡牘及其他文物情況。並刊登了「懸泉遺址」、「漢代牆壁墨書題記」、「漢代的洗手間廁所」等三幅圖，1993 年法律出版社出版的《簡帛研究》第 1 輯中又轉載了柴生芳寫的文章，上面的介紹即摘自該文。

1993

▲江蘇連雲港東海縣尹灣漢墓

2 月底，江蘇省連雲港市東海縣溫泉鎮尹灣村的村民們在本村西南約二公里處的一座高嶺上取土時，偶然從深土層中發現了墓葬，隨即報告給縣文化局和博物館。旋經市、縣博物館派專業考古工作者赴現場探測，查明這一漢墓群共包括十一座墓葬。這次僅選擇了其中的六座墓葬（編號爲 M1－M6）進行了搶救性發掘，尙有五座墓葬未動，擬列入下一期發掘工程，這次發掘從二月底開始，於四月結束，歷時兩個月。

已發掘的六座墓葬，形制基本一致，均爲長方形豎穴石坑。東西向。M3 墓坑南北長 6.4 米，東西寬 5.25 米，深 8 米，兩壁有一條 2.7 米寬的斜坡墓道，是六座墓葬中規模最大，也是遭破壞最嚴重的一座。M1 爲一棺二廂單人葬，棺蓋上方有 50x50 厘米的方形盜洞，棺內隨葬品已被盜竊一空。M2 爲單棺木槨墓，墓主人爲一中年女性。尸身用素帛纏裹多層，其上又覆蓋著繒繡絲胎被兩床。棺底散鋪「大泉五十」錢幣 108 枚。M4 爲男女合葬墓。M5 爲夫妻合葬墓，槨板已朽爛。棺的西南角有 35x80 平方厘米的盜洞，已基本無隨葬品。M6 是（這次發掘的）六座墓葬中保存最完整、出土文物最豐富的一座。由槨、棺、廂組成，槨上橫鋪 5 塊頂槨板，其下有一層厚 5 厘米的排列有序的「天花板」，爲連雲港地區稍有規模的漢墓中所常見。棺爲東西向排列，男棺在北，棺身稍長，長 2.28 米，寬 0.76 米；女棺在南，棺長 2.18 米，寬 0.75 米；高度均爲 0.70 米。槨室外側西部有一足廂。據不完全統計，六座墓葬除出土木牘 24 枚、竹簡 133 支外，尙出土刺繡、青銅器、玉器、陶器、骨器、漆木器、錢幣等多種。

尹灣漢墓簡牘，除一枚木牘衣物疏是從 M2 號墓出土外，其餘二十三枚木牘和 133 支竹簡，均出土於 M6 號男棺中墓主人的足部。竹簡出土時多已散亂，有一些並已殘斷。每枚木牘均爲寬 6 厘米，長 23 厘米。竹簡中包括大簡 21 支和小簡 112 支，大簡每支寬 0.8-0.9 厘米左右，小簡每支寬 0.3-0.4 厘米左右，大、小簡長度基本一致，每支均爲 22.5 厘米之間，約合漢尺一尺。因簡牘中明確載有「永始」、「元延」等年號，故知其爲距今 2,000 餘年的西漢後期成帝時物。

根據從 M6 號墓出土的《君兄衣物疏》、《君兄繒方緹中物疏》、《君兄節司小物疏》等隨葬品遣策和十枚名謁中記載的內容，可以確定墓主人姓師，名饒，字君兄，生前官職爲東海郡功曹史。根據文獻記載，漢代的州、郡、縣等各級地方官府，均設置有功曹這一官署，由掾、史等負責。職司選舉，兼參諸曹事務。官秩雖然卑微，僅爲百石屬吏，但因其爲郡太守親自辟除，故權力較重。

這批新出簡牘總字數約四萬餘字，雖爲數不算太多，但內容卻非常豐富，殊足珍貴。經綴合和整理研究後，大致內容可分爲：

1.東海郡上計集簿（木牘 1 正、反）。一般認爲該牘是東海郡上計用集簿。木牘正面上部隸書「集簿」二字，當是標題。其他各條爲草隸，正面 12 行，背面 10 行，每行內容自成一條。按其內容又可分爲：1.地方行政機構的設置和吏員的配備；2.戶口數、性別及年齡結構，流民安置；3.提封、侯國邑屬國、宿麥田及桑田面積的增減變化；4.錢穀出入。

2.東海郡吏員簿（木牘 2 正、反）。該牘墨書隸體，正面 21 行，背面 25 行。每行頂頭皆書縣名，全文共有 3,400 字左右。木牘正面第一行原有標題，由於字跡漫漶不清，只能辨識出「都尉縣鄉」四字。木牘正文所記爲東海郡太守、都尉和各縣、邑、侯國以及鹽、鐵官的吏員的分類統計數字。該牘所記吏員總數爲 2,202 人，比上述「東海郡上計集簿」統計少一人。

3.東海郡下轄長吏名籍（木牘 3 正、反及木牘 4）。3 號木牘正、反兩面皆分三欄書寫，每欄 16-20 行；4 號木牘正面分二欄書寫，上欄 17 行，下欄 18 行；背面沒有文字。皆墨書隸體，原無標題。此二牘所記內容完全一致，即東海郡所轄三十八個縣、邑、侯國以及鹽、鐵官的長吏的官職、籍貫、姓名、原任官職、由何地何官擢升而至，以及因積功、因廉潔、因舉秀才方正、因皇帝詔旨、因捕格盜賊等的遷、除緣由。

4.東海郡下轄長吏不在署、未到官者名籍（木牘 5 正）。該牘墨書隸體，正面上端原有大標題，因殘損太甚而無法推測其原爲何字。正面分 4 欄書寫，第一、二欄爲 17 行，第三欄爲 16 行，第四欄爲 9 行。按輸錢都內、徭、告、寧、缺（死、免）、有劾、未到官項，記載有關長吏的官職、姓名。

5.東海郡屬吏設置簿（木牘 5 反）。該牘墨書隸體，分三欄書寫。木牘上端略有殘缺。所記爲現任掾史等屬吏的設置情況。這些屬吏有屬於「員」（指原有定員）的，有「以故事置」的，有「請治所置」的，還有是「贏員」的。牘文第一行記有屬吏總數，其中屬於「員」的有二十五人。據上述第二項「東海郡吏員簿」，太守吏員二十七人，其中只有太守和丞各一人爲長吏，除去此二人，正好二十五人。可知此簿所記即東海郡大守府屬吏。

6.武庫永始四年（公元前 13 年）兵車器集簿（木牘 6 正、反）。該牘墨書隸體。正面分六欄書寫，背面分五欄書寫。每欄 21-26 行不等。所記分乘輿兵、車器和庫器、車器兩大部分，逐項記載武庫所藏兵、車器的名稱和數量。兩部分之末記有兵、車器種類及物件的統計字數，最後還有總的統計字數，共計有 240 種 232,658,487 件。此牘正面第三欄右下部和反面第五欄後部所書文字內容特殊，與兵車器集簿有什麼關係，尙待進一步研究。

7.贈錢名籍（木牘 7、8 正、反）。該兩牘皆用墨跡草隸書寫。正面皆分 7 欄，反面皆分 4 欄。原無標題。兩牘內容爲記載贈錢者姓名和錢數；也有少數未記錢數，僅書姓名。贈錢數從一百到一千不等，多爲二百、三百、五百。兩牘四面共記姓名 202 人，其中有多次重複出現者，由此推斷，兩牘所記絕非一次捐贈。

8.神龜、六甲占雨（木牘 9 正）。該牘墨書隸體，原無標題。正面分三欄。上欄、中欄爲神龜占的內容。上欄是說明文字，中欄繪一神龜圖像，神龜分八個部位，占測時以後左足爲起始部位向右行（圖中此部位書有「以此右行」四字）數日數，從當月朔數到占測之日，看所數到的是神龜的什麼部位，以此定占測結果。正面下欄爲「六甲占雨」，將六十甲子按六甲排列於一菱形圖形上，圖下標有「占雨」二字，但無說明文字，具體占法尙待研究。

9.博局占（木牘 9 反）。該牘反面分六欄。上欄繪一標有六十干支的博局圖，在圖的上方中央書有「南方」二大字。下面五欄是與博局圖相配的文字，分豎寫十行，第一行分別寫有用來「占娶婦嫁女」、「問行者」、「問繫者」、「問病者」、「問亡者」的五個標題，第二欄從第二行至第九行每行首起處分別寫有「方」、「廉」、「楬」、「道」、「張」、「曲」、「詘」、「長」、「高」九字，這九字與《西京雜記》卷四所引許博昌六博口訣基本一致，是統管五欄，大概分別表示博局上的各種位置。占測時當據當日干支在博局圖上的位置到相應的文字欄中去查占測答案。

10.元延元年（公元前 12 年）曆譜（木牘 10 正、反）。該牘墨書隸體。牘的正面爲元延元年曆譜，先將該年十三個月名（含本年的閏正月）分列兩端，注明月的大小及朔日干支；然後將其餘干支分書於兩旁，並將四立、二至、二分、三伏、臘等各爲某月某日注於相應干支之下。由於曆譜排列方法巧妙，六十干支正好按順序圍成一個長方形。此曆譜把一年的曆日濃縮在一塊木牘的一面之上，實在頗具巧思。木牘的反面是墓主貸錢之券。

11.元延三年（公元前 10 年）五月曆譜（木牘 11）。該牘墨書隸體。曆譜分爲三欄，第一欄首行寫「五月小」，接著記「建」、「反支」等神煞於該月值何地支或天干，以供擇日之用。第二、三欄分記該月二十九天的干支。此牘第二、三欄之間尚有四行其他文字，因筆跡漫漶不清，其義不明。

12.《君兄衣物疏》（木牘 12 正、反）、《君兄繒方緹中物疏》、《君兄節司小物疏》（木牘 13 正、反）。該兩牘皆墨書隸體。牘 12 正面分四欄，反面分三欄，每欄 4-7 行不等。所記內容爲 M6 墓主隨葬物品的遣策。正面第一欄最右行書「君兄衣物疏」五字，爲該牘標題。牘 13 正面分三欄，反面分四欄。每欄 4-9 行不等。正面第一欄最右行書「君兄繒方緹中物疏」八字，爲該牘標題。該牘所記亦爲墓主隨葬物品的遣策。該牘正面除記有刀、筆、管、板研等文具外，第二、第三欄中還記有一些書籍名稱，如：《記》一卷、《六甲陰陽書》一卷、《列女傳》一卷、《恩澤詔書》、《楚相內史對》、《烏傅》、《弟子職》等七種。《記》當指本墓出土的竹簡所記《元延二年日記》（見下述）；《六甲陰陽書》當指上述 9 號木牘所記內容；《烏傅》當指本墓出土的竹簡《神烏傅（賦）》。其餘《列女傳》、《恩澤詔書》、《楚相內史對》 《弟子職》

四種在該墓出土遺物中皆未見殘存。

13.名謁（木牘 14－23）共計十方。除木牘 22 僅在反面書寫外，其餘皆正、反面兩面書寫。第一方爲東海太守級遣功曹史請墓主辦事的名謁，其次七方是沛郡太守等官吏遣吏向已任東海太守功曹史的墓主請謁或問起居、問疾時所使用的名謁；後兩方則爲墓主本人或遣吏請謁別人時所用的名謁。

14.元延二年（公元前 11 年）日記（簡 1－76）。該日記寫在竹簡上。簡長 23.5 厘米，寬 0.3 厘米。墨跡草隸，在預先編製成冊的曆譜上記事。出土時，該日記的編繩已經腐朽脫落，竹簡順序散亂，還有不少斷簡和殘簡。經過拼接綴合和重新編排，才基本復原。曆譜每簡分六欄，每欄一干支（即一天）。曆譜專有一簡寫有「元延二年」四字，當爲該譜所記年份標題。另有兩簡專記月份名，一簡專記大月月份名（有 6 個月名），一簡專記小月月份名（有 6 個月名），記日的干支簡有 59 枚（大月用 30 枚，小月用 29 枚），如此則該曆譜應由 62 枚整簡組成。現存完整的和經綴合而成的整簡共 46 枚，有殘缺的斷簡 10 枚，另有個別零散殘簡尚未找到合適位置。記日簡簡端書有順序號，隸書第一、第二至第九共三遍，凡遇「十」以上和「廿」以上者，或因簡端面積有限、或因爲書寫格式統一，皆將「十」和「廿」省去。每簡記事文字用草體隸書寫，其內容大都是何時出發、至何地住宿以及其他公私事務，可能是墓主生前的記事日記。

15.刑德行時（簡 77－89）。該簡共 11 枚，墨跡隸體。簡長 23.5 厘米，寬 0.4 厘米。前面 6 簡爲一組，分六欄書寫。第 77 簡上欄有「·」圓點，下書「刑德行時」四字，當爲標題。標題下五欄分別寫有「雞鳴至蚤食」、「蚤食至日中」、「日中至餔時」、「餔時至日入」、「日入至雞鳴」，第 78 至第 82 簡頂端分別書寫十個天干，每枚兩個天干，下面與第 77 簡的五個時辰相對應的分別書「刑」、「德」、「端」、「令」、「罰」五字，六枚簡共組成一個表格，可據以查知屬某一天干的日子裏的某一段時間屬於「刑」、「德」、「端」、「令」、「罰」這五時中的哪一時。後面 83－89 簡爲一組，記載的是分別說明以此五時行事的吉凶文字。與上述 9 號木牘所記內容有點相似。

16.行道吉凶（簡 90-113）。共 16 簡，簡長 23.5 厘米，寬 0.4 厘米。墨跡隸體。前 11 枚簡爲一組，除第 90 簡頂端單獨書寫「行道吉凶」四字標題外，從第 91 簡至第 108 簡分六欄書寫，將六十個干支日名排成一個橫行的六甲表，在每個干支下注明幾陽、幾陰及某門。第 109 至 113 簡爲一組，簡文內容是說明由於出行時得到不同數量的「陰」、「陽」，並由於得其門或不得其門而會出現的不同的吉凶情況。主要是用來卜問可出行或不可出行。

17.神烏傅（賦）（簡 114-133）。共 20 枚簡。簡長 23.5 厘米，寬 0.9 厘米。草書隸體。其中一枚上專寫標題「神烏傅」三字，簡文「傅」當假爲「賦」。十八枚上書寫此賦正文。還有一枚簡上部文字漫漶不清，下部書有雙行小字，所記疑爲此賦的作者或抄書者的官職（乃少吏）和姓名。這些竹簡出土時順序已經散亂，整理者根據賦文內容排定順序，標題簡和記姓名的簡附於正文簡後。該賦用擬人的手法，通過雌烏遭到盜烏的傷害，臨死時與雄烏訣別的故事，表現了夫妻之間和母子之間的真摯感情。在全文的結尾處以「烏獸且相憂，何況人乎」一語點出了本賦的主題。

M2 僅出土內容爲衣物疏的木牘一方。

總之，尹灣漢墓出土簡牘共有 40,000 餘字，具有重大的學術價值。

首先，上述 1－6 諸種簿籍是目前我國已發現的最早的一批郡級行政文書檔案，爲研究漢代的上計制度、行政建置、吏員設置、官吏遷除、國家鹽鐵生產、國家的兵器製造與貯存以及戶口、墾田等，都提供了很多方面較史籍記載具體得多的第一手資料，它可以用來補充、訂正《漢書》等史籍，並據以判斷前人有關研究成果的是非。

其次，新出土的《神烏傅（賦）》是一篇亡佚兩千多年的西漢賦文，其風格跟以往傳世的大量屬於上層文人學士的漢賦有不同之處，無論從題材、內容和寫作技巧上來看，都接近於民間文學。該賦以四言爲主，用擬人的手法講述鳥的故事，跟曹植的《鷂雀賦》和敦煌發現的《燕子賦》如出一轍，它的發現把這種俗賦的歷史提早了二百多年，在古代文學史上的意義是不言而喻的。

第三，《神龜占》、《六甲占雨》、《博局占》、《刑德行時》、《行道吉凶》等幾種術數資料，也是前所未有的新發現，對漢代乃至中國古代術數史的研究都有較高的參考價值。其中的《博局占》爲解決學術界長期聚訟紛紜的「TLV 鏡」（即博局鏡）的問題提供了非常重要的線索，對六博的研究也是難得的寶貴資料。

該簡牘出土後，首先由江蘇省連雲港市博物館進行拍照，進行了初步的整理，並於 1994 年上半年寫完了釋文的初稿。同年 9 月，應連雲港市博物館的邀請，中國社會科學院簡帛研究中心和中國文物研究所古文獻研究室參加了釋文的定稿工作，並協助該館及東海縣博物館整理編輯《尹灣漢墓簡牘》一書。1996 年第 8 期《文物》雜誌登了連雲港市博物館撰寫的《江蘇東海縣尹灣漢墓群發掘簡報》，首次報導了尹灣漢墓出土簡牘的情況。同期《文物》雜誌還刊登了滕昭宗寫的《尹灣漢墓簡牘概述》及連雲港市博物館編的《尹灣漢墓簡牘釋文選》，對該墓出土的簡牘情況，進行了全面報導並發表了部分釋文。同年第 10 期《文物》雜誌還刊登了連雲港市博物館、社科院簡帛研究中心等單位寫的〈尹灣漢墓簡牘初探〉一文，對簡牘的內容、價值進行了初步研究。1997 年，中華書局出版了由連雲港市博物館、社科院簡帛研究中心等四單位合編的《尹灣漢墓竹簡牘》一書，該書全面系統地發表了尹灣漢墓出土的文物及簡牘的照片、釋文，書後附有〈尹灣漢墓發掘報告〉，詳細論述了尹灣 M1－M6 墓葬的位置、形制、年代以及出土文物的具體情況。

▲湖北江陵王家台 15 號秦墓

3 月，湖北省江陵縣荊州鎮郢北村村民挖魚池時，在王家台發現了一批墓葬。該墓葬區南距漢代古郢城北垣約 1 公里，與雞公山墓地爲一沖之隔，西北距楚故都紀南城約 5 公里，北距長湖約 1 公里，西南距江陵縣城（荊州城）約 5 公里。荊州地區博物館配合工程，發掘清理秦漢墓葬 16 座，其中王家台 15 號墓出土了大批秦代竹簡。王家台 15 號墓位於土崗東北地較高處，發掘前爲一片稻田，未見封土痕跡。該墓墓坑爲長方形豎穴土壙，墓坑底部放置單棺一具，長 186 厘米，寬 80 厘米，高 80 厘米。爲長方形懸底木棺。棺內人骨架保存較差，僅剩頭蓋骨，肢骨均腐，葬式不清，頭北向。棺內放置竹簡、竹牘和木盒、木骰子、算籌以及戈柲。陶器放置於頭向棺外的墓坑底部。此墓出土隨葬器物，主要爲陶器、木器、簡牘、式盤、算籌、骰子、占卜用具等。其墓葬相對時代上限不早於公元前 278 年「白起拔郢」，下限不晚於秦代。

簡牘竹簡出土於棺內足端，由於棺蓋坍塌，且棺內早年積水淤泥，故竹簡保存情況較差，原貌已遭破壞。因數量多，難於統計，統編爲 M15：7，竹簡大都沉積於棺內足端的棺底板上，被淤泥和木盒所壓，出土時有少部分竹簡散亂在稀泥中，且多已殘斷。下部的竹簡保存較完整，大部分竹簡上殘存編繩，分上、中、下三道將竹簡編綴成冊，清理時，編綴的繩索已腐，順序多已散亂，出土時竹簡疊壓分爲三層。

出土的竹簡經初步整理，數量已達 800 餘支（編號 1-813）。竹簡寬約 0.7-1.1 厘米，整簡的長度分爲兩種規格，一種長 45 厘米，另一種長 23 厘米。竹簡出土時呈黃褐色，簡文墨書秦隸，均書寫於篾黃一面，字跡大部分可以釋讀，主要內容爲《效律》、《日書》和易占。

1.《效律》。內容與雲夢睡虎地秦墓竹簡的《效律》相同，但書寫的次序則不盡相同。

2.《日書》。包括「建除」、「夢占」、「病」、「日忌」、「門」等內容。「建除」部分與雲夢睡虎地秦墓竹簡中的「秦除」相似。「夢占」簡的內容較爲完整，與睡虎地秦墓竹簡《日書》所含內容不盡相同。「病」的內容是說人在不同時辰患病的吉凶。「日忌」的內容包括馬、牛、羊、雞、豕的良日和忌日，以及一日至三十日之間的吉凶。「門」的內容與睡虎地秦墓竹簡相似，並繪有四方各門的位置及名稱。

3.易占。其體例均以易卦開頭，隨後是卦名及解說之辭。卦面都是以「一」表示陽爻、以「六」或「八」表示陰爻。可辨識的卦畫約 50 餘個，其中有部分重複的卦畫和卦名，所見卦名大多與今本《易》之卦名相同，如人、旅、兌、師等。也有部分卦名與今本《易》不同。如「離」簡作「麗」，「頤」簡作「臣」等。解說之辭與今本《易》的象、爻辭都不相同，多採用古史中的占筮之例。其中涉及的古史人物有黃帝、炎帝、穆天子、共王、武王、夸王、羿等，還有羿射日、武王伐殷之事。由於這部分竹簡殘缺較多，還要進一步整理後，才能了解其全貌，就已知的部分內容來看，它是一部過去從未見過的「易占」。

另外有一類簡，字體規整，字與字的間距較大，每簡的開頭都是「邦有……」，所敘述多爲自然界的一些異常現象，及其所預示邦國的災難。此類簡是以前沒有發現過的。如：「邦有木冬生外入（內）具亂王國不平有柳出趣邦有☒」〔784〕；「凡邦有大畜生小畜是胃大昌邦則樂王□大☒」〔776〕

此外還出土了竹牘 1 枚（M15：10）。出於棺內頭端，殘甚，字跡模糊，內容不詳。殘長 21 厘米，寬 4 厘米。木質近方形式盤一件，長 16 厘米，寬 14 厘米，厚 0.9 厘米。一面外周墨書二十八宿之名，內中四邊分書「金」、「木」、「水」、「火」，正中書「土」，其外書有月份。

該墓出土的竹簡等內容十分豐富，其中有的內容爲首次發現，對於研究秦代的法律、術數、易學都有十分重要的價值。

《文物》雜誌 1995 年第 1 期刊登了荆州地區博物館寫的〈江陵王家台 15 號秦墓〉一文，簡要報導了該墓出土的文物及簡牘情況，並發表了少量竹簡內容和照片。

▲湖北沙市周家台 30 號秦墓

6 月，湖北省沙市博物館繼 1992 年 11 月發掘了蕭家草場 26 號漢墓後，又發掘了周家台 30 號秦墓，該墓共出土竹簡 389 枚，牘一枚。據清理，該墓出土的竹簡可分爲甲、乙、丙三組，甲組有 247 枚，乙組有 68 枚，丙組有 74 枚。其內容爲秦始皇三十四年、三十六年、三十七年及秦二世元年曆譜、日書、病方等，資料價值十分珍貴。

該批竹簡目前正在整理之中，具體出土情況及竹簡的詳細內容還尚未刊布。

▲湖北荊州郭店1號楚墓

8月23日，郭店1號墓被盜掘至槨板。10月中旬該墓再次被盜，盜墓者挖出已回填的泥土，在槨蓋板東南角（頭箱南端）鋸開0.4×0.5米的長方形洞，並撬開邊箱，盜取文物，致使墓內器物殘損、混亂，雨泥浸入槨室內。爲搶救墓中殘存文物，荊州博物館在報請省文物主管部門同意後，及時組織考古工作人員於10月18日至24日對郭店1號墓（M1）進行了搶救性清理發掘。

郭店墓地位於湖北省荊門市沙洋區四方鄉郭店村一組，南距楚故都紀南城約9公里，207國道經墓地東側約1公里處南北延伸，西與江陵川店鎮豪林村毗鄰。整個墓地坐落在一個高出周圍地面約3至5米的土崗上，約南北長700米，東西寬350米，崗上分布有塌冢子、大陳灣冢、李家冢等10餘座中小型楚冢，與郭家崗墓地、尖山墓地、馮家崗墓地、大薛家洼墓地等22處墓地連成一片，構成了龐大的楚墓葬群。據歷年的考古資料證明，這裏是一處東周時期楚國的貴族墓地。

郭店M1（俗稱塌冢子）位於土崗南端，發掘前此處爲耕地，封土早年夷平。墓坑爲長方形土壙豎穴，葬具爲一棺一槨，保存較好。墓主頭東足西置於棺內，仰身直肢，兩手交置於腹部，雙腿分開，僅存骨架。其上殘留較多的腐爛絲織物。隨葬器物主要置於頭箱（編號T1－40）與邊箱（編號B1－41）中，棺內僅存絲織物腐爛殘跡。清理出土的殘存器物種類有禮器、生活用具、兵器、車馬器、喪葬器、樂器、工具、裝飾品、竹簡等。按質地有銅器、陶器、漆木器、竹器、鐵器、玉器、骨器等。另從盜洞擾亂層中獲得銅匜一件，節約4件。這些文物的形狀及紋樣都具有十分明顯的戰國時期楚文化的風格。發掘者推斷該墓時代爲戰國中期偏晚，楚簡的年代下限應略早於墓葬年代。

該墓出土竹簡804枚（M1：T4）。出於頭箱。由於這批竹簡出土時已遭到盜墓者的破壞，殘損、缺失較多。再加上出土時因編線腐朽而散亂無序，給整理工作帶來很大的困難。所幸的是，科學發掘的劫餘之簡出土後，得到了很好的保護。使整理工作得以順利進行。

科學發掘出的全部竹簡約有 13,000 餘字，大部分完好，少部分殘斷。竹簡長 15-32.4 厘米，寬 0.45-0.65 厘米。形制有兩種：一種兩端作平頭，另一種兩端削成梯形。簡上保存有編聯痕跡 2-3 道。簡文字體有明顯的戰國時期楚國文字的特點，字體典雅、秀麗，是當時的書法精品。竹簡的內容豐富，包含有多種古籍，其中有兩種是道家學派的著作，其餘多爲儒家學派的著作。出土時各篇古籍皆無篇題（發表時的篇題是整理者根據竹書內容擬加的），有少數篇目不見於今傳古籍，有的雖見於今本，但在篇章結構及次序等方面有較大差別，內容也不盡相同。

這些竹簡出土後，荆州博物館負責組織了整理小組。經清理發現，簡本《老子》有三組（整理組稱爲甲、乙、丙）。甲組共有竹簡 39 枚，竹簡兩端均削修成梯形，簡長 32.3 厘米，編繩兩道。其內容分別見於今本《老子》二十餘章內；乙組共 18 枚簡，竹簡的兩端平齊，簡長 30.6 厘米，編繩兩道。其內容分別見於今本《老子》的八章之內；丙組共有 14 枚簡，竹簡兩端平齊，簡長 26.5 厘米，編繩兩道。內容分別見於今本《老子》五章之內。三組內容全部加起來共有 2,046 字，只相當於今本內容的五分之二。章序與今本也有較大差異，文字也有不少出入。且不分〈德經〉、〈道經〉。《太一生水》（篇題是整理者所加）共有 14 枚竹簡，竹簡兩端平齊，簡長 26.5 厘米，兩道編繩。它是一篇佚文。文中的「太一」就是先秦時期所稱的「道」。該文主要論述「太一」與天、地、四時、陰陽等的關係，是一篇十分重要的道家著作。《緇衣》共有竹簡 47 枚， 簡兩端均削修成梯形，簡長 32.5 厘米，兩道編繩。本篇簡文的內容與《禮記・緇衣》篇大體相同，但兩者的分章及章次卻差別較大，文字也有不少出入，兩者應是同一篇書的不同傳本，且簡本應較今本所據之本更原始一些。《魯穆公問子思》、《窮達以時》兩篇抄寫在形制相同竹簡上，竹簡兩端均削修成梯形，簡長 26.4 厘米。前者未見流傳，是一篇佚文，後者的大部分內容見於《荀子・宥坐》、《孔子家語・在厄》、《韓詩外傳》卷七及《說苑・雜言》等書。《五行》篇共有竹簡 50 枚，竹簡兩端均削修成梯形，簡長 32.5 厘米，兩道編繩。其內容主要是講子思、孟子的仁、義、禮、智、聖的五行學說。《唐虞之道》竹簡共 29 枚，竹簡平齊，簡長 28.3 厘米左右，兩道編繩。簡文內容大意是贊揚堯舜的禪讓，著重敘述舜知命修身及具有的仁、義、孝、悌的品德。《忠信之道》竹簡共 9 枚，竹簡兩端平齊，簡長 28.3 厘米左右，兩道編繩。本篇內容是列舉了忠信的各種表現，最後歸結爲「忠，仁之實也。信，義之期也。」《性自命出》（共 67 枚）、《成之聞之》（共 40 枚）、《尊德義》（共 39 枚）、《六德》（共 49 枚），皆抄在簡長 32.5 厘米左右形制相同的竹簡上，字體也相近，兩道編繩。《語叢》共分 4 組，共有竹簡 265 枚，皆抄在最短的一種簡上，其內容都是由類似格言的有關仁義禮德、喜怒哀樂、君臣父子、結交謀友的文句組成，其體例與《說苑・談叢》、《淮南子・說林》相似。其中最引人注意的是簡本《老子》。自從馬王堆帛書《老子》甲、乙本問世後，學術界對《老子》的成書年代及作者等問題的看法漸趨接近，普遍認爲《老子》是東周時期的作品，老子也應是此時之人。但是，對於《老子》成書之前的流傳情況，人們一直知之甚少。由於簡文是不同於已知《老子》各種傳本的另一種尚未見過的傳本，因此，它可以幫且我們深入了解戰國時期道家學說的概貌，對研究《老子》的流傳及成書過程有更直接的作用，其學術價值是不言而喻的。

另一部分簡文的內容與今本《禮記》的某些篇章相似。稍加對照便可發現，簡文語句的次序與今本《禮記》有較大差異。這部分簡文至少可以證明《禮記》某些篇章的成書年代不會晚於戰國時期，真實性也是可靠的。

郭店 M1 的重要發現是出土了大批竹簡，其數量是目前已發掘的楚墓單墓中最多的一次。這批竹簡不僅對研究楚文化及先秦時期的文獻具有極爲重要的價值，且與墓主人生前的職業也有關係，同時也反映了死者生前的特殊地位。該墓墓主地位僅相當於「上士」，但隨葬器物品種繁多，數量也較大，在埋葬制度上略僭周制，這也印證了此墓的時代背景。

該墓竹簡的出土引起了廣大中外學者的關注。《文物》雜誌 1997 年第 7 期刊登了湖北省荊州博物館寫的〈荊州郭店 1 號楚墓〉，較詳細地報導了該墓的墓葬及出土文物情況，簡文的內容講的較粗略。1998 年 5 月，文物出版社出版了由荆州市博物館編的《郭店楚墓竹簡》一書，對該墓出土的竹簡等作了全面詳實的刊布，並附有竹簡的圖版、釋文、考證等。

1994

▲上海博物館從香港購得戰國楚簡內容

1994 年初，上海博物館從香港文物市場購得一批罕見的不明出土時間和地點的戰國楚簡。

據參與此項工作的上海博物館人員介紹，上海博物館購得的這批戰國楚簡，因長期埋藏地下，飽含水份，嚴重朽腐，簡文字跡模糊，無法辨認。有的已分成一條條竹絲，有的已變形，有的粘連在一起，有的顏色發黑，極不利於長期保存。上海博物館的科研人員經過反覆實驗，運用醇醚法中的部份工藝並結合真空冷凍乾燥原理，發明出一種脫水加固定型法，對這批竹簡進行了有效的處理，並進行了矯型，使這批竹簡基本上恢復了原貌。字跡也變得清晰。

這批竹簡簡最長的有 57.1 厘米，最短的有 24.6 厘米，總字數約有 35000 字左右，涉及有八十多種（部）戰國古籍。其內容有儒家、道家、兵家、雜家等，其中多數古籍爲佚書，個別見於今本，如《緇衣》、《易經》、《孔子閑居》等，但傳本不同。整理者根據竹簡尺寸、編繩、字體、內容等各方面分類排定，保留在竹簡上的八十多種（部）古籍的主要篇名有《易經》、《詩論》、《緇衣》、《子羔》、《孔子閑居》、《彭祖》、《樂禮》、《曾子》、《武王踐阼》、《賦》、《子路》、《恒先》、《曹沫之陳》、《夫子答史　問》、《四帝二王》、《曾子立笑》、《顏淵》、《樂書》等。

竹簡中保存的《易經》堪稱是迄今爲止所有《易經》版本中最古老、最原始的一種版本，也是記載比較可靠的一個《易經》版本。這本《易經》與今傳的《易經》有一些相異之處，如其中有一些今本《易經》根本未曾見的黑色、紅色符號。這些符號都有其特定的意義。這本《易經》刊布發表，預計將會對現有的《易》學研究產生較大的影響。

這批竹簡還出現孔子的詩論，其中孔子的一些對詩歌的論述在以往的古籍中未見記載。竹簡中還首次出現了一些當時的詩歌，這些詩歌並不見諸《詩經》一書，但其藝術風格與《詩經》頗爲相似。這些詩篇是不是當時編定《詩經》時所篩選下來的？專家們認爲這個問題還有待於進一步的研究。

此外，這批簡文內容中還出現了有關彭祖的言論。彭祖本來是傳說中的道家人物，但這批竹簡卻第一次出現了㺃（狗）老向彭祖問道，彭祖回答的記載。

上海博物館目前已組織了北京、香港和上海的專家對這批戰國楚簡進行整理和注釋。預計 1999 年年底整理完畢，2000 年初由文物出版社正式出版竹簡圖冊。這批竹簡無論在數量上還是其內容涉及到的古籍內容方面都遠遠超過了以往已經公開發表的戰國竹簡。它的的發表將對中國先秦戰國時期的歷史、文化、政治等諸多領域的研究產生極重要的影響，填補這些領域研究的一系列空白。有關專家指出，現在對這批竹簡的整理還是非常初步的，將來這批竹簡有可能形成一個專門的研究領域。

1996

▲湖南長沙走馬樓三國簡

7 月至 11 月，湖南省長沙市文物工作隊在長沙市中心五一廣場東側的平和堂商業大廈工地作搶救發掘，共發掘自戰國至明清的古井 61 口，出土銅、鐵、木、竹、陶瓷等各類文物三千餘件，其中在編號爲 J22 的古井中發現了數量驚人的三國孫吳紀年簡牘，成爲 1996 年歲末的重大的文物考古新聞。長沙走馬樓簡牘，總數達數萬片之多，可能超過國內歷年出土簡牘的總和。

出土簡牘的 J22 井，發現時井口上部已被掘土機破壞。這是一口不規則的圓形豎井，底部略呈袋狀，井口南北長 3.5 米，東西長 3.1 米，現存井深 5.6 米，簡牘表層距現存井口 1.5 米，其中有一層純淨的褐色泥土覆蓋，厚約 20-150 厘米，覆土可能是井壁坍塌形成的，簡牘層中間厚，四周薄，堆積的形狀呈圓錐形，厚 20-50 厘米。簡牘層下先是一黑灰土層，厚約 20-50 厘米；再下是灰褐土層，厚約 310 厘米。其中出土竹木屑、草藤、樹葉、碎磚瓦、青釉瓷片和青瓷罐、碗等。在大井深 5.12 米處，套有一個小井。小井有一近方形的木構井圈，井圈四角各釘一根木樁，樁外各鑲兩塊木板爲井壁，井圈長 93 厘米，寬 90 厘米，高 58 厘米。

關於走馬樓簡的數量，據有關人士估計，約有 9 萬枚以上。至於簡文字數，更是大的驚人。如以其中一種長 50 厘米左右的大木簡爲例來計算，這類大簡約有 2,000 餘枚，每簡容字約 100-160 字，這樣就有 20-30 萬字；若以竹簡每簡容字平均 20 字計算，10 萬片就有 200 萬字，即便有一半漫漶不清，也有 100 多萬字左右。就這樣計算，這批簡可能有 150 萬字左右的內容，不但超過《吳書》數倍，而且也大大超過了《三國志》的總字數。就其內容來講，據報導，大致可分爲以下幾類：

1.券書類。其中又分爲兩類：

(1)佃田租稅券書。這是一種形制特別的大木簡，長 49.8-54.3 厘米，寬 2.6-4.3 厘米，厚 0.4-1 厘米，單面寫字，右行直書，一簡自上至下分爲若干欄。

(2)官府各機關之間錢、米、器物調撥交接券書。

2.官府文書和司法文書類。這類簡牘主要是官府之間往來文書，其中有些是涉及司法案件的審理、申訴、覆核的書信。木牘長 23.4-25 厘米，寬 6-6.9 厘米，厚 0.6-0.9 厘米。

3.戶籍類。主要記載戶主姓名、年齡、身體狀況以及有關事項。戶籍類竹簡，長約 23.2-23.5 厘米，寬 1-1.2 厘米，厚 0.2 厘米。因年代久遠，編繩皆已爛斷。從殘存的痕印來看，知原簡冊有上下兩道編繩，這類竹簡質地不是很好，多採用較小的竹子剖成竹片，不削治篾青，而直接在篾黃一面書寫。

4.名刺類。爲問安、贈物之類的內容。皆爲木牘，但長短、寬窄、厚薄、大小有多種形式。還有一種刺是作爲饋贈物品的禮單使用的，寫著受贈者和眾多送禮人的名字及物品的名稱、數量等，這類刺在以往出土的簡牘中也較少見。

5.帳簿類。包括田租、市租、關稅、官稅、官吏俸祿、借貸、錢月旦簿、長沙郡屬諸曹歲盡簿等。內容包括錢、布、米、器物等的出入帳目。有木牘和竹簡。

由於整理工作尚未結束，以上內容是根據所見到的一部分材料分析推斷而概括出來的，不可能做到很全面、完整、準確。但僅就所見之一斑，我們已不能不驚嘆走馬樓簡對於孫吳史研究的重要意義了。

關於這批簡牘的情況，出土後曾有幾篇文章加以介紹，但以 1997 年 1 月 4 日《光明日報》史林版上刊登的胡平生、宋少華合寫的〈新發現的長沙走馬樓簡牘的重大意義〉一文介紹的最詳實。此後該文又加以修訂，發表在台灣《中國上古秦漢學會通訊》第三期及《傳統文化與現代化》1997 年第 3 期。

參考書目

中國簡牘學綜論（鄭有國／華東師大出版社）

簡牘概述（林劍鳴／ 陝西人民出版社）

流沙墜簡（羅振玉・王國維／中華書局（據 1934 年本重印））

敦煌漢簡（甘肅文物考古研究所編／中華書局）

敦煌漢簡釋文（吳礽驤等釋校／甘肅人民出版社）

居延漢簡通論（薛英群／甘肅教育出版社）

散見簡牘合輯（李均明・何雙全／文物出版社）

居延漢簡甲乙編（中國社會科學院考古研究所編／中華書局）

居延新簡——甲渠候官（甘肅省文物考古研究所等編／中華書局）

居延新簡——甲渠候官與第四燧（甘肅省文物考古研究所等編／文物出版社）

疏勒河流域出土漢簡（林梅村・李均明／文物出版社）

居延漢簡研究（陳直／天津古籍出版社）

漢簡綴述（陳夢家／中華書局）

武威漢代醫簡（甘肅博物館等編／文物出版社）

武威漢簡（甘肅省博物館等編／文物出版社）

長沙發掘報告（中國科學院考古研究所／科學出版社）

長沙仰天湖楚簡研究（史樹青／群聯出版社）

長沙子彈庫戰國楚帛書研究（李零／中華書局）

信陽楚墓（中國社會科學院考古研究所／文物出版社）

望山楚簡（湖北省文物考古研究所等編／中華書局）

戰國楚簡匯編（商承祚／齊魯書社）

漢簡研究文集（甘肅省文物工作隊等編／甘肅人民出版社）

銀雀山漢墓竹簡（壹）（銀雀山漢墓竹簡整理組／文物出版社）

馬王堆漢墓帛書（壹）（馬王堆漢墓帛書整理組／文物出版社）

馬王堆漢墓帛書（參）（馬王堆漢墓帛書整理組／文物出版社）

馬王堆漢墓帛書（肆）（馬王堆漢墓帛書整理組／文物出版社）
馬王堆醫書考注（周一謀等／天津科學技術出版社）
長沙馬王堆一號漢墓（湖南省博物館等編／文物出版社）
馬王堆漢墓醫書校釋（壹、貳）（魏啓鵬・胡翔驊／成都出版社）
定州漢墓竹簡《論語》（河北省文物研究所等編／文物出版社）
雲夢睡虎地秦墓（雲夢睡虎地秦墓編寫組／文物出版社）
睡虎地秦墓竹簡（睡虎地秦墓竹簡整理組／文物出版社）
阜陽漢簡《詩經》研究（胡平生・韓志強／上海古籍出版社）
隨縣曾侯乙墓（湖北省博物館／文物出版社）
上孫家寨漢晉墓（青海省文物考古研究所／文物出版社）
漢長安城未央宮考古發掘報告（中國社會科學院考古研究所／中國大百科全書出版社）
楚文化考古大事記（楚文化研究會編／文物出版社）
江陵九店東周墓（荊州博物館／科學出版社）
張家山漢簡《脈書》校釋 （高大倫／成都出版社）
包山楚簡（湖北省荊沙鐵路考古隊編／文物出版社）
包山楚墓（湖北省荊沙鐵路考古隊編／文物出版社）
包山楚簡研究（陳偉／武漢大學出版社）
尹灣漢墓簡牘（連雲港市博物館等編／中華書局）
郭店楚墓竹簡（荊州市博物館／文物出版社）
郭店竹簡《老子》釋析與研究（丁原植／台灣・萬卷樓圖書有限公司）
中國上古秦漢學會通訊（第三期）（中國上古秦漢學會編／台灣・中國上古秦漢學會）
楚地出土三種文獻研究（饒宗頤・曾憲通／中華書局）
簡帛佚籍與學術史 (李學勤／台灣・時報文化出版企業有限公司)
雲夢秦簡研究（中華書局編輯部編／中華書局）
秦漢簡牘論文集（甘肅文物考古研究所編／甘肅人民出版社）
簡帛研究（第一輯）（李學勤主編／法律出版社）

簡帛研究（第二輯）（李學勤主編／法律出版社）

文物參考資料

考古通訊

文物

考古學報

江漢考古

光明日報

農業考古

論著目錄篇

壹、著 作 目 錄

1900-1913

流沙墜簡考證（羅振玉／貞松堂）

1914

流沙墜簡(正編、補遺、考釋)（王國維、羅振玉／京都東山學社出版影印本、1934 年校正重印本）

簡牘檢署考（王國維／上虞羅氏雲窗叢刻本）

1916

流沙墜簡考釋補正（王國維／上海倉聖明智大學）

（1927 年海寧王忠公遺書本）

（1940 年海寧王靜安先生遺書本)

1918

南越文王冢黃腸木刻字及明器（鄒安／上海倉聖明智大學）

1931

漢晉西陲木簡匯編（張鳳／上海有正書局發行）

1932

木簡考略一卷（陳直撰／石印本）

1934

流沙墜簡一卷　考釋三卷　補遺一卷（羅振玉・王國維／永慕園叢書附錄一卷・圖表一卷三冊）

漢魏木簡義證（陳邦福／石印本一冊）

漢簡木簡考略（陳直／石印本一冊）

亞洲腹地旅行記（Sven　Hedin 著・李述禮譯／開明書店）

1943

居延漢簡考釋釋文之部（勞榦／四川南溪石印本／線裝四冊）

1944

居延漢簡考釋考證之部（勞榦／四川南溪石印本／線裝二冊）

晚周繒書考證（蔡季襄／石印本）

1946

斯坦因西域考古記（Aurel Stein 著・向達譯／商務印書館）

1948

羅布淖爾考古記（黃文弼）

1949

居延漢簡考釋・釋文之部（勞榦／商務印書館）

1954

長沙出土戰國楚簡初釋（饒宗頤／油印本）

1955

長沙仰天湖出土楚簡研究（史樹青／群聯出版社）

1957

長沙發掘報告（中國科學院考古研究所編／科學出版社）

戰國楚簡箋證（饒宗頤／上海出版社出版）

唐代長安與西域文明（向達／三聯書店）

居延漢簡圖版之部（勞榦著／台北・中央研究院歷史語言研所）

1958

長沙出土戰國繒書新釋（饒宗頤著／香港義友昌記印務公司）

兩漢經濟史料論叢（陳直／陝西人民出版社）

1959

陽楚墓文物圖錄（河南省文化局文物工作隊編／河南人民出版社）

居延漢簡甲編（中國科學院考古研究所編／科學出版社）

1960

居延漢簡考釋之部（勞榦著／台北・中央研究院歷史語言研究所）

1964

武威漢簡（甘肅省博物館・中國科學院考古研究所編／文物出版社）

1972

長沙馬王堆一號漢墓發掘簡報（湖南省博物館・中國科學院考古研究所・文物編輯委員會編／文物出版社）

晚周繒書考證（蔡季襄／台北・藝文印書館重印／1944 年版）

1973

長沙馬王堆 1 號漢墓（湖南省博物館・中國科學院考古研究所編／文物出版社）

1974

馬王堆漢墓帛書（壹）（馬王堆漢墓帛書整理小組編／文物出版社）

漢簡文字類編（王夢鷗編／台北・藝文印書館）

1975

銀雀山漢墓竹簡（壹）（銀雀山漢墓竹簡整理小組編／文物出版社）

孫子兵法（銀雀山漢墓竹簡）（銀雀山漢墓竹簡整理小組編／文物出版社）

武威漢代醫簡（甘肅省博物館、武威縣文化館編／文物出版社／八開影印線裝及平裝縮印本）

儀禮漢簡本考證（王關仕著／台北・台灣學生書局）

帛書竹簡（嚴一萍編／台北・藝文印書館）

漢晉遺簡識小七種（陳槃著／台北・中央研究院歷史語言研所）

1975

老子（馬王堆漢墓帛書）（馬王堆漢墓帛書整理小組編／文物出版社）
經法（馬王堆漢墓帛書）（馬王堆漢墓帛書整理小組編／文物出版社）
戰國縱横家書（馬王堆漢墓帛書）（馬王堆漢墓帛書整理小組編／文物出版社）
孫子兵法（銀雀山漢墓竹簡）（銀雀山漢墓竹簡整理小組編／文物出版社）
勞榦學術論文集 （勞榦／藝文印書館刊）
漢簡與漢代城市（馬先醒／台北・簡牘學社）
帛書竹簡（嚴一萍／台北・藝文印書館出版）

1977

睡虎地秦墓竹簡（睡虎地秦墓竹簡整理小組編／文物出版社／八開線裝本）
古地圖（馬王堆漢墓帛書附《古地圖論文集》）（馬王堆漢墓帛書整理小組編／文物出版社）
簡牘論集（馬先醒／簡牘學社）

1977

睡虎地秦墓竹簡（睡虎地秦墓竹簡整理小組編／文物出版社）
馬王堆漢墓帛書（參）（馬王堆漢墓帛書整理小組編／文物出版社）

1979

雲夢秦簡初探（高敏著／河南人民出版社）

導引圖（馬王堆漢墓帛書）（馬王堆漢墓帛書整理小組編／文物出版社）

1980

馬王堆漢墓帛書（壹）（馬王堆漢墓帛書整理小組編／文物出版社）

帛書五行篇研究（龐樸著／齊魯書社）

漢簡綴述（陳夢家著／中華書局）

居延漢簡甲乙編（中國社會科學院考古研究所編／中華書局）

1981

雲夢睡虎地秦墓（雲夢睡虎地秦墓編寫組／文物出版社）

雲夢秦簡初探（增訂本）（高敏／河南人民出版社）

雲夢秦簡研究（中華書局編輯部編／中華書局）

居延漢簡新編（馬先醒編著／簡牘學會編輯部主編／台北・簡牘學會）

敦煌漢簡釋文評議（陳直／齊魯書社）

漢簡隸書選（許寶馴／王狀弘編／上海書畫出版社）

簡牘帛書字典（陳建貢／徐敏編／上海書畫出版社）

1982

雲夢秦簡日書研究（饒宗頤、曾憲通／香港中文大學出版社）

竹簡帛書論文集（鄭良樹著／中華書局）

1983

簡牘研究譯叢（第一輯）（中國社會科學院歷史研究所戰國秦漢史研究室編 ／中國社會科學出版社）

馬王堆漢墓帛書（三）（馬王堆漢墓帛書整理小組編／文物出版社）

秦漢史論叢（中國秦漢史研究會編／陝西人民出版社）

1984

孫臏兵法校理（張震澤／中華書局）

漢簡論文集（甘肅省文物工作隊、甘肅省博物館編／甘肅人民出版社）
疏勒河流域出土漢簡（林梅村・李均明編／文物出版社）
簡牘概述（林劍鳴編／陝西人民出版社）

1985

楚帛書（饒宗頤、曾憲通編著／香港中華書局）
銀雀山漢墓竹簡（一）（銀雀山漢墓竹簡整理小組編／文物出版社）
銀雀山漢簡釋文（吳九龍釋／文物出版社）
馬王堆漢墓帛書（四）（馬王堆漢墓帛書整理小組編／文物出版社）
漢簡書法選（徐祖藩編／甘肅人民出版社）
簡牘書法（黎泉編／上海書畫出版社）
長沙子彈庫戰國楚書研究(李零／中華書局)

1986

秦律通論（栗勁／山東人民出版社）
中國秦漢史研究會通訊特輯（總第 12 期）（中國秦漢史研究會秘書處編）
居延漢簡研究（陳直／天津古籍出版社）
中華五千年文物集刊　簡牘篇（二）(三)（吳昌廉主編／台北・中華五千年文物集刊編輯委員會）
信陽楚墓(中國社會科學院考古研究所／文物出版社)

1987

帛書周易校釋　（鄧球柏著／湖南人民出版社）
居延漢簡釋文合校（謝桂華等著／文物出版社）
簡牘研究譯叢（中國社會科學院歷史研究所戰國秦漢史研究室編／中國社會科學出版社）

1988

銀雀山漢墓竹簡《晏子春秋》校釋（駢宇騫撰／書目文獻出版社）

阜陽漢簡詩經研究（胡平生、韓自強著／上海古籍出版社）

馬王堆醫書考注（周一謀、蕭佐桃主編／天津科學技術出版社）

帛書五行篇研究（龐樸著／齊魯書社）

居延新簡釋粹（甘肅省文物考古研究所編／薛英群等注／蘭州大學出版社）

中國書籍編纂史（韓仲民／中國書籍出版社）

馬王堆漢墓帛書竹簡（李正光／湖南美術出版社）

1989

中國簡牘學綜論（鄭有國編著／華東師範大學出版社）

秦漢簡牘論文集（甘肅省文物考古研究所編／甘肅人民出版社）

漢代簡牘草字編（陸錫興／上海書畫出版社）

李學勤集（李學勤著／黑龍江教育出版社）

簡牘研究入門(高敏／廣西人民出版社)

1990

睡虎地秦墓竹簡（睡虎地秦墓竹簡整理小組編／文物出版社）

居延新簡——甲渠候官與第四燧（甘肅省文物考古研究所等編／文物出版社）

散見簡牘合輯（李均明、何雙全編／文物出版社）

1991

包山楚簡（湖北省荊沙鐵路考古隊編著／文物出版社）

馬王堆帛書《德行》校釋（魏啓鵬／巴蜀書社）

居延新簡（甘肅省文物考古研究所編／中華書局）

敦煌漢簡釋文（吳礽驤等釋校、甘肅省文物考古研究所編／甘肅人民出版社）

居延漢簡通論（薛英群著／甘肅教育出版社）

漢簡書法論集（趙正／甘肅人民美術出版社）

1992

包山楚簡文字編（張光裕著／台北・藝文印書館）

睡虎地秦簡刑律研究（傅榮珂著／台北・商鼎文化出版社）

周易經傳溯源——從考古學、文獻學看《周易》（李學勤著／長春出版社）

馬王堆漢墓醫書校釋（一）（二）（魏啓鵬、胡翔驊／成都出版社）

張家山漢簡《脈書》校釋（高大倫／成都出版社）

1993

楚地出土文獻三種研究（饒宗頤、曾憲通著／中華書局）

長沙楚帛書文字編（曾憲通撰集／中華書局）

睡虎地秦簡文字編（陳振裕、劉信芳編著／湖北人民出版社）

流沙墜簡（羅振玉、王國維編著／中華書局 本書據1934年修訂本重印）

簡帛研究（第一輯）（李學勤主編／法律出版社）

上孫家寨漢晉墓（青海省文物考古研究所編／文物出版社）

秦文字類編（袁仲一、劉鈺編／陝西人民教育出版社）

秦刑罰概述（王關成、郭淑珍／陝西人民教育出版社）

斯坦因第三次中亞探險所獲甘肅新疆出土漢文文書——未經馬伯樂刊布的部分
(郭鋒／甘肅人民出版社)

馬王堆漢墓文物(傅舉友、陳松長／湖南出版社)

1994

戰國楚簡文字編（郭若愚著／上海書畫出版社）

秦漢簡牘帛書音韻研究（李玉著／當代中國出版社）

睡虎地秦簡文字編（張守中撰集／文物出版社）

雲夢竹簡（中、英文對照）（張政烺．日知編／東北師範大學出版社）

居延新簡——甲渠侯官（甘肅省文物考古研究所、甘省博物館．中國文物研究所、中國社會科學院歷史研究所編／中華書局）

簡帛佚籍與學術史（李學勤著／台北．時報文化出版企業有限公司）

睡虎地秦簡論考（吳福助著／台北．文津出版社）

秦漢法制論考（高恆／廈門大學出版社）

睡虎地秦簡《日書》研究 （劉樂賢／台北．文津出版社）

馬王堆漢墓研究論文集（湖南省博物館編／湖南出版社）

漢簡曆考（俞忠鑫／台北．文津出版社）

定州漢墓竹簡論語(河北省文物研究所・定縣漢墓竹簡整理小組編／文物出版社)

1995

望山楚簡（湖北省文物考古研究所、北京大學中文系編／中華書局）

《孫子》古本研究（李零著／北京大學出版社）

楚系簡帛文字編（滕壬生編著／湖北教育出版社）

戰國楚簡匯編（商承祚編著／齊魯書社）

張家山漢簡《引書》研究（高大倫著／巴蜀書社）

樓蘭鄯善簡牘年代學研究（孟凡人著／新疆人民出版社）

敦煌漢簡編年考證（補資治通鑒史料長編稿系列）(饒宗頤．李均明著／台北．新文豐出版公司)

新莽簡輯校（補資治通鑑史料長編稿系列）（饒宗頤、李均明著／台北．新文豐出版公司）

敦煌漢簡書法精選（馬建華、趙吳城編／甘肅人民美術出版社）

江陵九店東周墓(荊州博物館編／科學出版社)

1996

簡帛研究（第二輯）（李學勤主編／法律出版社）

包山楚簡研究（陳偉／武漢大學出版社）
包山楚簡文字編（張守忠／文物出版社）
包山楚簡文字編（張光裕・袁國華／台北・藝文印書館）
簡帛研究譯叢（中國社會科學院簡帛研究中心編／湖南出版社）
漢長安城未央宮考古發掘報告（中國社會科學院考古研究所／中國大百科出版社）

1997

簡牘學研究（西北大學歷史系等編／甘肅人民出版社）
帛書《周易》研究（邢文／人民出版社）

1998

郭店楚墓竹簡（荊門市博物館／文物出版社）
郭店竹簡《老子》釋析與研究　（丁原植／台北・萬卷樓圖書有限公司）
居延漢簡補編（簡牘整理小組／台北・文淵企業有限公司）
簡牘與制度（尹灣漢墓簡牘官文書考證）（廖伯源／台北・文津出版社）
雲夢龍崗秦簡（劉信芳、梁柱／科學出版社）

1999

郭店楚簡研究（《中國哲學》編輯部／遼寧教育出版社）

貳、論文目錄

1916

流沙墜簡考釋補證（王國維／《學術叢編》1期）

1917

蒼頡篇殘簡跋（王國維／《學術叢編》第23期）

流沙墜簡序（王國維／《學術叢編》24期・1923年又收入《觀堂集林》卷17）

流沙墜簡後序（王國維／《學術叢編》24期・1923年又收入《觀堂集林》卷17）

1923

敦煌簡跋十四則（王國維／《觀堂集林》卷17）

羅布淖爾北所出前涼西域長史李柏書稿跋（王國維／《觀堂集林》卷17）

羅布淖爾東北古城所出晉簡跋（王國維／《觀堂集林》卷17）

尼雅城北古城所出晉簡跋（王國維／《觀堂集林》卷17）

西北科學考查團在新疆考古情形報告（在北大歡迎會席上演說）（黃文弼／《女師大學術季刊》1卷4期）

1926

中國書籍制度變遷之研究　（馬衡／《圖書館學季刊》1卷2期）

1929

簡書發現考（容肇祖／《中山大學語言歷史研究所周刊》9集100期）

1931

1930 年斯文海定樓蘭所獲縑素簡牘文抄（附圖版）（向達／《國立北平圖書館館刊》第5卷第4號）

新疆古物概要（黃文弼／《東方雜誌》第28卷5期）

新書介紹「漢晉西陲木簡匯編」《國立北平圖書館館刊》5-4）

漢晉時代之木簡（附影片）（《河北第一博物館半月刊》1931 年第七期第三版）

紙發明前之中國書（（法）沙畹著・馮承鈞譯／《圖書館學季刊》5卷1期）

斯文海定樓蘭所獲縑素簡牘（書影）（向達／《國立北平圖書館刊》5卷4期）

漢晉西陲木簡二編急就二簡校讀（張鳳／《暨大文學院集刊》2期）

1932

西陲木簡中所記的「田章」（容肇祖／《嶺南學報》2卷3期）

近年西北考古的成績 （賀昌群／《燕京學報》第十二期）

記漢「居延筆」（馬衡／《國學季刊》3卷1期）

1933

田章故事考補（附西陲木簡中所記的田章）（容肇祖／《民俗》第113期）

評賀昌群著《近年西北考古的成績》（夏定棫／《浙江省圖書館館刊》2卷4期）

1934

流沙墜簡校補 （賀昌群／《國立北平圖書館館刊》8卷5號／1935 年又收入《圖書季刊》2卷1期）

西北近幾年來考古學上兩大重要發現（傅振倫／《天山文化月刊》1卷3期）

漢魏木簡義證（陳邦福／《億年堂叢書》）

新疆發現西漢論語殘簡（《燕京學報》16期）

敦煌戶籍殘簡考（（日）玉井是博 著・萬斯年 譯／《北平圖書館館刊》8 卷 3 期）

1935

釋居廬訾倉——羅布淖爾漢簡考釋之一（黃文弼／《國學季刊》5 卷 2 期）

書冊制度補考（余嘉錫／《故宮博物院文獻特刊》）

流沙墜簡補正（賀昌群／《圖書季刊》2 卷 1 號）

1937

近年西北考古的成績（賀昌群／《燕京學報》第 12 期）

漢武年號延和說（傅振倫／《考古社刊》第 6 期）

道院簡牘說（傅振倫／《考古社刊》第 6 期）

1939

從簡所見之邊郡制度（勞榦／《集刊》第八本 2 分）

古代書籍制度考（俞士鎮／《古學叢刊》5 期）

簡冊說（傅振倫／《考古社刊》第 6 期）

居延漢簡之影印（編者／《圖書季刊》新 1 卷 4 期）

1940

烽燧考（賀昌群／《國立北京大學四十周年紀念論文集》乙編上）

漢置邊塞考略（張維華／《齊魯學報》第 1 期）

1941

漢章草木簡發見於宋（孔令谷／《說文月刊》第 2 卷第 10 期）

簡冊雜記（潘菽／《青年中國季刊》2 卷 2 期）

1942

漢代兵制及漢簡中的兵制（勞榦／《史語所集刊》第 10 本第一分）
漢武后元不立年號考（勞榦／《史語所集刊》第 10 本）
居延漢簡考釋序（勞榦／《史語所集刊》第 10 本第四分）
漢河西四郡建制年代考疑（張維華／《中國文化研究匯刊》第二卷）
西漢郡縣屬吏考（嚴耕望／《中國文化研究匯刊》2 期）
中國古代的圖書——竹帛（屈萬里／《讀書通訊》48 期）

1943

漢簡中的河西經濟生活（勞榦／《史語所集刊》第 11 本）
兩關遺址考（勞榦／《史語所集刊》第 11 本／1943 年出版 · 1947 年再版）
勞榦著《居延漢簡考釋——釋文之部》（金毓黻／《圖書季刊》新 4 卷 3、4 期合刊）
《居延漢簡考釋》序目 （勞榦／《史語所集刊》第 10 本）
漢代社祀的源流 （勞榦／《史語所集刊》第 11 本）
兩漢郡縣屬吏考補正 （嚴耕望／《中國文化研究匯刊》3 期）

1944

漢簡中之武帝詔 （勞貞一／《圖書季刊》新 5 卷第 2、3 期）
漢簡中的河西經濟生活 （勞榦／《史語所集刊》第 11 本）
兩關遺址考 （勞榦／《史語所集刊》第 11 本）

1945

漢武后元不立年號本證 （施之勉／《東方誌》41 卷 5 期）

跋裘善元舊藏漢簡 （劉國鈞／《書學》第四期）
《居延漢簡考釋——考證之部》（勞榦著／北平圖書館·《圖書季刊》新6－1.2）
居延殘簡 （盧前·朱錦江／《書學》4期）

1946

居延漢簡考證補正 （勞榦／《六同別錄》下冊）

1947

障塞釋名（方詩銘／《西北通訊》第1卷第6期）
「漢簡」與「晉簡」（西北地下的寶藏）（方詩銘／《西北通訊》3期）
書評《居延漢簡考釋·考證之部》（安志敏／《燕京學報》第32期）
漢簡遺簡偶述 （陳槃／《史語所集刊》第16本）
書評《居延漢簡考釋·釋文之部》（周桓／《燕京學報》第33期）
漢簡永元六年曆譜考（董作賓／《現代學報》1卷1期）
《居延漢簡考釋》（勞榦著）（燕孫／《經世日報讀書周刊》55、56期）
太初二年以前的玉門關位置考（夏鼐／南京《中央日報》文史周刊70期）
居延漢「秋射」「爰書」兩簡述證（陳槃／南京《中央日報》8月4日）
《居延漢秋射爰書兩簡述證》補記（陳槃／南京《中央日報》8月18日）
漢晉遺簡札記（陳槃／南京《中央日報》9月29日）
古樓蘭國歷史及其在西域交通上之地位（黃文弼／《史學集刊》第5期）

1948

《居延漢簡考證》補正（勞榦／《史語所集刊》第14本）
漢武帝征和年號考 （夏鼐／《申報》文史副刊第11期）
論漢代之陸運與水運（勞榦／《史語所集刊》第16本）
釋漢代之亭障與烽燧（勞榦／《史語所集刊》第19本）

新獲之敦煌漢簡（夏鼐／《史語所集刊》第19本．1961年又收入《考古學論文集》）

漢晉遺簡偶述續稿（陳槃／《史語所集刊》第16本．又見1949年12月《嶺南學報》10卷1期）

羅布淖爾考古記（黃文弼／《中國西北科學考察團叢刊》之一）

簡牘以長短別尊卑考（黃盛璋／《東南日報》4月7日）

1949

居延漢簡考證補正（勞榦／《六同別錄》下冊．1946年又見《史語所集刊》14本）

試略論居延漢粗製木人（陳槃／《大公報》12月7日）

漢晉遺簡偶述續稿（陳槃／《嶺南學報》10卷1期）

略記史籍中所見的木人——漢晉遺簡偶述（陳槃／《大公報》11月30日）

1950

河西考古簡報（閻文儒／《國學季刊》9卷1期）

敦煌及敦煌的新史料（勞榦／《大陸雜誌》1卷3期）

漢代丁中、廩給、米粟、大小石之制（楊聯陞／《國學季刊》7卷1期）

大石與小石（勞榦／《大陸雜誌》1卷11期）

西徵小記（向達／《國學季刊》7卷1期）

漢代的亭制（勞榦／《史語所集刊》第22本）

龜網雜記——大石與小石（勞榦／《大陸雜誌》1期）

漢代之亭制（嚴耕望／《公論報史地週刊》28期）

1951

河西四郡建置考（施之勉／《大陸雜誌》3卷5期）

漢簡曆譜（趙榮琅／《大陸雜誌》2卷10期）

由漢簡中之軍吏名籍說起（陳槃／《大陸雜誌》2 卷 8 期）
關於漢代官俸的幾個推測（勞榦／《台灣大學文史哲學報》三期）
中央圖書館所藏漢簡中的新史料（蘇瑩輝／《大陸雜誌》3 卷）
從簡牘文化說到雕板文化——記載文字的工具發展簡史（趙萬里／《文物參考資料》2 卷 2 期）
漢代的雇佣制度（勞榦／《史語所集刊》第 23 本）

1952

長沙近郊古墓發掘記略（考古研究所湖南調查發掘團／《科學通報》第 3 卷 7 期．《文物參考資料》2 期）
漢代郡制及其對於簡牘的參證（勞榦／《台灣大學傅故校長紀念論文集》）
漢晉遺簡偶述之續（陳槃／《史語所集刊》第 23 本下）
簡牘中所見的布帛（勞榦／《學術季刊》1 卷 1 期）
漢代郡都尉制度（嚴耕望／《大陸雜誌》特刊 1 下）

1953

先秦兩漢帛書考（陳槃／《史語所集刊》第 24 本）
先秦兩漢簡牘考（陳槃／《學術季刊》1－4 期）
古竹簡在文書方面之使用（陳槃／《大陸雜誌》6 卷 4 期）
漢簡式日曆釋義（高平子／《大陸雜誌》第 7 卷第 12 期）
我國古代的圖書——竹帛（屈萬里／《讀書通訊》第 48 期）
河西考古雜記（閻文儒／《文物參考資料》2 期）
漢朝的縣制（勞榦／《國立中央研究院院刊》1 期）
漢代地方行政制度（嚴耕望／《史語所集刊》第 25 本）
湖南省文管會清理長沙仰天湖木槨楚墓發現大量竹簡彩繪木俑等珍貴文物(湖南省文物管理委員會／《文物參考資料》2 期)

1954

長沙仰天湖戰國墓發現大批竹簡及彩繪木俑雕刻花版（湖南省文物管理委員會／《文物參考資料》3 期）

長沙楊家灣 M006 號清理簡報（湖南省文物管理委員會／《文物參考資料》12 期）

談長沙發現的戰國竹簡（羅福頤／《文物參考資料》第 9 期）

長沙楚墓時占神物圖卷考釋（饒宗頤／《東方文化》1 卷 1 期）

讀一九五四年第九期《文參》筆記（史樹青・楊宗榮／《文物參考資料》12 期）

《流沙墜簡》中一組漢曆年期的考定（高平子／《大陸雜誌》8 卷 1 期）

1955

論長沙出土之繒書（董作賓／《大陸雜誌》10 卷 6 期）

兩根居延漢簡的解釋（張德鈞／《光明日報》4 月 28 日第三版《史學》第 55 期）

武昌任家灣六朝時期墓葬清理簡報（武漢市文物管理委員會／《文物參考資料》12 期〔木簡三片〕）

冊書考（永元器物簿）（馬衡／《西北文物展覽會特刊》）

論漢簡（勞榦／《東方學》11 期）

簡與帛（王明／《考古通訊》第 2 期）

1956

談年來新發現的幾種戰國文字資料（李學勤／《文物參考資料》1 期）

祖國最古的醫方（羅福頤／《文物參考資料》9 期）

介紹漢代獸醫處方的木簡（劉壽山／《畜牧與獸醫》11 期）

居延漢簡術數耳鳴目瞤解（饒宗頤／《大陸雜誌》13 卷）

1957

長沙出土的三座大型木槨墓（湖南省文物管理委員會／《考古學報》1期）
長沙仰天湖第25號木槨墓（湖南省文物管理委員會／《考古學報》2期〔出竹簡43片〕）
楚簡解要（陳直／《西北大學學報》4期）
信陽楚墓中發現最早的戰國竹書（李學勤／《光明日報》11月27日）
我國考古史上空前發現：信陽長台關發掘一座戰國大墓（河南省文物工作隊第一隊／《文物參考資料》9期）
漢簡碎義（陳槃／《大陸雜誌》15卷4期）
冊書考（永元器物簿）（馬衡／西北文物展覽會特刊．又收入《考古通訊》1期）
略論漢代政權的本質——答覆日知先生（郭沫若／《人民日報》3月5日）
居延零拾（簡）（饒宗頤／《金匱論古綜合刊》第一期）
釋漢簡中有關漢代社會性質諸例（黃烈／《歷史研究》6期）
一九五六年河南陝縣劉家灣漢唐墓葬發掘簡報（黃河水庫考古工作隊／《考古通訊》4期）
居延漢簡考釋兩種（馬衡／《考古通訊》1期）
長沙發掘報告（中國科學院考古研究所／科學出版社）
居延漢簡（圖版之部）（勞榦／《中央研究院歷史語言研究所專刊》21號）
居延漢簡（考證）（勞榦／《史語所集刊》第30本（上））

1958

璽印木簡中發現的古代醫學史料（陳直／《科學史集刊》1期）
升斗辨（賀昌群／《歷史研究》6期）
說簡牘（勞榦／《幼獅學報》第1卷第1期）

1959

居延漢簡考證（勞榦／《史語所集刊》第30本上）
武威縣發現大批漢簡（甘肅省博物館／《文物》10期）

新疆巴楚縣脫庫孜沙來古城發現的古代木簡、帶文字紙片等文物（新疆博物館／《文物》7期）

我國考古史上的空前發現——信陽長台關發掘一座戰國大墓(河南省文物工作隊第一隊／《文物參考資料》9期)

1960

長沙戰國時代楚出土帛畫考（孫祚雲／《人文雜誌》4期）

《居延漢簡甲編》釋文校正（陳直／《考古》4期）

《居延漢簡甲篇》校語（陳邦懷／《考古》10期）

《漢簡中關於食糧計量的「大」「少」二字釋義（作銘／《考古》10期）

《居延漢簡甲篇》釋文校正（續）（陳直／《考古》10期）

關於居延漢簡的發現和研究（陳公柔・徐萍芳／《考古》1期）

《關於居延漢簡的發現和研究》一文的商榷（陳直／《考古》8期）

關於居延漢簡（邵友誠／《人民日報》2月29日）

甘肅武威磨咀子6號漢墓（甘肅省博物館／《考古》5期）

甘肅武威磨咀子漢墓發掘簡報（甘肅省文物館／《考古》9期）

武威磨咀子漢墓出土王杖十簡釋文（考古研究所編輯室／《考古》9期）

甘肅武威磨咀子漢墓出土王杖十簡通考（陳直／《考古》3期）

關於馬鐙問題及武威漢代鳩杖詔令木簡（武伯綸／《考古》3期）

「王杖十簡」補釋（禮堂／《考古》5期）

武威漢簡文學弟子題字的解釋（陳直／《考古》10期）

武威漢簡在學術上的貢獻（甘肅省博物館／《考古》9期）

漢簡賸義之續（陳槃／《史語所集刊》外編第四種上冊）

論漢代玉門關的遷徙問題 （勞榦／《清華學報》新2卷1期）

敦煌漢簡校文（勞榦／居延漢簡釋文之部（再出））

漢代的「史書」與「尺牘」（勞榦／《大陸雜誌》第21卷第1、2期）

1961

《居延漢簡甲編》補釋（于豪亮／《考古》8期）
《居延漢簡甲編》校語增補（陳邦懷／《考古》8期）
有紀年漢簡資料年表（田中有／《漢文學會會報》20號）
漢簡賸義（陳槃／《清華學報》新2卷2期）
武威漢簡（《甘肅日報》3月2日）
甘肅武威磨咀子漢墓出土「王杖十簡」通考（陳直／《考古》3期）
武威漢簡文學弟子題字的解釋（陳直／《考古》10期）
新獲之敦煌漢簡（夏鼐／《考古學專刊》甲種第4號《考古學論文集》（再版））
關於馬鐙問題及武威漢代鳩杖詔令木簡（武伯綸／《考古》第3期）
簡牘研究史年表（田中有／《漢魏文化》2）

1962

簡談居延漢簡（陳直／《光明日報》1月20日）
居延漢簡札記（邵友誠／《考古》1期）
漢代大小斛（石）問題（高自強／《考古》2期）
居延漢簡概述（陳直／《歷史教學》4期）
居延漢簡牛籍校釋（沈元／《考古》8期）
居延漢簡的價值（馬國權／《藝林叢錄》第二冊）
《居延漢簡甲編》編成（《文匯報》1月28日）
六十年我國發現的竹木簡概述（陳直／《歷史教學》9期）
談新疆民豐尼雅遺址（史樹青／《文物》7－8期）

1963

長沙戰國繒書及其有關問題（安志敏．陳公柔／《文物》9期）
信陽長台關出土竹書考（史樹青／《北京師範大學學報》4期）
長沙戰國繒書及其有關問題（安志敏．陳公柔／《文物》9期）

漢簡考述（陳夢家／《考古學報》1 期）
古器物文字叢考（陳直／《考古》3 期）
大灣出土的西漢田卒簿籍（陳公柔・徐萍芳／《考古》3 期）
漢簡所見奉例（陳夢家／《文物》5 期）
漢書趙充國傳與居延漢簡的關係（陳直／《西北大學二十五屆校慶學術論文集》）
居延漢簡偶談（陳邦懷／《考古》10 期）
居延漢簡中的《省卒》（于豪亮／《文物》11 期）
論居延漢簡八事（陳直／《北京大學學報・人文科學》4 期）
漢簡臆談（一）（金少英／《甘肅師範大學學報》3 期）
漢簡郵驛資料釋例（樓祖詒／《文史》第 3 輯）
漢簡研究談（費海璣／《學宗》4 卷 3 期）
江蘇連雲港市海州网疃庄漢木槨墓（南京博物院／《考古》6 期）

1964

戰國楚帛書述略（商承祚／《文物》9 期）
江蘇鹽城三羊墩漢墓清理報告（江蘇文物管理委員會等／《考古》8 期）
居延漢簡考略（陳邦懷／《歷史教學》2 月號）
居延漢簡校釋（于豪亮／《考古》3 期）
漢簡所見居延邊塞與防禦組織（陳夢家／《考古學報》1 期）
居延「新」簡述略（費海璣／《大陸雜誌》28 卷 4 期）
敦煌新簡述略（費海璣／《思想與時代》122 期）
近代出土的竹木簡（李書華／《大陸雜誌》第 29 卷第 10、11 期）

1965

楚繒書十二月名覈論（饒宗頤／《大陸雜誌》30 卷 1 期）
漢簡年曆表敘（陳夢家／《考古學報》2 期）
玉門關與玉門縣（陳夢家／《考古》9 期）

武威「王杖十簡」商兌（郭沫若／《考古學報》2 期）

讀《武威漢簡》（陳邦懷／《考古》11 期）

居延漢簡中所見的「牧士」——漢簡論集之一（張春樹／《大陸雜誌》30 卷 9 期）

我所知道的漢簡（陳槃／《中美月刊自由談》16 卷 3 期）

竹木簡的起源與古今出土的竹木簡（李書華／《慶祝李濟先生七十歲論文集》上冊）

從木簡到紙的應用（勞榦／《國立中央圖書館館刊》新第 1 卷第 1 期）

1966

湖北江陵三座楚墓出土大批重要文物（湖北省文化局文物工作隊／《文物》5 期）

漢代邊地上鄉和里的結構 —居延漢簡論集之二（張春樹／《大陸雜誌》32 卷 3 期）

讀「簡」志疑瑣綴（王夢鷗／《政治大學學報》5 期）

從居延漢簡談到西北科學考察（李宗侗／《中央日報》2 月 17 日）

1967

楚繒書新考（上）（嚴一萍／《中國文字》26 期）

關於漢簡中縣里資料之研究（侯志漢／《幼獅學誌》6 卷 1 期）

居延漢簡中所見漢代人的身型與膚色（張春樹／《慶祝李濟先生七十歲論文集》（下冊））

1968

楚繒書新考（中、下）（嚴一萍／《中國文字》27 期、28 期）

楚繒書「䨓虘」解（金祥恆／《中國文字》28 期）

楚繒書疏證（饒宗頤／《史語所集刊》第 40 本）

楚繒書之摹本及圖像（饒宗頤／《故宮季刊》3 卷 2 期）

楚繒書文字拾遺（唐健垣／《中國文字》30 期）

讀「簡」志疑瑣綴（王夢鷗／《國立政治大學學報》13 期）

1969

論漢簡及其他漢文獻所載的黑色人種問題　《居延漢簡中所見漢代人的身型與膚色》讀後（楊希枚／《史語所集刊》第三十九冊（上冊））

儀禮漢簡本考證（王關仕／《台灣省立師範大學國文研究所集刊》第 11 冊上）

1970

額濟納河居延城與黑城的考察（劉衍淮／台灣《師大學報》15 號）

漢晉遺簡識小七種（陳槃／《中央研究院歷史語言研究所專刊》63）

武威漢簡文字考辨（李維棻／《人文學報》1 號）

1971

敦煌木簡符籙試釋（陳槃／《民族所集刊》第 32 期）

漢代邊塞上吏卒的日常工作——漢簡論集之四（張春樹／《食貨》復刊 1 卷 2 期）

漢簡賸義再續（陳槃／《史語所集刊》四十三本四分）

1972

戰國文字研究（六種）（朱德熙．裘錫圭／《考古學報》1 期）

關於長沙馬王堆一號漢墓的座談紀要（《考古》編輯部／《考古》5 期）

長沙馬王堆一號漢墓的若干問題考述（陳直／《文物》9 期）

有關長沙馬王堆漢墓的歷史地理問題（黃盛璋．鈕仲勛／《文物》9 期）

關於遣策（「座談長沙馬王堆一號漢墓」）（唐蘭／《文物》9 期）

長沙漢簡零釋（一）(二)（金祥恆／《中國文字》46、47 期）

漢晉遺簡綴小（陳槃／《食貨月刊》復刊 2 卷 9 期）

敦煌木簡符籙試釋（陳槃／《集刊》第 32 本）

吐魯番阿斯塔那——哈拉和卓古墓群清理簡報（新疆維吾爾自治區博物館／《文物》1期）

1973

信陽楚簡考釋（五篇）（朱德熙．裘錫圭／《考古學報》1期）
新發現的長沙戰國楚墓帛畫（湖南省博物館／《文物》7期）
湖北江陵藤店一號墓發掘簡報（荊州地區博物館／《文物》9期）
長沙漢簡零釋（三）（四）（金祥恆／《中國文字》51期、52期）
讀《〈老子〉第一章的句讀問題》答嚴靈峰先生（張揚明／《大陸雜誌》46卷4期）
讀馬王堆漢簡（周鳳五／《中國文字》48期）
湖北雲夢西漢墓發掘簡報（湖北省博物館．孝感地區文化局．雲夢縣文化館漢墓發掘組／《文物》9期）
雲夢西漢墓出土木方初釋（陳振裕／《文物》9期）
對「君幸酒」「君幸食」的解釋（杜迺松／《文物》9期）
武威旱灘坡漢墓發掘簡報——出土大批醫藥簡牘（甘肅省博物館．甘肅省武威縣文化館／《文物》12期）
武威漢代醫藥簡牘在醫學史上的重要意義（中醫研究院醫史文獻研究室／《文物》12期）
對武威漢醫藥簡的一點認識（羅福頤／《文物》12期）
中國古代的簡牘制度（錢存訓著．周寧森譯／《中國文化研究所學報》第6卷第1期）

1974

長沙馬王堆二、三號漢墓發掘簡報（湖南省博物館／中國科學院考古研究所《文物》7期）
長沙馬王堆漢墓帛書概述（曉菡／《文物》9期）
座談長沙馬王堆漢墓帛書（《文物》9期）
長沙馬王堆漢墓出土《老子》乙本卷前古佚書釋文（馬王堆漢墓帛書整理小組／《文物》10期）
漢初黃老思想和法家路線——讀長沙馬王堆三號漢墓出土帛書札記（程武／《文物》

10期）

《黃帝四經》初探（唐蘭／《文物》10期）

試談馬王堆漢墓中的帛書《老子》（高亨・池曦朝／《文物》11期）

馬王堆漢墓出土《老子》釋文（馬王堆漢墓帛書整理小組／《文物》11期）

試論馬王堆漢墓帛書《伊尹・九主》（凌襄／《文物》11期）

《五星占》附表釋文（馬王漢墓帛書整理小組／《文物》11期）

中國天文史上的一個重要發現——馬王堆漢墓帛書中的《五星占》（劉雲友／《文物》11期）

從馬王堆一號漢墓「遣策」談關於古隸的一些問題（裘錫圭／《考古》1期）

談談馬王堆三號漢墓的簡牘（附圖三幅）（周世榮／《光明日報》10月6日五版）

研究我國古代歷史、哲學思想和西漢初期儒法鬥爭有了新資料——長沙馬王堆第三號漢墓出土一批古佚書（《人民日報》8月19日）

長沙馬王堆三號漢墓出土的帛書（金鏞／《光明日報》10月6日）

馬王堆漢墓出土的帛書（何介鈞／《湖南日報》10月10日）

長沙馬王推三號漢墓出土帛書簡介（洪樓／《歷史研究》第1期）

年代最早的地圖——馬王堆三號漢墓出土《長沙國南部輿地圖》（單先進／《湖南日報》12月15日）

馬王堆二、三號漢墓發掘的主要收穫（考古研究所・湖南省博物館／《考古》第1期）

山東臨沂西漢墓發現《孫子兵法》和《孫臏兵法》等竹簡簡報（山東省博物館・臨沂文物組／《文物》2期）

臨沂銀雀山漢墓出土《孫子兵法》殘簡釋文（臨沂銀雀山漢墓竹簡整理小組／《文物》12期）

略談臨沂銀雀山漢墓出土的古代兵書殘簡（許獲／《文物》2期）

臨沂漢簡概述（羅福頤／《文物》2期）

《孫臏兵法》殘簡介紹（詹立波／《文物》3期）

臨沂出土漢初古曆初探（陳久金・陳美東／《文物》3期）

略談臨沂漢墓竹簡《孫子兵法》（詹立波／《文物》12期）

《孫子兵法》的作者及其時代——談談臨沂銀雀山一號漢墓《孫子兵法》竹簡

的出土（遵信／《文物》12 期）

從臨沂一號漢墓出土的竹簡看秦始皇「焚書」的革命措施（宗彥群／《文物》3 期）

從臨沂出土漢簡《晏子》殘章看《晏子春秋》中的批孔材料（路安／《文物》6 期）

從銀雀山竹簡看秦始皇焚書（衛今／《紅旗》7 期）

一部貫徹法家路線的古代軍事著作——讀竹簡《孫臏兵法》（楊泓／《考古》6 期）

《孫臏兵法》的哲學思想（任繼愈／《文物》3 期）

臨沂西漢墓出土的《孫子兵法》《孫臏兵法》竹簡（銀雀山漢墓竹簡整理小組 《文物》12 期）

著名的《孫子兵法》和失傳的《孫臏兵法》等竹簡在山東臨沂銀雀山發掘的西漢前期墓葬中發現（《人民日報》6 月 8 日）

從《孫臏兵法》看戰國時期的儒法鬥爭（鍾哲／《光明日報》6 月 20 日）

銀雀山竹簡與秦始皇焚書（諸文／《大眾日報》8 月 18 日）

湖北江陵鳳凰山西漢墓發掘簡報（長江流域第二期文物考古工作人員訓練班／《文物》6 期）

江陵鳳凰山漢墓簡牘及其在歷史地理研究上的價值（黃盛璋／《文物》6 期）

江陵鳳凰山 10 號漢墓簡牘初探（弘一／《文物》6 期）

湖北江陵鳳凰山 10 號漢墓出土簡牘考釋（裘錫圭／《文物》7 期）

海州西漢霍賀墓清理簡報（南京博物院・連雲港市博物館／《考古》3 期）

漢晉永元六年曆譜考（董作賓／《現代學報》1 卷 1 期）

漢代社祀的源流（勞榦／《集刊》第十一本）

新莽年號與新莽年號簡（馬先醒／《簡牘學報》1 期・1974 年又收入《漢簡與漢代城市》一書）

漢簡略說（馬先醒／《簡牘學報》1 卷 1 期）

余讓之漢簡學（馬先醒／《簡牘學報》1 卷 1 期）

簡牘文字中七、十、三、四、卅、　等問題（馬先醒／《簡牘學報》1 卷 1 期）

漢簡文獻提要（啓眾／《簡牘學報》十卷 1、2、3 期）

漢代軺車馬數與其價格（馬先醒／《簡牘學報》1 期）

蕭相國世家「錢三」、「錢五」諸家注商榷（馬先醒／《簡牘學報》1 期）

障塞釋名（方詩銘／《西北通訊》1－6）

江西南昌晉墓（江西省博物館／《考古》6 期）

1975

臨沂銀雀山漢墓出土《孫臏兵法》釋文（銀雀山漢墓竹簡整理小組／《文物》1 期）

孫臏和《孫臏兵法》雜考（楊伯峻／《文物》3 期）

從臨沂漢墓竹簡《吳問》看孫武的法家思想（吳樹平／《文物》4 期）

孫臏樸素的軍事辯證法（二〇八一部隊防化連理論小組／《文物》4 期）

讀臨沂漢簡中《孫武傳》（常弘／《考古》4 期）

大陸漢墓出土「孫子兵法」殘簡釋文之研究（魏汝霖／《東方雜誌》復刊號 9 卷 3 期）

馬王堆二、三墓發掘的主要收穫（中國科學院考古研究所寫作小組・湖南省博物館／《考古》1 期）

馬王堆帛書《戰國策》的史料價值（楊寬／《文物》2 期）

長沙馬王堆三號漢墓出土地圖的整理（馬王堆漢墓帛書整理小組／《文物》2 期）

戰國中期的合縱連橫戰爭和政治路線鬥爭——再談馬王堆帛書《戰國策》（楊寬／《文物》3 期）

馬王堆漢墓出土帛書《戰國策》釋文（馬王堆漢墓帛書整理小組／《文物》4 期）

帛書《別本戰國策》各篇的年代和歷史背景（馬雍／《文物》4 期）

帛書所記「張楚」國號與西漢法家政治（劉乃和／《文物》5 期）

馬王堆漢墓出土醫書釋文（一）（馬王堆漢墓帛書整理小組／《文物》6 期）

馬王堆漢墓出土醫書釋文（二）（馬王堆漢墓帛書整理小組／《文物》9 期）

馬王堆帛書《卻谷食氣篇》考（唐蘭／《文物》6 期）

法家路線和黃老思想——讀帛書《經法》（康立・衛今／《文物》7 期）

法家對黃老之學的吸收和改造——讀馬王堆帛書《經法》等篇（湯新／《文物》8 期）

關於帛書《戰國策》中蘇秦書信若干年代問題的商榷（曾鳴／《文物》8 期）

我國現已發現的最古醫方——帛書《五十二病方》（鍾益研・凌襄／《文物》9 期）

是《墨書》引《老子》，還是《淮南子》引《老子》？（田宜超・黃長羣／《文物》9 期）

馬王堆出土《老子》乙本卷前古佚書的研究——兼論其漢初儒法鬥爭的關係（唐蘭／《考古學報》1 期）

馬王堆出土《老子》乙本前古佚書探原（龍晦／《考古學報》2 期）

讀馬王堆出土的《老子》（（日）波多野太郎著・梁國豪譯／《明報》10 卷 4 期）

帛書《老子》所反映出的若干問題（徐復觀／《明報》10 卷 6 期）

《十大經》的思想和時代（康立／《歷史研究》2 期）

馬王堆帛書四種古醫學佚書簡介（中醫研究院醫史文獻研究室／《文物》6 期）

二千一百多年前的一幅地圖（譚其驤／《文物》2 期）

馬王堆漢墓出土地圖所說明的幾個歷史地理問題（譚其驤／《文物》6 期）

兩千一百多年前的地圖（王露攝影／《人民畫報》9 期）

關於湖北雲夢、江陵漢墓出土兩木牘——荊楚文史新記之一（陳祚龍／《簡牘學報》1 卷 3 期）

湖北江陵鳳凰山 168 號漢墓發掘簡報（紀南城鳳凰山 168 號漢墓發掘整理組／《文物》9 期）

關於鳳凰山 168 號漢墓座談紀要（《文物》9 期）

談談鳳凰山 168 號漢墓的出土文物（湖北省紀南城文物考古工作隊／《湖北日報》7 月 30 日 4 版）

從江陵鳳凰山出土的漢簡看文景時期的賦役政策（歷史系《中國古代史稿》編寫組／《武漢大學學報》－哲學社會科學版 5 期）

江蘇連雲港市海州西漢侍其繇墓（南波／《考古》3 期）

居延漢簡釋文（曬蘭本、台北本、甲編本）並錄諸簡釋文試斠（1）（馬先醒／《簡牘學報》1 卷 2 期・1975 年 5 月　又收入《漢簡與漢代城市》一書）

晒蘭本漢簡釋文中之復出簡及其有關諸問題（馬先醒／《簡牘學報》1 卷 2 期）

關於「晒藍本漢簡釋文」及其研究專號（馬先醒／《簡牘學報》1 卷 2 期）

勞貞一先生著晒藍本漢簡釋文中所保存之簡牘形制資料（馬先醒／《簡牘學報》1 卷 2 期・1975 年 5 月又收入《漢簡與漢代城市》一書）

裘善元舊藏漢簡之形制、內容及其有關諸問題（馬先醒／《簡牘學報》1卷3期．1975年10月又收入《漢簡與漢代城市》一書）

居延漢簡之原編號及其奪佚簡號表（馬先醒．陳茂進／《簡牘學報》1卷2期．1975年5月又收入《漢簡與漢代城市》一書）

勞貞一先生著晒藍本漢簡釋文集鈔——以居延漢簡釋文南溪本、上海本、台灣本均未著錄者爲限（馬先醒／《簡牘學報》1卷2期．1975年5月收入《漢簡與漢代城市》一書）

居延漢簡專刊本、晒藍本、甲編本並錄諸簡釋文試斠 （馬先醒／《簡牘學報》1卷2期）

簡牘堂隨筆（馬先醒／《簡牘學報》1卷2、3期）

1976

一篇浸透著奴隸思想的反面教材——談信陽長台關出土的竹簡（中山大學古文字研究室／《文物》6期）

湖北雲夢睡虎地11號秦墓發掘簡報（孝感地區第二期亦工亦農文物考古訓練班／《文物》6期）

湖北雲夢睡虎地十一座秦墓發掘簡報 （湖北孝感地區第二期亦工亦農文物考古訓練班／《文物》9期）

湖北省雲夢縣發掘十二座戰國末年至秦的墓葬，出土一批秦代的法律、文書竹簡（《人民日報》3月28日）

雲夢睡虎地秦簡概述（季勛／《文物》5期）

雲夢秦簡《大事記》簡述（曉菡／《光明日報》4月22日3版）

雲夢秦簡釋文（一）（雲夢秦墓秦簡整理小組／《文物》6期）

雲夢秦簡釋文（二）（雲夢秦簡秦簡整理小組／《文物》7期）

雲夢秦簡釋文（三）（雲夢秦墓秦簡整理小組／《文物》8期）

秦國法家路線的凱歌——讀雲夢出土秦簡札記（田昌五／《文物》6期）

《秦律》是新興地主階級反復辟的銳利武器（吳樹平／《文物》6期）

從雲夢秦簡《大事記》看秦統一六國和反復辟片鬥爭（上海市重型機械製造公司工人歷史研究小組／《文物》7 期）

《秦律》與秦朝的法家路線——讀雲夢出土的秦簡（林甘泉／《文物》7 期）

雲夢秦簡——秦始皇鞏固新興地主階級專政的重要歷史見證（北京新華印刷廠活版車間工人理論組・中國科學院歷史研究所《中國史稿》編寫組／《文物》8 期）

雲夢秦簡部分釋文（南郡守騰文書）（雲夢秦簡整理小組等／《光明日報》4 月 6 日）

從雲夢秦簡看秦始皇的反復辟鬥爭（華中師院／《湖北日報》4 月 21 日）

從雲夢秦簡看秦始皇鎮壓復辟勢力的必要性（施正／《光明日報》4 月 29 日）

加強上層建築領域中的革命專政——從《南郡守騰文書》看秦始皇堅持反復辟鬥爭 （鄭實／《光明日報》5 月 13 日）

秦國法家路線的凱歌——讀雲夢出土秦簡札記（田昌五／《文物》6 期）

孝感地區工農兵讀部分秦簡筆談（孝感地區亦工亦農文物考古訓練班／《文物》9 期）

秦始皇期反復辟鬥爭的歷史見證——談湖北雲夢出土的秦簡《南郡守騰文書》（鍾志誠／《華中師院學報》2 期）

《南郡守騰文書》與秦的法治路線（石言／《歷史研究》3 期）

秦始皇反復辟功績的歷史見證——讀最近出土的雲簡秦簡（蒙默／《四川大學學報》2 期）

從雲夢秦簡看秦代的反復辟鬥爭（龔發／《北京大學學報》4 期）

《南郡守騰文書》和秦的反復辟鬥爭（吉林大學考古專業／《考古》3 期）

秦代竹簡首次出土（十五幅）（文物出版社／《人民畫報》7 期）

雲夢縣出土一批秦代竹簡（六幅）（《解放軍畫報》7 期）

一篇反擊復辟派的戰鬥檄文——讀《南郡守騰文書》（北京第二機床廠／《考古》5 期）

從雲夢秦簡看秦代的階級變動（湖北省化工廠等／《光明日報》8 月 12 日）

對大陸漢墓出土「孫臏兵法」之研究（魏汝霖／《東方雜誌》10 卷）

論銀雀山出土孫子佚文（鄭良樹／《書目季刊》10 卷 2 期）

臨沂銀雀山漢墓出土《王兵》篇釋文（銀雀山漢墓竹簡整理小組／《文物》12 期）

《孫臏兵法・擒龐涓》中幾個城邑問題的探討（四川省建築機械製造廠工人趙振鎧／

《文物》10 期）

江陵鳳凰山 8 號漢墓竹簡試釋（金立／《文物》6 期）

江陵鳳凰山 167 號漢墓發掘簡報（鳳凰山 167 號漢墓發掘整理小組／《文物》10 期）

鳳凰山 167 號漢墓遣策考釋（吉林大學歷史系考古專業赴紀南城開門辦學小分隊／《文物》10 期）

鳳凰山 167 號漢墓所見漢初地主階級喪葬禮俗（吉林大學考古專業七三級工農兵學員．紀烈敏．張伯忠．陳雍／《文物》10 期）

從江陵鳳凰山 168 號墓看漢初法家路線（舒之梅／《考古》1 期）

「法令滋彰」還是「法物滋彰」？——讀帛書本《老子》札記（礪冰／《歷史研究》2 期）

馬王堆三號漢墓出土駐軍圖整理簡報（馬王堆漢墓帛書整理小組／《文物》1 期）

馬王堆漢墓出土的守備圖探討（詹立波／《文物》1 期）

再談黃老思想和法家路線——讀長沙馬王堆三號漢墓出土帛書札記之二（田昌五／《文物》4 期）

《老子》在戰國時可能只有一種道家傳本（邱錫昉／《文物》11 期）

大陸出土帛書《老子》蠡測（袁宙宗／《黃埔月刊》294 期）

黃老思想與道法關係——讀帛書《經法》（俊奎／《破與立》3 期）

論帛書本戰國策的分批及命名（鄭良樹／《珠海學報》9 期）

有關馬王堆古地圖的一些資料和幾方漢印（周世榮／《文物》1 期）

光化五座西漢墓（湖北省博物館／《考古學報》2 期）

簡牘通考（馬先醒／《簡牘學報》4 期）

1977

雲夢秦簡《編年記》初步研究（黃盛璋／《考古學報》1 期）

略論雲夢秦簡（陳直／《西北大學學報．哲學社會科學版》1 期）

秦代社會的階級和階級關係——讀雲夢秦簡札記之一（吳樹平／《文物》7 期）

秦律中「隸臣妾」問題的探討（高恒／《文物》7 期）

從雲夢秦簡看秦代的主要矛盾（唐贊功／《歷史研究》5 期）

論秦律的階級本質——讀雲夢秦律札記（吳榮曾／《歷史研究》5 期）

從雲夢秦簡看秦代的主要矛盾（鄭實／《武漢大學學報》6 期）

秦律中「隸臣妾」問題的探討——兼批四人幫的法家「愛人民」的謬論（高恒／《文物》7 期）

影射史學的一個黑標本——批《從雲夢秦簡看秦代的反復辟鬥爭》（黃盛璋／天津師院學報》6 期）

關於「江陵承」告「地下承」（陳直／《文物》12 期）

關於江陵鳳凰山 168 號漢墓的幾個問題（黃盛璋／《考古》1 期）

關於鳳凰山 168 號漢墓天平衡桿文字的釋讀問題（鍾志誠／《文物》1 期）

銀雀山簡本《尉繚子》釋文（附校注）（銀雀山漢墓竹簡整理小組／《文物》2 期、3 期）

《尉繚子》初探（何法周／《文物》2 期）

《孫臏兵法・擒龐涓》篇釋地（黃盛璋／《文物》2 期）

馬王堆漢墓出土帛書《春秋事語》釋文（馬王堆漢墓帛書整理小組／《文物》1 期）

《春秋事語》解題（張政烺／《文物》1 期）

馬王堆漢墓帛書《相馬經》釋文（馬王堆漢墓帛書整理小組／《文物》8 期）

關於馬王堆漢墓帛書《相馬經》的探討（謝成俠／《文物》8 期）

馬王堆帛書解開了思孟五行說之謎——帛書《老子》甲本卷後古佚書之一的初步研究（龐樸／《文物》10 期）

大葆台西漢木槨墓發掘簡報(北京市古墓發掘辦公室／《文物》6 期)

試談大葆台西漢墓的「梓官」、「便房」、「黃腸題湊」（魯琪／《文物》6 期）

居延漢簡中甲渠障塞所屬的序數燧 （吳昌廉／《簡牘學報》第五期・又收入《勞貞一先生七秩榮慶論文集》 簡牘學會編）

居延漢簡中之昌邑王國簡及其有關問題（張壽仁／《簡牘學報》第五期・又收入《勞貞一先生七秩榮慶論文集》簡牘學會編）

漢簡中之河西物價資料（朱楠／《簡牘學報》第五期・又收入《勞貞一先生七秩榮慶論文集》簡牘學會編）

居延漢簡之版本與編號（馬先醒／《簡牘學報》第五期・又收入《勞貞一先生七秩榮慶論文

集》簡牘學會編）

漢晉西域與祖國文明（汪寧生／《考古學報》1 期）

1978

戰國楚簡概述（中文系古文字研究室楚簡整理小組／《中山大學學報・哲學社會科學》4 期）

江陵天星觀 1 號楚墓出土大批竹簡（《光明日報》7 月 23 日）

從出土秦簡帛書看秦漢早期隸書（吳白匋／《文物》2 期）

嗇夫考——讀雲夢秦簡札記（鄭實／《文物》2 期）

秦漢「士伍」的身分與階級地位（劉海年／《文物》2 期）

雲夢秦簡中所見的歷史新證舉例（馬非百／《鄭州大學學報・哲學社會科學版》2 期）

關於秦時服役者的年齡問題探討——讀雲夢秦簡札記（高敏／《鄭州大學學報・哲學社會科學版》2 期）

雲夢秦墓牒記考釋（傅振倫／《社會科學戰線》4 期）

從秦簡看秦國貨幣關係發展狀況（吳榮曾／《文物》5 期）

《秦律》是地主階級壓迫剝削農民階級的工具——讀《雲夢秦簡》札記（高敏／《鄭州大學學報》1 期）

秦代賦稅徭役制度初探（熊鐵基／《華中師院學報》1 期）

斥「四人幫」在秦代史上的反動謬論（詹越／《考古》3 期）

試談銀雀山漢墓竹書《孫子兵法》（曾憲通／《中山大學學報・哲學社會科學版》5 期）

關於《尉繚子》某些問題商榷（鍾兆華／《文物》5 期）

《孫臏兵法・官一》試解（張震澤／《遼寧大學學報》1 期）

阜陽雙古堆西漢汝陰侯墓發掘簡報（安徽省文物工作隊・阜陽地區博物館・阜陽縣文化局／《文物》8 期）

江陵鳳凰山 10 號漢墓出土木牘「共侍」兩字釋義（沙孟海／《社會科學戰線》4 期）

廣西貴縣羅泊灣 1 號墓發掘簡報（廣西壯族自治區文物工作隊／《文物》9 期）

馬王堆帛書《天文氣象雜占》簡述（顧鐵符／《文物》2 期）

黃老帛書的哲學思想（鍾肇鵬／《文物》2 期）

談帛畫《導引圖》中的「胠積」（李今庸／《文物》2 期）
再論《戰國縱橫家書》第四篇及其有關的年代問題（馬雍／《文物》12 期）
《老子》甲本卷後古佚書之一釋文校補選錄（徐洪火／《西南師院學報》2 期）
帛書《老子》甲乙本與今本《老子》勘校札記（高明／《文物資料叢刊》2 期）
馬王堆漢墓帛書《春秋事語》和《左傳》的事、語對比研究（徐仁甫／《社會科學戰線》4 期）
居延漢簡「標號」與出土地點關係探微（吳昌廉／《簡牘學報》第六期）
新方法與新數字——跋《居延漢簡》「標號」與出土地點關係探微（馬先醒／《簡牘學報》第六期）
居延漢簡中昌邑王國簡之斷代（張壽仁／《簡牘學報》第六期）
簡牘之斷代、接合與編聯——跋《居延漢簡中昌邑王國簡之斷代》（馬先醒／《簡牘學報》第六期）
居延漢簡、敦煌漢簡中所見之病例與藥方值（張壽仁／《簡牘學報》第六期）
簡牘文字之藝術觀——居延漢簡（張壽仁／《簡牘學報》第六期）
居延漢簡補編（馬先醒／《簡牘學報》第六期）
關於第 148.10 號「居延漢簡」（馬先醒／《簡牘學報》第六期）
「居延漢簡」吏卒籍貫地名索引（林振東／《簡牘學報》第六期）
居延漢代遺址的發掘和新出土的簡冊文物（甘肅居延考古隊／《文物》1 期）
「建武三年候粟君所責寇恩事」釋文（甘肅居延考古隊簡冊整理小組／《文物》1 期）
居延考古發掘的新收穫（徐萍芳／《文物》1 期）
「粟君所責寇恩事」簡冊略考（蕭亢達／《文物》1 期）
略釋漢代獄辭文例——一份治獄材料初探（俞偉超／《文物》1 期）
談「張掖都尉棨信」（李學勤／《文物》1 期）
談居延漢簡中「＝」號的用法（曹懷玉／《甘肅師大學報》－哲學社會科學版 1 期）
也談「＝」號的用法（韓文發／《甘肅師大學報》－哲學社會科學版 3 期）
我國古代竹木簡發現、出土情況（資料）（舒學／《文物》1 期）
簡牘堂隨筆——漢邊郡武職之級數及其職稱（啓眾／《簡牘學報》1978 年）

1979

湖北隨縣曾侯乙墓發掘簡報（隨縣擂鼓堆1號墓考古發掘隊／《文物》7期）

從「雲夢秦簡」看「秦律」的階級本質（劉海年等／《學術研究》1期）

雲夢秦簡辨正（黃盛璋／《考古學報》1期）

從雲夢秦簡看秦代刑律及其階級本質（黃賢俊／《西南政法學院學報》2期）

「有秩」非「嗇夫」辨——談雲夢秦簡札記兼與鄭實同志商榷（高敏／《文物》3期）

釋《南郡守騰文書》——讀雲夢秦簡札記（熊鐵基／《中國史研究》3期）

《吏誰從軍》解——讀雲夢秦簡札記（熊克／《中國史研究》3期）

秦代的郵政制度（熊鐵基／《學術研究》3期）

論《秦律》中的「嗇夫」一官（高敏／《社會科學戰線》1期）

秦法和秦人執法——讀《睡虎地秦墓竹簡》淺識（陳抗生／《江陵論壇》3期）

「雲夢秦簡」簡介——附：對「爲吏之道」及墓主喜職務性質的臆測（邢義田／《食貨月刊》9期）

秦軍功爵制簡論（朱紹侯／《河南師大學報》6期）

從近年湖北出土的秦漢簡牘看地主階級對殘存奴隸制的政策（舒之梅／《江漢歷史學叢刊》1期）

談談秦漢史和秦漢考古的研究（陳直／《中國史研究》3期）

從雲夢秦簡看秦代的法律制度（林劍鳴／《西北大學學報》3期）

關於銀雀山簡本《孫子》研究的商榷——《孫子》著作時代和作者的重議（李零／《文史》七輯）

《孫臏兵法・陳忌問壘》校理（張震澤／《遼寧大學學報》1期）

論帛書本《老子》（鄭良樹／《書目季刊》13卷2期）

讀《經法》（郭元興／《中華文史論叢》10期）

帛書《五行篇》校注（龐樸／《中華文史論叢》12期）

是「觸龍」還是「觸讋」？（管見／《實踐》2期）

關於帛書《駐軍圖》的幾個問題（朱桂昌／《考古》6期）

談西漢帛畫《導引圖》中的「引胠積」（沈壽／《文物》3期）

談西漢帛畫《導引圖》中的「引𤸇」（沈壽／《文物》9 期）

陝西咸陽馬泉西漢墓發掘簡報（咸陽市博物館／《考古》2 期）

江蘇盱眙東陽漢墓（南京博物院／《考古》5 期）

居延第一批漢簡與漢史的關係（陳直／《西北大學學報・哲學社會科學版》1 期）

居延出土《甘露二年丞相御史律令》簡牘考釋（伍德煦／《甘肅師大學報・哲學社會科學版》4 期）

跋居延出土的寇恩爰書（許倬雲／《陶希聖先生八秩榮慶論文集》）

從漢簡看漢代邊塞的俸廩制（管東貴／《陶希聖先生八秩榮慶論文集》）

居延漢簡繫年考略稿（吳昌廉／《簡牘學報》）

居延漢簡「候史廣德坐罪行罰檄」（甘肅居延漢簡整理小組／《文物》1 期）

釋「秦胡」——讀新出居延漢簡「甲渠言部吏毋作使屬國秦胡盧水士民書札記」（方詩銘／《中國歷史博物館館刊》1 期）

居延出土的「候史廣德坐不循行部」檄（徐元邦・曹延尊／《考古》2 期）

居延《塞上烽火品約》冊（薛英群／《考古》4 期）

「塞上烽火品約」釋文（甘肅省居延考古隊簡冊整理小組／《考古》4 期）

居延、敦煌發現的《塞上蓬火品約》——兼論漢代的烽火制度（徐苹芳／《考古》5 期）

關於新發現的居延漢簡的幾個問題（裘錫圭／《中國史研究》4 期）

西北漢簡淺說 （黎泉／《書法》5 期）

1980

戰國以前竹簡蠡測（陳煒湛／《中山大學學報・哲學社會科學版》4 期）

戰國時代的「 料 」和秦漢時代的「半」（朱德熙・裘錫圭／《文史》第八輯）

楚月名初探——兼談昭固墓竹簡的年代問題（曾憲通／《中山大學學報》1 期）

戰國楚竹簡文字略說（馬國權／《古文字研究》3 輯）

雲夢秦簡所見官職述略（于豪亮／《文史》第 8 輯）

秦律「葆子」釋義（張政烺／《文史》第 9 輯）

「隸臣妾」辨（林劍鳴／《中國史研究》2 期）

雲夢秦簡兩封家信中有關歷史地理的問題（黃盛璋／《文物》8 期）

秦國封建社會各階級分析——讀《睡虎地雲夢秦簡》札記（林劍鳴／《西北大學學報》2 期）

戰國時期秦封建法制的發展——讀《睡虎地秦墓竹簡》札記（崔春華／《遼寧大學學報》5 期）

「睡簡」雜辨（陳抗生／《中國歷史文獻研究集刊》一）

秦律中的徭、戍問題——讀雲夢秦簡札記（高恒／《考古》6 期）

睡虎地秦簡《編年記》的作者及其思想傾向（高慶夫／《文史哲》4 期）

《睡虎地秦墓竹簡》的法家思想（王煜／《中華文化復興月刊》1 期）

雲夢「秦律」簡論（黃展岳／《考古學報》1 期）

略論雲夢「秦律」的性質（陳玉璟／《江淮論壇》1 期）

從雲夢出土的竹簡看秦代的法律制度（劉海年／《學習與探索》2 期）

說「柙」（孫機／《文物》10 期）

「嗇夫」辨正——讀雲夢秦簡札記（高恒／《法學研究》3 期）

關於布幣的三個問題——讀雲夢出土秦簡《金布律》札記（趙德馨・周秀鸞／《社會科學戰線》4 期）

「南郡備警」說質疑（晁福林／《江漢論壇》6 期）

雲夢秦簡——奴隸制社會的新證（宋敏／《東北師大學報》12 期）

從雲夢出土的竹簡看秦代的法律制度（劉海年／《學習與探索》2 期）

秦漢嗇夫考（錢劍夫／《中國史研究》1 期）

關於秦史若干問題的辨析（黃灼耀／《華南師院學報》1 期）

大庭脩《雲夢出土竹簡秦律之研究》（林錦生譯／《簡牘學報》七）

舉世笑談「睡虎地秦墓竹簡」——大庭脩、湖維泗二博士竹書秦律論文書后（馬先醒／《簡牘學報》七）

一九七五年湖北發現之秦文物（A.F.P Hvisewé　原著・詹泓隆・詹益熙譯《簡牘學報》七）

《孫臏兵法・篡卒》篇校理（張震澤／《遼寧大學學報》5 期）

關於「尉繚子」的著錄和成書（張烈／《文史》八輯）

《孫臏兵法》「禽龐涓」解（馬雍／《文史》九輯）

長沙馬王堆漢軑侯妻辛追墓出土隨葬遣策考釋（唐蘭（遺著）／《文史》十輯）

馬王堆一號漢墓冊遣考釋補正（朱德熙・裘錫圭／《文史》十輯）

《黃帝四經》思想探原（魏啓鵬／《中國哲學》4 期）

評有關帛書《老子》的論述（華鍾彥／《河南師大學報》1 期）

馬王堆《老子》甲乙本卷前後佚書與「道法家」——兼論《心術上》《白心》為慎到田駢學派作品（裘錫圭／《中國哲學》2 期）

西漢帛畫《導引圖》解析（沈壽／《文物》9 期）

江陵鳳凰山 168 號漢墓天平衡桿文字釋讀（駢宇騫／《社會科學戰線》4 期）

西漢始元七年出入六寸符券（傅振倫／《文史》十輯）

居延簡冊《甘露二年丞相御史律令》考述（初仕賓／《考古》2 期）

古代居延道路（王北辰／《歷史研究》3 期）

居延新出土的甘露二年「詔所逐驗」簡考釋（徐元邦・曹延尊／《考古與文物》3 期）

漢代居延邊塞的醫藥制度（馬明達／《甘肅師大學報》4 期）

關於《粟君責寇恩簡》的一處釋文（陳仲安／《文史》第七輯）

東漢建武塞上烽火品約考釋 （傅振倫／《考古與文物》2 期）

《墨子・備城門》等篇與居延漢簡（陳直／《中國史研究》1 期）

居延漢簡考略（陳邦懷／《中華文史論叢》2 期）

居延漢簡所見郡國縣邑鄉里統屬表（吳昌廉／《簡牘學報》七）

居延漢簡所見之「簿」「籍」述略（吳昌廉／《簡牘學報》七）

恢復居延漢簡之舊觀——居延漢簡復原工作報告序（吳昌廉／《簡牘學報》七）

尙志齋隨筆——永田氏「試論居延漢簡中的候官」質疑・居延漢簡中的郵書・略論中國上古的「弩」（陳鴻琦／《簡牘學報》七）

地灣出土之漢武帝詔書（羅玉珍／《簡牘學報》七）

大灣出土之漢代「奉用錢簿」（謝素珍／《簡牘學報》七）

瓦因托尼出土之漢代食簿（一）（二）（三）（何家英・夏自華・賴惠蘭／《簡牘學報》七）

永田英正「試論居延漢簡中的『候官』——以破城子出土的『詣官』簿為中心」

（陳鴻琦譯／《簡牘學報》七）

居延漢簡標號一六二號之整理及有關問題淺探（邱玉蟾・于寶倩／《簡牘學報》七）

釋居延之「署」（蔡慧瑛／《簡牘學報》七）

由居延漢簡看大男大女使女未使男未使女小男小女的問題（耿慧玲／《簡牘學報》七）

讀史隨筆四則——居延漢簡中之糧倉（劉欣／《簡牘學報》七）

「居延漢簡補編」勘正（劉欣／《簡牘學報》七）

「居延漢簡補編」志疑（張壽仁／《簡牘學報》七）

簡牘形制研究（馬先醒／國際漢學會議歷史與考古組報告）

簡牘之編寫次第與編卷典藏（馬先醒／《簡牘學報》七）

簡牘文書之版式與標點符號（馬先醒／《簡牘學報》七）

篇卷與竹帛（馬先醒／《簡牘學報》七）

簡牘形制（馬先醒／《簡牘學報》七）

筆削與汗青　（馬先醒／《簡牘學報》七）

簡牘質材（馬先醒／《簡牘學報》七）

簡牘本之經史子集（馬先醒／《簡牘學報》七）

《簡牘檢署考》校注（一）（王聿府／《簡牘學報》七）

漢代米與粟及大石與小石之換算與秦數用六關係之推測（張壽仁／《簡牘學報》七）

勞榦「早期中國符契的使用」（鄭志民譯／《簡牘學報》七）

歐洲學人與漢晉簡牘（馬先醒／《簡牘學報》七）

符傳述略（何智霖／《簡牘學報》七）

符牘釋義（馬先醒／《簡牘學報》七）

簡牘初現朝野傾動（馬先醒／《簡牘學報》七）

簡牘蹤跡（馬先醒／《簡牘學報》七）

簡牘時代（馬先醒／《簡牘學報》七）

簡牘研究與世界華學中心之轉移（馬先醒／《世界華學季刊》1卷1期）

竹木簡（徐元邦・曹延尊／《歷史教學》11期）

對近代漢簡著錄方式的回顧和期望附錄漢簡研究文獻目錄（邢義田／《史學評論二》）

居延漢簡研究取得的成效（《人民日報》11月27日3版）

1981

珍貴的雲夢秦簡（舒之梅／《雲夢秦簡研究》）

讀雲夢秦簡編年紀書後（馬雍／《雲夢秦簡研究》）

秦的官府手工業（吳榮曾／《雲夢秦簡研究》）

雲夢秦簡所涉及土地所有制形式問題初探（唐贊功／《雲夢秦簡研究》）

秦代的土地所有制（熊鐵基・王瑞明／《雲夢秦簡研究》）

雲夢秦簡所反映的秦代社會階級狀況（吳樹平／《雲夢秦簡研究》）

秦簡中的奴隸（于豪亮／《雲夢秦簡研究》）

秦簡中的私人奴婢問題（高恒／《雲夢秦簡研究》）

秦簡所反映的軍事制度（于豪亮・李均明／《雲夢秦簡研究》）

秦律刑罰考析（劉海年／《雲夢秦簡研究》）

秦簡中與職官有關的幾個問題（高恒／《雲夢秦簡研究》）

嗇夫初探（裘錫圭／《雲夢秦簡研究》）

秦朝時期的亭（高敏／《雲夢秦簡研究》）

秦王朝關於少數民族的法律及其歷史作用（于豪亮／《雲夢秦簡研究》）

秦簡與墨子城守各篇（李學勤／《雲夢秦簡研究》）

秦律「集人」音義（張政烺／《雲夢秦簡研究》）

秦簡日書記時記月諸問題（于豪亮／《雲夢秦簡研究》）

秦簡的古文字學考察（李學勤／《雲夢秦簡研究》）

雲夢秦簡資料、論著目錄（《雲夢秦簡研究》）

睡虎地秦簡《編年記》考證（韓連琪/《中華文化論叢》2期）

《睡虎地秦墓竹簡》中的數詞和量詞（曾仲珊／《求索》2期）

關於秦律中的「居」——《睡虎地秦墓竹簡》注釋質疑（張銘新／《考古》1期）

秦國「什伍」、「伍人」考——讀雲夢秦簡札記（羅開玉／《四川大學學報・哲學社會科學版》2期）

雲夢出土竹簡秦律之研究（大庭脩著、林錦生譯／《簡牘學報》7）

從秦律「瀆職罪」看秦代對官吏玩忽職守的處分（黃展岳／《光明日報》6 月 8 日 4 版）

古代分期問題的考古學觀察(一)(俞偉超／《文物》5 期)

雲夢秦簡與秦漢史研究——以日本的研究成果爲中心（高明士／《食貨月刊》1－3 卷）

從雲夢秦簡看秦代的奴隸制（李裕民／《中國考古學會第一次年會論文集》）

銀雀山簡本《孫子》校讀舉例（李零／《中華文史論叢》4 期）

馬王堆醫書考證譯釋問題探討（何宗禹／《中華醫史雜誌》2 期）

青海大通縣上孫家寨 115 號漢墓（青海省文物考古工作隊／《文物》2 期）

大通上孫家寨漢簡釋文（國家文物局古文獻研究室．大通上孫家寨漢簡整理小組／《文物》2 期）

上孫家寨木簡初探（朱國昭／《文物》2 期）

河北定縣 40 號漢墓發掘簡報（河北省文物研究所／《文物》8 期）

定縣 40 號漢墓出土竹簡簡介（國家文物局古文獻研究室．河北省博物館．河北省文物研究所定縣漢墓竹簡整理小組／《文物》8 期）

《儒家者言》釋文（國家文物局古文獻研究室．河北省博物館．河北省文物研究所．定縣漢墓竹簡整理小組／《文物》8 期）

《儒家者言》略說（何直剛／《文物》8 期）

從定縣漢墓竹簡看西漢隸書（王東明．馮景昶．羅揚／《文物》8 期）

江蘇邗江胡場 5 號漢墓（揚州博物館．邗江縣圖書館／《文物》11 期）

敦煌漢簡校文補正（方詩銘／《秦漢史論叢》第一輯）

流沙墜簡釋文校正（李均明／《文史》第十二輯）

居延漢簡中所見西漢屯田二、三事（宋治民／《四川大學學報・哲學社會科學版》2 期）

關於新出甘露二年御史書（裘錫圭／《考古與文物》1 期）

《關於新出甘露二年御史書》一文的更正信（裘錫圭／《考古與文物》3 期）

居延漢簡《責寇恩事》的幾個問題（初仕賓．肖亢達／《考古與文物》3 期）

甘肅漢簡概述（余堯／《甘肅師範大學學報》2 期）

玉門關與玉門關候（吳礽驤／《文物》10 期）

「大石」、「小石」考辨——兼論「大」、「少」二字之含義（曹懷玉／《寧夏大學學報・哲學社會科學版》1 期）

敦煌馬圈灣漢代烽燧遺址發掘簡報（甘肅省博物館・敦煌縣文化館／《文物》10 期）

漢簡所見太守、都尉二府屬吏（陳夢家／《漢簡綴述》）

西漢都尉考（陳夢家／《漢簡綴述》）

漢簡所見奉例（陳夢家／《漢簡綴述》）

關於大小石、斛（陳夢家／《漢簡綴述》）

漢代烽燧制度（陳夢家／《漢簡綴述》）

河西四郡的設置年代（陳夢家／《漢簡綴述》）

漢武邊塞考略（陳夢家／《漢簡綴述》）

漢居延考（陳夢家／《漢簡綴述》）

西漢施行詔書目錄（陳夢家／《漢簡綴述》）

武威漢簡補述（陳夢家／《漢簡綴述》）

由實物所見漢代簡冊制度（陳夢家／《漢簡綴述》）

東漢建武塞上「烽火品約」考釋（傅振倫／《考古與文物》2 期）

漢簡零拾 （裘錫圭／《文史》十二輯）

居延漢簡釋叢（于豪亮／《文史》十二輯）

居延漢簡釋地（于豪亮／《考古與文物》4 期）

漫談簡牘（初聞／《文物天地》4 期）

樓蘭遺跡考察簡報（侯燦 《歷史地理》創刊號）

國內外學者研究漢簡情況綜述（趙汝清／《寧夏大學學報》4 期）

西漢時期的玉門關和敦煌郡的西境（馬雍／《中國史研究》1 期）

斯坦因在第三次中亞探險中收集的文書與馬伯樂的研究（仁井田陞・姜慶譯／《中國史研究動態》4 期）

漢代河西四郡的建置年代與開拓過程的推測（張春樹／中國秦漢史研究會蘭州大學歷史系翻印本）

1982

從楚簡考證侗族與楚苗之間的關係（林河／《貴州民族研究》1 期）

釋屯（ 陳煒湛／《中山大學學報》2 期）

青川縣出土秦更脩田律木牘——四川青川縣戰國墓發掘簡報（四川省博物館・青川縣文化館／《文物》1 期）

青川秦墓木牘內容探討（林劍鳴／《考古與文物》6 期）

釋青川秦墓木牘（于豪亮／《文物》1 期）

青川出土木牘文字簡考（李昭和／《文物》1 期）

釋青川秦牘的田畝制度（楊寬／《文物》7 期）

青川新出秦田律木牘及其相關問題（黃盛璋／《文物》9 期）

青川郝家坪木牘研究（李學勤／《文物》9 期）

關於竹書《禽龐涓》之「禽」字（陳漢平／《文物》10 期）

有關秦和漢初丞相二、三事（李光霽／《天津社會科學》2 期）

秦「隸臣妾」爲官奴婢論（蘇誠鑒／《江淮論壇》1 期）

雲夢秦簡的發現與秦律研究（劉海年／《法學研究》1 期）

「隸臣妾」是秦的官奴婢（宮長爲・宋敏／《中國史研究》1 期）

睡虎地秦墓竹簡通假字初探（王美宜／《寧波師專學報》1 期）

秦在巴蜀地區的民族政策試析（羅開玉／《民族研究》4 期）

秦律貲罰制度述論（呂名中／《中南民族學院學報》3 期）

秦國鄉、里、亭新考（羅開玉／《考古與文物》5 期）

秦律中「隸臣妾」性質再探討（陳玉璟／《阜陽師專學報》2 期）

淺談秦代經濟管理中對官吏的幾種規定（宮長爲／《東北師範大學學報》6 期）

從雲夢秦簡看秦的生產關係（楊巨中／《人文雜誌》增刊）

《睡虎地秦墓竹簡》注釋商榷一、二（裘錫圭／《文史》十三輯）

秦漢郡守兼掌軍事略說（施丁／《文史》十三輯）

論雲夢《大事記》之史料價值（鄭良樹／《竹簡帛書論文集》）

讀雲夢《大事記札記》（鄭良樹／《竹簡帛書論文集》）

從〈雲夢秦簡〉探討巴蜀史上的三個問題（陶元甘／《成都大學學報》1 期）

江陵天星觀 1 號楚墓(湖北省荊州地區博物館／《考古學報》1 期)

江陵馬山磚瓦廠 1 號楚墓出土大批戰國時期絲織品(湖北省荊州地區博物館／《文物》10 期)

江陵馬山磚瓦廠 1 號墓出土的戰國絲織品(陳躍鈞、張緒球／《文物》10 期)

江陵馬山磚瓦廠 1 號墓所見葬俗述略(彭浩／《文物》10 期)

秦漢之安陸並非新地域（劉玉堂／《文物》3 期）

論《孫子》的作成時代（鄭良樹／《竹簡帛書論文集》）

論銀雀山出土《孫子》佚文（鄭良樹／《竹簡帛書論文集》）

《孫子》續補（鄭良樹／《竹簡帛書論文集》）

《尉繚子》斠證（鄭良樹／《竹簡帛書論文集》）

論帛書本《老子》（鄭良樹／《竹簡帛書論文集》）

《春秋事語》校釋（鄭良樹／《竹簡帛書論文集》）

帛書本《戰國策》校釋（鄭良樹／《竹簡帛書論文集》）

從鳳凰山簡牘看文景時期的農業生產（陳振裕／《農業考古》1 期）

鳳凰山漢墓遣策補釋（彭浩／《考古與文物》6 期）

江蘇連雲港市花果山出土的漢代簡牘（李洪甫／《考古》5 期）

珍貴的銀雀山竹書（吳九龍／《百科知識》7 期）

談幾條簡文的詮釋（薛英群／《西北師院學報》4 期）

《居延漢簡甲乙編》釋文商榷（一）（裘錫圭／《人文雜誌》2 期）

《居延漢簡甲乙編》釋文商榷（二）（裘錫圭／《人文雜誌》3 期）

《居延漢簡甲乙編》釋文商榷（三）（裘錫圭／《人文雜誌》4 期）

《居延漢簡甲乙編》釋文商榷（四）（裘錫圭／《人文雜誌》5 期）

居延漢簡札記 （陳連慶／《東北師範大學學報》7 期）

對居延簡冊《甘露二年丞相御史律令》考述的商榷（朱紹侯／《河南師範大學學報》4 期）

評陳夢家著《漢簡綴述》（方詩銘／《中國史研究》4 期）

《居延漢簡甲、乙編》釋文補正舉偶（謝桂華．李均明／《歷史研究》5 期）

雅因托尼出土廩食簡的整理與研究（陳公柔．徐萍芳／《文史》13 輯）

秦漢時代的丞相和御史——居延漢簡解讀筆記（林劍鳴／《蘭州大學學報》3 期）
西漢適令男子戍邊三日說質疑（于豪亮／《考古》4 期）
西漢對法律的改革（于豪亮／《中國史研究》2 期）
試論秦漢「正卒」徭役（錢劍夫／《中國史研究》3 期）
也談漢代田稅徵課中的若干問題（羅鎮岳／《中國史研究》3 期）
漢屯田勞動者所受剝削之性質與數額上的差異（趙儷生／《西北師院學報》2 期）
試論兩漢的土地所有制和社會經濟結構（趙儷生／《文史哲》5 期）
從居延漢簡看內蒙額濟納旗的古代社會經濟狀況（高敏／《絲路訪古》甘肅人民出版社）
漢代的敦煌郡（吳礽驤・余堯／《西北師院學報》2 期）
關於漢代軍隊編制的幾個問題（宋治民／《考古與文物》5 期）
新出土秦漢簡牘書法（王東明・羅揚／《中國書法》1 期）
七十年來出土的秦漢簡冊和帛書（朱德熙・裘錫圭／《語文研究》1 輯）
簡牘資料論著目錄（曹延尊・徐元邦／《考古學集刊》2 集）

1983

信陽楚簡「澮」字及從「关」之字（李家浩／《中國語言學報》1 期）
論睡虎地秦簡與馬王堆帛書的數術書（李學勤／美國「中國占卜災異學術討論會」論文）
從雲夢秦簡看秦代中央集權制的歷史作用（王瑞明／《中國歷史文獻研究集刊》第三集）
秦國傅籍制考辨（羅開玉／《中國歷史文獻研究集刊》第三集）
「隸臣妾」並非奴隸（林劍鳴／《歷史論叢》總第 3 期）
從睡虎地秦墓竹簡看秦統一的原因（安作璋／《歷史論叢》總第 3 期）
談「隸臣妾」與秦代的刑罰制度（錢大群／《法學研究》5 期）
秦律中「貲」與「貲贖」（呂名中／《秦漢史論叢》）
秦律中的獎懲責任制（朱紹侯・孫英民／《光明日報》1 月 12 日）
日本研究雲夢秦簡情況簡介（《中國史研究動態》3 期）
從竹簡《秦律》看秦代的經濟立法（潘世憲／《內蒙古大學學報》1 期）

我國兩千年前的一批青少年法規簡篇——雲夢秦墓出土竹簡初探（陸倫章／《青少年犯罪問題》1 期）

「史子」、「學室」與「喜揄史」——讀雲夢秦簡札記（黃留珠／《人文雜 誌》2 期）

「隸臣妾」簡論（楊劍虹／《考古與文物》2 期）

睡虎地秦簡《編年記》爲年譜說（謝巍／《江漢論壇》5 期）

從雲夢秦簡看秦隸（鍾鳴天．左德承／《書法》3 期）

「睡簡」《爲吏之道》與墨學（汪慶柏／《陝西師大學報》4 期）

秦簡日書中「夕」（栾）字含義的商榷（饒宗頤／《中國語言學報》1 期）

從雲夢秦簡看秦的民族政策（吳永章／《江漢考古》2 期）

青川秦墓木牘「爲田律」所反映的田畝制度（胡平生／《文史》十九輯）

秦田律——讀史札記（胡平生／《文史》二十輯）

秦田律考釋（田宜超．劉釗／《考古》6 期）

四川青川秦墓爲田律木牘考釋——並略論我國古代田畝制度（胡澱咸／《安徽師大學報》3 期）

關於長沙馬王堆三號漢墓的墓主問題（傅舉有／《考古》2 期）

馬王堆帛書與《鶡冠子》（李學勤／《江漢考古》2 期）

銀雀山漢簡齊國法律考析（吳九龍／《史學集刊》4 期）

《孫子》篇題木牘初論（李零／《文史》十七輯）

阜陽漢簡簡介（文物局古文獻研究室．安徽省阜陽地區博物館阜陽漢簡整理組／《文物》2 期）

阜陽漢簡〈倉頡篇〉釋文（文物局古文獻研究室．安徽省阜陽地區博物館阜陽漢簡整理組／《文物》2 期）

〈倉頡篇〉的初步研究（胡平生．韓自強／《文物》2 期）

青海大通縣上孫家寨漢簡性質小議（李零／《考古》6 期）

世界會計史上的珍貴資料——江陵鳳凰山 10 號漢墓簡牘新探(李孝林／《江漢考古》2 期）

「西域都護」建置年代考（哈建華／《天津師專學報》2 期）

李柏文書出土於 LK 遺址說質疑（孟凡人／《考古與文物》3 期）

漢代符信考述（上、下）（薛英群／《西北史地》3 期、4 期）

漢代的符與傳（薛英群／《中國史研究》4 期）

兩漢屯田實邊的歷史考察（臧嶸／《光明日報》5 月 11 日）

漢代河西軍屯勞動者身分和生活狀況（李古寅／《社會科學》4 期）

屯墾戍邊的西域戊巳校尉（侯燦《新疆日報》12 月 24 日）

漢代河西軍屯管理機構探討（李古寅／《西北史地》4 期）

甘肅武威新發現的漢簡表明我國西漢就有養老尊老法（程杰／《文匯報》4 月 21 日）

一部距今 1900 年的醫方書——武威醫簡（古川／《健康報》9 月 18 日）

秦人、秦胡蠡測（初師賓／《考古》3 期）

釋犅 （周世榮／《考古》7 期）

居延漢簡札記（陳連慶／《東北師範大學學報》3 期）

《居延漢簡甲乙編》釋文商榷（續四—七）裘錫圭／《人文雜誌》1－4 期）

《居延漢簡甲乙編》釋文質疑（謝桂華・李均明・何雙全／《中國史研究》1 期）

《居延漢簡甲乙編》甲編釋文校疑（初師賓／《古文字論集》（一））

居延漢簡札記（下）（陳連慶／《東北師大學報》3 期）

居延漢簡叢釋（于豪亮遺著／《文史》十七輯）

《永始三年詔書》簡冊釋文（甘肅省博物館漢簡整理組／《西北師院學報》4 期）

新發現的一份西漢詔書——《永始三年詔書簡冊》考釋和有關問題（伍德煦／《西北師院學報》4 期）

建武三年居延都尉吏奉例略考（初師賓等／《敦煌學輯刊》3 期）

居延漢簡《相劍刀》冊釋文（甘肅省博物館漢簡整理組／《敦煌學輯刊》3 期）

居延漢簡《相劍刀》冊初探（馬明達／《敦煌學輯刊》3 期）

秦漢時代的丞相和御史——居延漢簡解讀筆記（林劍鳴／《蘭州大學學報》3 期）

漢簡所見出入符、傳與出入名籍（李均明／《文史》19 輯）

談幾條簡文的詮釋——與趙儷生先生商榷（薛英群／《西北師院學報》4 期）

解放後考古發現的醫藥資料考述（戴應新／《考古》2 期）

近年來新出土簡牘的整理與研究（何雙全／《中國史研究動態》9 期）

中國出土簡牘研究文獻目錄（〔日〕大庭脩著・謝桂華譯／《簡牘研究譯叢》第一輯）

居延出土的王莽簡（〔日〕森鹿三著・姜鎮慶譯／《簡牘研究譯叢》第一輯）
關於令史弘的文書（〔日〕森鹿三著・姜鎮慶譯／《簡牘研究譯叢》第一輯）
居延漢簡集成之一（〔日〕永田英正著・余太山譯／《簡牘研究譯叢》第一輯）
論居延簡所見的馬（〔日〕森鹿三著・姜鎮慶譯／《簡牘研究譯叢》第一輯）
論居延出土的卒家屬廩名籍（〔日〕森鹿三著・金立新譯／《簡牘研究譯叢》第一輯）
論敦煌和居延出土的漢曆（〔日〕森鹿三著・姜鎮慶譯／《簡牘研究譯叢》第一輯）
漢簡職官表（〔日〕藤枝晃著・孫言誠譯／《簡牘研究譯叢》第一輯）
漢代的嗇夫（〔日〕大庭脩著・姜鎮慶譯／《簡牘研究譯叢》第一輯）
試論居延漢簡所見的候官（〔日〕永田英正著・孫言誠譯／《簡牘研究譯叢》第一輯)
爰書考（〔日〕大庭脩著・姜鎮慶譯／《簡牘研究譯叢》第一輯）
漢代的一些軍事文書（〔英〕M・魯惟一著・張書生譯／《簡牘研究譯叢》第一輯）
漢代屯田制的幾個問題（〔日〕尾形勇著・呂宗力譯／《簡牘研究譯叢》第一輯）

1984

信陽長台關楚簡補釋（彭浩／《江漢考古》2 期）
楚簡陵陽釋文（劉操南／《杭州大學學報增刊》）
關於睡虎地秦墓竹簡（彝鋒／《歷史知識》3 期）
《睡虎地秦墓竹簡》譯注斠補（栗勁／《吉林大學社會科學學報》5 期）
秦簡「隸臣妾」確爲奴隸說——兼與林劍鳴先生商榷（高敏・劉漢東／《學術月刊》9 期）
從古代罪人收奴刑的變遷看「隸臣妾」、「城旦舂」的身分（徐鴻修／《文史哲》5 期）
「隸臣妾」的身分復議（施偉青／《中國社會經濟史研究》1 期）
「隸臣妾」是帶有奴隸殘餘屬性的刑徒 （王占通・栗勁／《吉林大學社會科學學報》2 期）
關於秦代土地所有制的幾個問題 （杜紹順／《華南師範大學學報》3 期）
雲夢秦簡《語書》探析——秦始皇時期頒行的一個地方性法規（劉海年／《學習與

探索》6 期）

睡虎地秦簡《編年記》作者及其政治態度——兼與陳直、商慶夫同志商榷（楊劍虹／《江漢考古》3 期）

從雲夢秦簡看秦朝的會計管理（李孝林／《江漢考古》3 期）

秦律貲罰甲盾與統一戰爭（石子政／《中國史研究》2 期）

《睡虎地秦墓竹簡》某些語法現象研究（馮春田／《中國語文》4 期）

秦簡的出土開闢了秦史研究的新天地（王雲度／《文物天地》6 期）

秦漢士伍異同論（秦進才／《中華文史論叢》2 期）

秦律和罪刑法定義（栗勁／《法學研究》3 期）

亦談「隸臣妾」與秦代的刑罪制度（李力／《法學研究》3 期）

戰國楚帛書考（陳夢家遺著／《考古學報》2 期）

帛書《周易》（于豪亮遺作／《文物》3 期）

帛書《周易》釋疑一例——「天行健」究應如何解釋（韓中民／《文物天地》5 期）

馬王堆帛書《六十四卦》釋文（馬王堆漢墓帛書整理小組／《文物》3 期）

馬王堆醫書所見「陵陽子明經」佚說——廣雅補證之一（饒宗頤／《文史》20 輯）

阜陽漢簡《詩經》釋文（國家文物局古文獻研究室・安徽阜陽地區博物館阜陽漢簡整理／《文物》8 期）

阜陽漢簡《詩經》簡論（胡平生・韓自強／《文物》8 期）

從江陵鳳凰山 10 號漢墓出土簡牘看漢代的口錢、算賦制度（高敏／《文史》20 輯）

江蘇連雲港市出土的漢代法律版牘考述（張廷皓／《文博》3 期）

關於羅泊灣漢墓《從器志》的重文號（陸錫興／《文物》4 期）

漢簡《士相見禮》今古文雜錯並用說（沈文倬／《杭州大學學報》14 卷增刊）

新出土漢簡文書的整理與研究（何雙全／《中國史研究動態》9 期）

漢簡史籍參證舉例（薛英群／《文賦》16 輯）

居延漢簡中所見漢代《囚律》佚文考——《居延新簡「責寇恩事」的幾個問題》的訂補（初師賓・蕭亢達／《考古與文物》2 期）

《居延漢簡甲乙編》的出版與居延漢簡研究 （〔日〕大庭脩／《中國史研究動態》1 期）

山東臨沂金雀山周氏墓群發掘簡報(臨沂市博物館／《文物》11 輯)

漢簡所見一日十八時、一時十分記時制（李均明／《文史》22 輯）

居延甘露二年御史書冊考述補（初師賓·伍德煦／《考古與文物》4 期）

居延新獲建武秦胡冊再析（吳礽驤·余堯／《西北師院學報》4 期）

從居延漢簡看西漢在西北的屯田（楊劍虹／《西北史地》2 期）

漢簡「辟火」解（李均明／《文史》20 輯）

居延漢簡中的「社」及其源流（薛英群／《蘭州學刊》3 期）

《居延漢簡甲乙編》釋文評議（謝桂華等／《敦煌學輯刊》2 期）

居延簡《永始三年詔書》冊釋文（甘肅省文物工作隊居延簡整理組／《敦煌學輯刊》2 期）

論肩水金關出土的《永始三年詔書》簡冊 （〔日〕大庭脩著·姜鎮慶譯／《敦煌學輯刊》2 期）

漢簡所見信符辨析（徐樂堯／《敦煌學輯刊》2 期）

敦煌漢簡釋文補正（何雙全／《漢簡研究文集》）

敦煌酥油土漢代烽燧遺址出土的木簡 （敦煌縣文化館／《漢簡研究文集》）

玉門花海漢代烽燧遺址出土的簡牘（嘉峪關市文物保管所／《漢簡研究文集》）

武威新出土王杖詔令冊（武威縣博物館／《漢簡研究文集》）

甘谷漢簡考釋（張學正／《漢簡研究文集》）

漢邊塞守禦器備考略（初師賓／《漢簡研究文集》）

漢代鏠火制度探索（吳礽驤／《漢簡研究文集》）

漢代官文書考略（薛英群／《漢簡研究文集》）

居延漢簡所見的邊亭（徐樂堯／《漢簡研究文集》）

甲渠候官漢簡年號朔閏表（任步雲／《漢簡研究文集》）

居延烽火考述（初師賓／《漢簡研究文集》）

漢簡書體淺析（黎泉／《漢簡研究文集》）

居延漢代遺址的發掘和新出土的簡冊文物（甘肅居延考古隊／《漢簡研究文集》）

額濟納河下游漢代烽燧遺址調查報告（甘肅省文物工作隊／《漢簡研究文集》）

敦煌馬圈灣漢代烽燧遺址發掘簡報（甘肅省博物館·敦煌縣文化館／《漢簡研究文集》）

漢代的「家」和家吏（傅舉有／《考古與文物》3 期）

1985

楚帛書《月令》篇考釋（曹錦炎／《江漢考古》1 期）

《睡虎地秦墓竹簡》（商兌・孫曉春等譯注／《史學集刊》2 期）

睡虎地秦簡《日書》與楚、秦社會（李學勤／《江漢考古》4 期）

讀秦簡牘發微（張平轍／《蘭州大學學報》2 期）

秦簡詞語札記（陳玉璟／《安徽師大學報》1 期）

試析《睡虎地秦墓竹簡》中的同音假借（劉方／《寧夏大學學報》4 期）

「小城旦、隸臣作者」辨誤（張昌倬／《史學月刊》4 期）

略論秦代隸臣妾的身分問題（張傳漢／《遼寧大學學報》4 期）

三辨「隸臣妾」——兼談歷史研究中的方法論問題（林劍鳴／《學術月刊》9 期）

從秦簡看戰國時期秦國保護「人力」的措施（施偉青／《中國社會經濟史研究》3 期）

秦漢族刑考（陳乃華／《山東師大學報》4 期）

再談隸臣妾與秦代的刑罰制度（錢大群／《法學研究》6 期）

秦內史「騰」考述（張志哲／《江漢論壇》11 期）

「閭左」爲「里佐」說（王子今／《西北大學學報》1 期）

簡牘帛書中的「夭」字（吳九龍／《出土文獻研究》1 輯）

銀雀山竹簡出土記（劉心健／《歷史知識》6 期）

銀雀山竹書《守法》、《守令》等十三篇（銀雀山漢墓竹簡整理小組／《文物》4 期）

瀚海珍寶——二萬三千枚漢簡出土記（郭汾祥等／《瞭望》14 期）

帛《易》初探（劉大鈞／《文史哲》4 期）

帛書《老子》的用韻問題（陳廣忠／《復旦學報》6 期）

論秦青川木牘中的《爲田制度》（張金光／《文史哲》6 期）

繼雲夢竹簡之後又一重大發現 ——湖北江陵出土西漢早期竹簡（《光明日報》1 月 18 日）

江陵張家山漢簡概述（張家山漢墓竹簡整理小組／《文物》1 期）

奇跡中的奇跡——江陵張家山漢墓竹簡出土記（饒正州等／《湖北日報》1 月 17 日 2

版）

江陵張家山漢墓出土大批珍貴竹簡（彭浩／《江漢考古》2期）

江陵張家山漢墓的年代及相關問題（陳耀鈞・閻頻／《考古》12期）

漢代「賦額」試探（岳慶平／《中國史研究》4期）

試論兩漢奴婢問題與奴婢政策（趙樹貴／《史學月刊》5期）

甘肅漢簡學術史料價值概述（薛英群／《文獻》18期）

《居延漢簡甲乙編》釋文校字（陳雍／《史學集刊》1期）

《塞上烽火品約》詮釋（何雙全／《考古》9期）

「車」、「居」同音可以假借（胡念耕／《文物》3期）

漢簡《服傳》考（沈文倬／《文史》二十四、二十五輯）

居延漢簡的雇佣勞動者試析（薛英群／《蘭州學刊》5期）

漢代奴婢戶籍問題商榷（楊作龍／《中國史研究》2期）

秦漢郵傳制度考略（高敏／《歷史研究》3期）

居延漢簡所見「佐史」（楊劍虹／《西北史地》1期）

居延漢簡甲乙編釋文校字（陳雍／《史學集刊》1期）

談我國古代的符節（牌）制度及其演變（鄭雅坤／《西北大學學報》1期）

秦漢兵役及漢代更賦制度考辨（楊作龍／《洛陽師專學報》2期）

試論西漢徭役制度的特點（羅慶康／《中國社會經濟史研究》4期）

漢代大石小石考（楊作龍／《天津社會科學》6期）

試述西漢對河西的開發（翟宛華／《蘭州學刊》6期）

關於敦煌文物研究所收藏的一組漢簡（初師賓／《敦煌研究》3期）

西漢敦煌軍屯的幾個問題（徐樂堯・余賢杰／《西北師範學院學報》4期）

李伯文書出土於LK析疑——兼與孟凡人同志商榷（侯燦・奚國金 ／《考古與文物》3期）

日本學者對中國簡牘的研究（林劍鳴／《中國史研究動態》12期）

簡談考古文獻的重要價值（李更旺／《考古與文物》4期）

甘肅漢簡學術史料價值概述（薛英群／《文獻》18期）

評介《漢簡研究文集》（甌燕／《考古》11期）

秦律研究的新成果——介紹栗勁著《秦律通論》（徐進／《光明日報》5月14日）
《漢簡研究文集》評介（張大可／《社會科學評論》9期）
竹簡與木牘（項戈平／《圖書館與讀者》2期）

1986

長沙帛書通釋（一）（何琳儀／《江漢考古》1期）
長沙帛書通釋（二）（何琳儀／《江漢考古》2期）
長沙仰天湖戰國竹簡文字的摹寫和考釋（郭若愚／《上海博物館集刊》3期）
望山楚簡中的「習卜」（連劭名／《江漢論壇》11期）
從雲夢秦簡看秦律「連坐」法（孫英民／《中原文物》2期）
秦簡中關於官吏的法律責任（華雁／《福建論壇》3期）
秦代的糧倉管理——讀《睡虎地秦墓竹簡》札記（宮長爲／《東北師大學報》2期）
日書：秦國社會的一面鏡子（《日書》研讀班／《文博》5期）
秦簡中的五行說與納音說（饒宗頤／《古文字研究》第十四輯）
簡論雲夢秦簡的司法文書（丘世華／《西北政法學院學報》2期）
從秦簡〈日書〉看秦人的鬼神觀（黃曉芬·李曉東／《中國秦漢史研究會通訊》3期）
從價值系統看秦文化的特點（林劍鳴／《通訊》3期）
秦漢徭役制度辨析（上）（高敏／《鄭州大學學報》3期）
秦代經濟立法原則及其意義（高敏／《學術研究》2期）
馬王堆竹簡養生方與中國古代養生學（周世榮／《考古與文物》6期）
馬王堆帛書《六十四卦》校讀札記（王輝／《古文字研究》第十四輯）
帛《易》六十四卦芻議（周立升／《文史哲》4期）
帛書《五行》與《尚書·洪範》（李學勤／《學術月刊》11期）
青川郝家坪秦墓木牘研究之我見（丁光勛／《歷史教學問題》2期）
談臨沂銀雀山竹書中的田制問題（田昌五／《文物》2期）
安徽馬鞍山東吳朱然墓發掘簡報（安徽省文物考古研究所·馬鞍山市文物局／《文物》3期）

關於《談臨沂銀雀山竹書中的田制問題》的一處數字計算（魏建霆・田昌五／《文物》6 期）
介紹近年江陵張家山出土的西漢簡書（朱由／《書法》5 期）
江陵鳳凰山漢墓簡文「大柙」考實（孫機／《文物》11 期）
江陵 10 號漢墓簡牘會計史料淺議（周一虹／《安徽財貿學院學報》1 期）
武威漢代醫簡探微（張壽仁／《史學集刊》18 期）
《武威漢代醫簡》釋文補正（何雙全／《文物》4 期）
漢代軍法內容新探——讀青海省大通縣上孫家寨漢墓木簡札記（白建省／《青社會科學》4 期）
青海木簡與漢代軍隊（白建鋼／《文博》5 期）
居延新簡官文書選釋（薛英群／《社會科學》4 期）
搶救「居延漢簡」歷險記（沈仲章・霍偉／《團結報》1 月 25 日 3 版）
搶救「居延漢簡」歷險記（沈仲章／《團結報》2 月 1 日、8 日 3 版）
搶救「居延漢簡」歷險記（沈仲章・霍偉等／《文物天地》4 期）
居延新簡官文書選釋（薛英群／《社會科學》（甘肅）5 期）
「甘露二年逐驗外人簡」考釋中的一些問題（許青松／《中國歷史博物館館刊》8 期）
從居延漢簡《建武三年侯粟君所責寇恩事》看東漢的雇佣勞動（楊劍虹／《西北史地》2 期）
居延漢簡債務文書述略（李均明／《文物》11 期）
西域木簡所見《漢律》中的「證不言請」律（連劭名／《文物》11 期）
居延新出土的「侯粟君所責寇恩事」簡冊——爰書補考（（日）大庭脩著・趙曉柯・曹海科譯／《西北史地》1 期）
居延漢簡中所見的騎士（徐元邦等／《中國考古學研究——夏鼐先生考古五十年紀念論文集》一集）
居延漢簡中的雇佣勞動者試析（薛英群／《蘭州學刊》5 期）
玉門、武威新獲簡牘文字校釋——讀《漢簡研究文集》札記（胡平生／《考古與文物》6 期）
漢代河西四郡始設年代問題（王宗維／《西北史記》3 期）

《漢代西北民屯結構辨析》的一點補充（李古寅／《社會科學》（甘肅）1 期）

關於秦漢徭役的若干問題——與錢劍天同志商榷（施偉青／《中國史研究》2 期）

關於秦人族屬及文化淵源管見（韓偉／《文物》4 期）

「客」非奴辨（薛英群／《農業考古》2 期）

漢簡所見漢代糧食作物小考（何雙全／《農業考古》2 期）

地灣出土的騎士簡冊及漢簡研究方法（〔日〕大庭脩／《通訊》3 期）

居延漢簡研究（〔日〕永田英正／《通訊》3 期）

樓蘭簡牘的年代（孟凡人／《新疆文物》1 期）

漢簡研究綜述（徐樂堯／《社會科學》（甘肅）6 期）

試論漢簡的藝術性（毛峰／《書法》5 期）

汗簡、汗青、殺青辨（高大倫／《四川大學學報》4 期）

1987

建國以來簡冊的幾次重要發現與書史研究（索慧／《學術交流》5 期）

簡冊制度中幾個問題的考辨（高大倫／《文獻》4 期）

侯馬盟書與溫縣盟書（馮時／《考古與文物》2 期）

再論秦簡《編年記》作者的思想傾向（商慶夫／《文史哲》6 期）

秦代的口賦、徭役、兵役制度新探（楊劍虹／《考古與文物》5 期）

從出土秦簡再探秦內史與大內、少內和少府的關係與職掌（彭邦炯／《考古與文物》5 期）

以君主意志爲法權的秦法（林劍鳴／《學術月刊》2 期）

雲夢秦簡中「隸臣妾」的身分和戰國時秦國的社會性質（楊升南／《鄭州大學學報》2 期）

再說秦簡「隸臣妾」確爲奴隸（劉漢東／《中州學刊》2 期）

關於雲夢秦簡中「男子」一稱——與高敏先生商榷（吳益中／《江漢考古》1 期）

從《日書》看秦人鬼神觀及秦文化特徵（李曉東．黃曉芬／《歷史研究》4 期）

雲夢秦簡《日書》初探（張聞玉／《江漢論壇》4 期）

《雲夢秦簡〈日書〉初探》商榷（王勝利／《江漢論壇》11 期）
從帛書《老子》看《老子》的原結構布局（尹振環／《復旦學報》2 期）
讀馬王堆帛書《周易》（溫公翊／《內蒙古民族師院學報》2 期）
帛書《周易》「水火相射」釋疑（霍斐然／《文史》二十九輯）
關於《孫子兵法》研究整理的新認識（李零／《古籍整理與研究》1 期）
銀雀山竹書《田法》芻議（楊作龍／《洛陽師專學報》1 期）
阜陽漢簡《詩經》校讀札記（許廷桂／《重慶師院學報》3 期）
青川秦牘《田律》爭議問題總議（黃盛璋／《農業考古》2 期）
青海大通馬良墓出土漢簡的整理與研究（陳公柔等／《考古學集刊》5 期）
江蘇儀徵胥浦 101 號西漢墓（揚州博物館／《文物》1 期）
儀徵胥浦 101 號西漢墓《先令券書》初考（陳平・王勤全／《文物》1 期）
揚州平山漢墓遣策釋讀試補（王輝／《文物》7 期）
胥浦 101 號西漢墓《先令券書》「夂」字釋（陳奇猷／《文物》6 期）
漢簡帛筆記三則（張標／《考古與文物》5 期）
揚州平山漢墓遣策釋讀試補（王輝／《文物》7 期）
第一批居延漢簡的採集與整理始末記（傅振倫／《文物與天地》1 期）
珍藏於海峽兩岸的居延漢簡（李均明／《華聲報》1 月 6 日 4 版）
居延漢簡「變事」解（李均明／《文史》二十七輯）
居延漢簡中的有方（連劭名／《考古》11 期）
再談甘露二年御史書（裘錫圭／《考古與文物》1 期）
漢簡中的債務文書及「貰賣名籍」（連劭名／《考古與文物》3 期）
漢簡「過書刺」解（李均明／《文史》二十八輯）
文物中的法律史料及其研究（劉海年／《中國社會科學》5 期）
寫在木觚上的西漢遺詔（胡平生／《文物天地》6 期）
釋「卩」（陸錫興／《考古》12 期）
簡牘的「1」號考略（陸錫興／《考古與文物》4 期）
方詩銘與簡牘研究（羅義俊／《文匯報》2 月 10 日 4 版）

1988

侯馬盟書的發現和整理側記（張守中／《文物天地》4 期）

長沙楚帛書文字考釋之辨正（陳秉新／《文物研究》4 期）

戰國楚簡的發現與研究（米如田／《江漢考古》3 期）

荆門市包山楚墓發掘簡報（湖北省荆沙鐵路考古隊包山墓地整理小組／《文物》5 期）

包山 2 號墓竹簡概述（包山墓地竹簡整理小組／《文物》5 期）

論包山簡中一楚先祖名（李學勤／《文物》8 期）

《睡虎地秦墓竹簡》注釋補正（一）(二)（蔡鏡浩／《文史》二十九輯）

從雲夢秦簡看秦代刑徒管理制度（麥天驥／《考古與文物》3 期）

秦律「三環」論（錢大群／《南京大學學報》2 期）

從出土《秦律》看秦的婚姻家庭制度（翟宛華／《社會科學》（甘肅）5 期）

曲徑通幽處，高樓望路時——評介當前簡牘《日書》研究狀況（林劍鳴／《文博》3 期）

雲夢秦簡《日書》占卜術初探（張銘洽／《文博》3 期）

從《日書》看秦國的穀物種植（賀潤坤／《文博》3 期）

《日書・星》釋議（楊巨中／《文博》4 期）

《日書》所見早期秦俗發微——信仰、習、婚姻及貞節觀（王桂鈞／《文博》4 期）

《睡虎地秦墓竹簡數據庫》完成——中國社會科學院歷史研究所建立「中國古代簡牘數據庫」取得階段性成果（《中國史研究動態》11 期）

《帛書・四時篇》讀後（蔡成鼎／《江漢考古》1 期）

青川秦牘《爲田律》所規定的「爲田」制（羅開玉／《考古》8 期）

阜陽漢簡《萬物》釋文（國家文物局古文獻研究室・安徽阜陽地區博物館阜陽漢簡整理組／《文物》4 期）

《萬物》略說（胡平生・韓自強／《文物》4 期）

儀徵胥浦 101 號西漢墓《先令券書》補釋（陳雍／《文物》10 期）

西域木簡所見《漢律》（連劭名／《文史》二十九輯）

漢簡所見烽燧系頁統考核制度（徐文宏／《貴州師大學報》4 期）

居延漢簡所見屯田水利（張芳／《中國農史》3 期）

居延漢簡中的勞績制度（李振宏／《中國史研究》2 期）

居延漢簡中所見之蔬菜（徐元邦／《古今農業》1 期）

居延漢簡中的「病書」牒（李均明／《文物天地》2 期）

樓蘭新發現木簡紙文書考釋（侯燦　／《文物》7 期）

陳直《居延漢簡研究》評介——兼談歷史研究的方法（劍鳴／《西北大學學報》1 期）

馬王堆帛書《五十二病方》之劑型（張壽仁／《史學集刊》20 期）

江陵秦家咀楚墓發掘簡報（荊沙鐵路考古隊／《江漢考古》2 期）

1989

長沙帛書通釋校補（何琳儀／《江漢考古》4 期）

侯馬盟書參盟人員的身分（郭政凱／《陝西師大學報》4 期）

包山竹簡楚先祖名與《周易》的關係（黎子耀／《杭州大學學報》2 期）

從雲夢秦簡看戰國糧食經濟（李孝林／《糧食經濟研究》5 期）

從雲夢秦簡看秦代手工業和商業的若干問題（楊劍虹／《江漢考古》2 期）

雲夢秦簡所反映的秦國漁獵活動（賀潤坤／《文博》3 期）

從雲夢秦簡《日書》看秦國的六畜飼養業（賀潤坤／《文博》6 期）

秦簡中的「同居」與有關法律（張世超／《東北師大學報》3 期）

竹簡卜辭與商周甲骨（李學勤／《鄭州大學學報》2 期）

論銀雀山簡《守法》、《守令》（李學勤／《文物》9 期）

孫臏兵法《官一》考釋（白忠才／《松遼學刊》3 期）

臨沂竹書《田法》與爰田制（王恩田／《中國史研究》2 期）

山東臨沂金雀山九座漢代墓葬(臨沂市博物館／《文物》1 期)

銀雀山簡《市法》講疏（李學勤／《秦漢簡牘論文集》）

關於青川秦牘的年代（王雲／《四川文物》5 期）

甘肅天水放馬灘戰國秦漢墓群的發掘（甘肅省文物考古所・天水市北道區文化館／《文物》2 期）

天水放馬灘秦簡綜述（何雙全／《文物》2 期）

天水放馬灘秦簡甲種《日書》釋文（秦簡整理小組／《秦漢簡牘論文集》）
天水放馬灘秦簡甲種《日書》考述（何雙全／《秦漢簡牘論文集》）
放馬灘出土竹簡《日書》芻議（任步雲／《西北史地》3 期）
江陵張家山漢簡《脈書》釋文（江陵張家山漢簡整理小組／《文物》7 期）
江陵張家山漢簡《脈書》初探（連劭名／《文物》6 期）
江陵鳳凰山 10 號漢墓「中服共侍約」續文新解（姚桂芳／《考古》3 期）
阜陽漢簡《詩經》異文研究（黃宏信／《江漢考古》1 期）
《〈萬物〉略說》商討一則（張振平／《文物》1 期）
甘谷漢簡與東漢後期社會政治（蕭亢達／《考古與文物》6 期）
帛書《繫辭》略論（李學勤／《齊魯學刊》4 期）
從帛書《易傳》看孔子與《易》（李學勤／《中原文物》2 期）
帛書《周易》與荀子一系《易》學（李學勤／《中華文化》創刊號）
馬王堆帛書《周易》、《老子》與氣功養生法（周世榮／《湖南考古季刊》5 期）
馬王堆漢墓出土《相馬經・大光破章故訓傳》發微（趙逵夫／《江漢考古》3 期）
馬王堆漢墓帛書《相馬經》發微（趙逵夫／《文獻》4 期）
論帛書白虹及《燕丹子》（李學勤／《河北學刊》5 期）
關於「丞相啓」和「相國昌平君」（陳雍／《文物》11 期）
敦煌漢簡概述（李永良／《西北史地》2 期）
從舊居延漢簡看會計檢查（李孝林／《商業會計》3 期）
談簡牘文書——官吏任免書（李均明／《文物天地》1 期）
漢簡所見西北邊塞的商品交換和買賣契約（林甘泉／《文物》9 期）
居延漢簡中所見記吏卒病傷述略（徐元邦／《中國歷史博物館館刊》12 期）
西域木簡中的記與檄（連劭名／《文物春秋》創刊號）
開到地下世界的介紹信（陳謙／《文物天地》1 期）
漢簡札記（〔日〕大庭脩・胡平生譯／《文物天地》1 期）
漢簡甲子紀日錯亂考（李振宏／《中原文物》2 期）
釋「解何」（余木／《中國文物報》1 月 20 日 3 版）
河西漢簡的發掘和研究日趨深入（郭汾祥／《瞭望》（海外版）35 期）

吐蕃簡牘中所見的西域地名（楊銘／《新疆社會科學》1 期）

新莽簡時代特徵瑣議（李均明／《文物春秋》4 期）

居延漢簡職官考（薛英群／《秦漢簡牘論文集》）

居延漢簡所見的市（徐樂堯／《秦漢簡牘論文集》）

漢簡和漢代的取庸代戍制度（謝桂華／《秦漢簡牘論文集》）

漢簡所見「行書」文書述略（李均明／《秦漢簡牘論文集》）

《建武三年候粟君所責寇恩事》冊經濟考略（張俊民／《秦漢簡牘論文集》）

《漢簡・鄉里志》及其研究（何雙全／《秦漢簡牘論文集》）

論新出居延漢簡中的若干冊書（〔日〕永田英正著・東山・謝新平譯／《秦漢簡牘論文集》）

勞榦《居延漢簡考釋・簡牘之制》平議（侯燦／《秦漢簡牘論文集》）

介評《晒藍本》居延漢簡釋文（薛英群／《秦漢簡牘論文集》）

釋簡牘文字中的幾個符號（高大倫／《秦漢簡牘論文集》）

漢代的「橫吹」其器——居延七孔笛淺識（尹德生／《秦漢簡牘論文集》）

論李柏文書的年代及出土地點（孟凡人／《中國歷史博物館館刊》13－14 期）

1990

楚帛書目驗記（李零／《文物天地》6 期）

長沙子彈庫第二帛書探要（李學勤／《江漢考古》1 期）

長沙楚帛書與卦氣說（連劭名／《考古》9 期）

長沙子彈庫戰國楚帛書行款問題質疑（徐山／《考古與文物》5 期）

秦簡《日書》與《楚辭》類征（劉信芳／《江漢考古》1 期）

《日書》與秦社會風俗（吳小強／《文博》2 期）

秦律中反映的秦代糧食管理制度（李孔懷／《復旦學報》4 期）

秦簡「嫯悍袤暴」解（陸錫興／《文史》33 輯）

秦簡所見秦代軍功地主的特點（劉漢東／《學術研究》6 期）

雲夢龍崗秦簡綜述（劉信芳・梁柱／《江漢考古》3 期）

從帛書《戰國縱橫家書》對三晉史的若干訂正（王菡／《文物季刊》1 期）

相馬與《相馬經》（于炳文／《中國文物報》2 月 15 日 3 版）

馬王堆漢墓帛書重文號釋例（楊琳／《文獻》3 期）

帛書《卻穀食氣》研究 魏啓鵬／《四川大學學報》2 期）

湖南慈利石板村 36 號戰國墓發掘簡報(湖南省文物考古研究所・慈利縣文物保護管理研究所／《文物》9 期)

江陵張家山漢簡《引書》釋文（張家山漢簡整理小組／《文物》10 期）

江陵張家山漢簡《引書》初探（彭浩／《文物》10 期）

放馬灘中的志怪故事（李學勤／《文物》4 期）

天水放馬灘秦簡《月建》應名《建除》（鄧文寬／《文物》9 期）

《天水放馬灘秦簡綜述》質疑（劉信芳／《文物》9 期）

從江陵 10 號墓簡牘研究漢初賦稅史（李孝林／《江漢考古》1 期）

對《晏子春秋》的再認識（駢宇騫／《管子學刊》1 期）

居延漢簡「適」解（李均明／《文史》三十二輯）

居延漢簡貰賣衣物芻議——漢簡札記之一（張俊民／《西北史地》1 期）

對居延敦煌漢簡中庸的性質淺議（朱紹侯／《中國史研究》2 期）

論唐勒賦殘簡（湯漳平／《文物》4 期）

從漢代簡牘研究糧食經濟史（李孝林／《糧食經濟研究》2 期）

樓蘭木簡殘紙文書雜考（胡平生／《新疆社會科學》3 期）

東京國家博物館藏回鶻文木簡（〔日〕梅村坦著・楊富學・黃建華譯／《敦煌研究》3 期）

《禮》漢簡異文釋（一）（沈文倬／《文史》33 輯）

1991

長沙楚帛書與中國古代的宇宙論（連劭名／《文物》2 期）

楚帛書與「式圖」（李零／《江漢考古》1 期）

論包山簡中的楚國州制（羅運環／《江漢考古》3 期）

睡虎地秦簡中的《艮山圖》（李學勤／《文物天地》4 期）

關於雲夢秦簡編年記的補書、續編和削改等問題（劉信芳／《江漢考古》3 期）

秦簡「士伍」的身分及特徵（鄭有國／《福建論壇》6 期）

秦漢簡牘述略（黃展岳／《史學史研究》3 期）

雲夢秦簡《日書・馬》篇試釋（劉信芳／《文博》4 期）

雲夢秦簡《日書》「寓人」「寄者」「寄人」身分考（賀潤坤／《文博》3 期）

睡虎地秦簡《日書・玄戈》（〔日〕成家徹郎撰・王薤坤譯／《文博》3 期）

雲夢龍崗秦簡《禁苑律》中的「耎」（壖）字及相關制度（胡平生／《江漢考古》2 期）

馬王堆漢墓帛書與古代科技（熊傳新／《中國文物報》6 月 16 日 3 版）

黃老帛書之文化考察（譚家健／《求索》1 期）

江陵張家漢簡《引書》述略（連劭名／《文獻》2 期）

天水《放馬灘地圖》的繪製年代（張修桂／《復旦學報・社科版》1 期）

談談辨釋漢簡文字應該注意的一些問題（裘錫圭／《江漢考古》4 期）

漢簡的幾個年代和伏臘建除注曆問題（張培瑜／《南京大學學報・社哲人文版》3 期）

《勞邊使者過境中費》冊析：漢簡札記（吳礽驤／《西北史地》1 期）

敦煌漢代烽燧遺址調查所獲簡牘釋文（敦煌市博物館（榮思奇・韓躍成）／《文物》8 期）

新獲敦煌馬圈灣漢簡中的西域資料之三（張俊民／《西北史地》2 期）

《武威漢代醫簡》釋文再補正（陳國清／《考古與文物》3 期）

西域木簡中的漢代法律文書（連劭名／《考古與文物》2 期）

「侍廷里父老僤」與古代公社組織殘餘問題（林甘泉／《文物》7 期）

居延漢簡見西漢時期西北塞日常勤務制度（趙沛／《西北史地》2 期）

從居延漢簡看漢代戶籍制度：居延漢簡學習札記（盧建一等／《西北史地》1 期）

《居延新簡》釋文例補——簡牘文字補釋方法芻議（張俊民／《西北史地》4 期）

關於「中舨共侍約」牘文的辨正（黃盛璋／《江漢考古》2 期）

青海吐蕃簡牘考釋（王堯等／《西藏研究》3 期）

「遣策」考辨（米如田／《華夏考古》3 期）

簡牘的使用（勞諸／《中國文物報》12 月 29 日 3 版）

1992

試論殷代簡冊的使用（蔣紅毅等／《殷都學刊》2 期）

侯馬盟書主要問題辨述（高智／《文物季刊》1 期）

包山楚簡中的土地買賣（李學勤／《中國文物報》3 月 22 日 3 版）

談包山楚簡中有關「煮鹽於海」的重要史料（劉釗／《中國文物報》11 月 8 日 3 版）

包山楚簡遣策考釋拾零（劉信芳／《江漢考古》3 期）

讀包山楚簡札記七則（林澐／《江漢考古》4 期）

司中司骨爲何神（劉信芳／《中國文物報》7 月 26 日 4 版）

包山楚簡研究述評（王建蘇／《江漢論壇》11 期）

商承祚教授藏長沙子彈庫楚帛書殘片（商志奲／《文物天地》6 期）

記商承祚教授藏長沙子彈庫楚帛書殘片 （商志奲／《文物》11 期）

試論長沙子彈庫楚帛書殘片（李學勤／《文物》11 期）

長沙子彈庫殘帛文字小記（饒宗頤／《文物》11 期）

說「 凿 」、「皇」二字來源並談楚帛書「萬」「兒」二字的讀法（劉釗／《江漢考古》1 期）

說无（何琳儀／《江漢考古》2 期）

說䟢餕及其他（曾憲通／《江漢考古》2 期）

秦漢簡牘與中國秦漢文化（王子崗／《成都文物》3 期）

秦簡《語書》窺測——兼論《編年記》作者不是楚人（楊劍虹／《江漢考古》4 期）

睡虎地秦簡疑難字試釋（黃文杰／《江漢考古》4 期）

秦簡中的楚國《日書》試析（劉信芳／《文博》4 期）

秦簡牘所見內史非郡辨（張金光／《史學集刊》4 期）

五行三合局與納音說——讀饒宗頤先生《秦簡中的五行說與納音說》（劉樂賢／《江漢考古》1 期）

睡虎地秦簡《日書・玄戈》再析（王維坤／《陳直先生紀念文集》西北大學出版社）

青川秦牘《爲田律》再研究（羅開玉／《四川文物》3 期）

變混沌爲清晰的重大發現——紀念臨沂漢簡出土二十周年（楊善群／《史林》4 期）

銀雀山漢簡《王兵》篇初探（駢宇騫／《古籍整理與研究》七輯）

讀《孫子》札記（李零／《孫子學刊》2 期）

簡本《晏子春秋》校補（劉春生／《文史》36 輯）

帛書《周易》卦名校釋（連劭名／《文史》36 輯）

馬王堆房中書研究（李零／《文史》35 輯）

讀《戰國縱橫家書釋文注釋》札記（裘錫圭／《文史》36 輯）

帛書《春秋事語》與《管子》（駢宇騫／《文獻》2 期）

恢復《老子》的本來面目（尹振懷／《文獻》3 期）

江蘇連雲港出土的漢代法律版牘考述（葛承榮／《陳直先生紀念文集》西北大學出版社）

儀徵胥浦《先令券書》續考（陳平／《考古與文物》2 期）

再談胥浦《先令券書》中的幾個問題（陳平／《文物》9 期）

「江陵漢簡」研究中的若干問題（楊劍虹／《江漢考古》1 期）

海久和台、港簡牘研究述要（沈頌金／《中國史研究動態》7 期）

居延漢簡所見《車父名籍》（王子今／《中國歷史博物館刊》總 18 期）

居延漢簡所見「竟走」形式考略（唐曉軍／《西北史地》1 期）

居延《愚吏》簡校箋（魏啓鵬／《成都文物》2 期）

商承祚先生藏居延漢簡（商志𩡝．李均明／《文物》9 期）

研究中華法系的珍史料（李均明．劉軍 ／《中國文物報》10 月 25 日 3 版）

關於王杖詔書令冊中《本始令》的質疑（李昭和．張肖馬／《成都文物》1 期）

敦煌漢簡所見關傳向過所演變（程喜霖／《敦煌研究》2 期）

貫頭斧和小尺白刀（鍾少異／《文物天地》6 期）

新疆出土簡牘所見吐蕃職官考略（張雲／《西域研究》4 期）

唐勒殘簡作者考（朱碧蓮／《中州學刊》1 期）

說馳刑簡（薛英群／《西北史地》2 期）

《禮》漢簡異文釋（二）（沈文倬／《文史》34 輯）

《禮》漢簡異文釋（三）（沈文倬／《文史》35 輯）

《禮》漢簡異文釋（四）（沈文倬／《文史》36 輯）

《武威漢簡》丙本《喪服》簡綴合（李解民／《文史》34 輯）

木簡出入取予券制度考（胡平生／《文史》36 輯）

漢代甲渠候官規模考（上、下）（李均明／《文史》34、35 期）
簡牘文書「刺」考述（李均明／《文物》6 期）
海外簡牘研究綜述（沈宋金／《文史知識》11 期）
簡牘文書漫話（李均明／《中國文物報》8 月 23 日 4 版）

1993

湖北楚簡概述（陳振裕／《簡帛研究》第一輯）
包山楚簡研究二則（劉彬徽／《簡帛研究》第一輯）
包山楚簡讀後記（湯余惠／《考古與文物》2 期）
《包山楚簡》釋文補正（李天虹／《江漢考古》3 期）
包山竹簡選擇（何儀琳／《江漢考古》4 期）
關於包山「受期」簡的讀解（陳偉／《江漢考古》1 期）
包山楚簡中的受期（曹錦炎／《江漢考古》1 期）
讀《包山楚簡》偶記——「受賄」、「國貉」、「茅門有敗」等字詞新義（夏祿／《江漢考古》2 期）
論包山楚簡之曆（何幼琦／《江漢考古》11 期）
睡虎地秦簡日書的內容、性質及相關問題（劉樂賢／《中國社會科學院研究生院學報》1 期）
論睡虎地秦簡日書的結構特徵（鄭剛／《中山大學學報（社科版）》4 期）
秦簡日書「建除」與彝文日書「建除」比較研究（高明．張純德／《江漢考古》2 期）
《睡》簡與《放》簡《日書》比較研究（林劍鳴／《文博》5 期）
《日書》四方四維與五行淺說（劉信芳／《考古與文物》2 期）
睡虎地秦簡日書「四法日」小考（劉樂賢／《考古》4 期）
雲夢秦簡《日書》所見法與習俗（〔日〕工藤元男著．莫枯譯／《考古與文物》5 期）
睡虎地秦簡日書《詰咎篇》研究（劉樂賢／《考古學報》4 期）
論秦簡所載魏律「叚門逆旅」（楊禾丁／《四川大學學報（哲社版）》1 期）
秦《戶律》和《具律》考（彭浩／《簡帛研究》第一輯）

睡虎地秦簡《日書》「反支篇」及其相關問題（劉樂賢／《簡帛研究》第一輯）
從放馬灘《日書》（甲種）再論秦文化的特點（林劍鳴／《簡帛研究》第一輯）
雲夢龍崗秦代簡牘述略（梁柱·劉信芳／《簡帛研究》第一輯）
讀秦漢簡牘札記（高恆／《簡帛研究》第一輯）
秦漢簡帛與秦漢史研究（魯惟一著·張書生譯／《簡帛研究》第一輯）
帛書《繫辭》上篇論析（李學勤／《江漢考古》1期）
《帛書繫辭釋文》補正（廖名春／《中國文化研究所學報》2期）
馬王堆《刑德》乙本九宮圖諸神釋——兼論出土文獻中的顓頊與攝提（饒宗頤／《江漢考古》1期）
馬王堆帛書《周易》——兼談湖南出土的八卦紋銅鏡（周世榮／《簡帛研究》第1輯）
帛書《刑德》略說（陳松長／《簡帛研究》第一輯）
帛書《伊尹·九主》與古代思想（連劭名／《文獻》3期）
馬王堆三號漢墓出土的帛畫「城邑圖」及其有關問題（徐蘋芳／《簡帛研究》第1輯）
談銀雀山簡《天地八風五行客居五音之居》（饒宗頤／《簡帛研究》第一輯）
從銀雀山漢簡看秦漢書體的演變（葉連品／《中國文物報》8月29日3版）
試論《吳問》的成文年代及其相關問題（王暉／《東南文化》2期）
江陵張家山漢簡《奏讞書》釋文（上）（江陵張家山漢簡整理小組／《文物》8期）
《奏讞書》解說（上）（李學勤／《文物》8期）
談《奏讞書》中的西漢案例（彭浩／《文物》8期）
江陵高台18號墓發掘簡報（荆門地區博物館／《文物》8期）
江陵楊家山135號秦墓發掘簡報（荆門地區博物館／《文物》8期）
從張家山漢簡看漢初的奴婢問題（彭浩／《中國文物報》8月29日3版）
發往地下的文書——告地策（黃盛璋／《文物天地》6期）
青川秦牘《更修爲田律》適用範圍管見（張金光／《四川文物》5期）
甘肅漢簡研究述評（李樹軍／《中國史研究動態》7期）
甘肅武威旱灘坡東漢墓（武威博物館／《文物》10期）
武威旱灘出土漢簡考述——兼論「挈令」（李均明·劉軍／《文物》10期）
居延漢簡里程簡地理調查與考釋（一）（李并成／《西北史地》1期）

漢時提問今時答——兼談出土的王杖詔書令冊（勞諸／《中國文物報》1月10日3版）

從漢簡看漢人逃亡匈奴之現象（汪貴海／《史學月刊》6期）

漢簡「省卒考」（李振宏／《史學月刊》4期）

再論「檢」（大庭脩著・徐世虹譯／《簡帛研究》第一輯）

新舊居延漢簡冊書復原舉隅（續）（謝桂華／《簡帛研究》第一輯）

漢簡遣書考述（李均明／《簡帛研究》第一輯）

漢簡所見邊郡軍事與民政系統的職權關係（徐樂堯／《簡帛研究》第一輯）

「候史廣德坐罪行罰」檄考（永田英正／《簡帛研究》第一輯）

甲渠塞臨木部候長考——兼論候長的職責（劉軍／《簡帛研究》第一輯）

漢代邊塞軍隊的給假、休沐與功勞制——讀《居延新簡》札記之二（刑義田／《簡帛研究》第一輯）

「居延新簡」商榷（馬先醒／《簡帛研究》第一輯）

居延「愚吏」簡校箋（魏啓鵬／《簡帛研究》第一輯）

敦煌馬圈灣漢簡中的一組律令冊（吳礽驤／《簡帛研究》第一輯）

敦煌新出簡牘輯錄（何雙全／《簡帛研究》第一輯）

西北新近發現的漢代行政文書（魯惟一著・孫曉・卜憲群譯 ／《簡帛研究》第一輯）

絲綢之路與漢塞烽燧（岳邦湖／《簡帛研究》第一輯　法律出版社）

定縣八角廊漢簡儒書小議（李學勤／《簡帛研究》第一輯）

首屆中國簡牘學國際學術研討會綜述（東山／《簡帛研究》第一輯）

馬王堆漢墓國際學術討論會述略（陳松長／《簡帛研究》第一輯）

漢簡研究國際學術會議概況（陳波／《簡帛研究》第一輯　法律出版社）

懸泉遺址發掘又獲新成果（柴生芳／《簡帛研究》第一輯）

讀簡帛文字資料札記（裘錫圭／《簡帛研究》第一輯）

簡牘學與歷史學（何茲全／《簡帛研究》第一輯）

論新出簡帛與學術研究（李學勤／《傳統文化與現代化》1期）

漢簡的發現與研究（徐萍芳／《傳統文化與現代化》6期）

漢簡札記（〔日〕大庭脩著・胡平生譯／《西北民族研究》2期）

1994

楚帛書的再認識（李零／《中國文化》10 期）

包山楚簡中若干重要制度發復與爭論未決諸關鍵字解難、決疑（黃盛璋／《湖南考古輯刊》6 期）

包山楚司法簡 131－139 號考析（陳偉／《江漢考古》4 期）

包出二六六號簡所記木器研究（李家浩／《國學研究》2 卷）

楚簡文字考釋二則（張桂光／《江漢考古》3 期）

包山楚簡書法的考察（〔日〕新井光風／《書法叢刊》3 期）

侯馬盟書試析（謝堯亭／《山西省考古學會論文集》（二））

《竹書紀年》瑣議（倪德衛／《考古學研究》）

中日兩國學者研究秦簡《日書》評述（沈頌金／《中國史研究動態》4 期）

睡虎地秦簡日書注釋商榷（劉樂賢／《文物》10 期）

睡虎地秦簡《日書》所見行歸宜忌（王子今／《江漢考古》2 期）

睡虎地秦簡日書「玄戈篇」新解（劉樂賢／《文博》4 期）

《日書》反映的秦民宅建築初探（呼林貴／《考古學研究》）

從雲夢秦簡《日書》看秦民間的災變與救災（賀潤坤／《江漢考古》2 期）

說秦簡中「女筆」之「筆」（劉釗／《中國文物報》11 月 20 日 4 版）

讀《說秦簡中「女筆」之「筆」》的一點意見（蔣英炬／《中國文物報》12 月 25 日 4 版）

古璽和秦簡中的「穆」字解（吳振武／《文史》38 輯）

《孫臏兵法》校補（趙逵夫／《文史》39 輯）

馬王堆漢墓帛書《經法》注解商榷（施謝捷／《文史》39 輯）

《史記・日者列傳》小察（張銘洽／《陝西歷史博物館館刊》第一輯）

《鶡冠子》考辨（葉榮／《陝西歷史博物館館刊》第一輯）

帛書《周易》的幾點研究（李學勤／《文物》1）

馬王堆帛書易經中孔子贊易和「說卦」（嚴靈峰／《大陸雜誌》89 卷 1）

再論《馬王堆漢墓帛書老子》（尹振環／《大陸雜誌》89 卷 2）

帛書釋《要》（廖名春／《中國文化》10 期）

馬王堆漢墓《喪服圖》簡論（曹學群／《湖南考古輯刊》6 期）

馬王堆三號漢墓木牘散論（陳松長／《文物》6 期）

馬王堆三號漢墓竹簡《十問》注釋補正（連劭名／《考古》5 期）

馬王堆漢墓竹簡《十問》「軲白」述義（李建民／《大陸雜誌》89 卷 5）

《東陽田器志》木牘考釋（藍日勇／《廣西民族研究》4 期）

江陵高台漢墓新出「告地策」、遣策與相關制度發復（黃盛璋／《江漢考古》2 期）

漢簡《秦讞書》所反映的三個問題（楊劍虹／《江漢考古》4 期）

甘肅簡牘述論（王鍔／《西北師大學報・社科版》31 卷 2）

居延漢簡所見《兵簿》《被兵簿》兼論居延邊塞兵器配合（趙沛／《西北史地》4 期）

從漢簡管窺河西四郡市場 （高維剛／《四川大學學報・哲社版》2 期）

居延漢簡的發現及其學術價值 （劉進寶／《文史知識》4 期）

漢簡中一封奇怪的信（林劍鳴／《陝西歷史博物館館刊》第一輯）

《居延新簡》所記的西漢物價研究（羅慶康／《安徽史學》2 期）

西漢居延邊塞休吏制度（趙沛・王寶萍／《文博》1 期）

武威漢簡本《儀禮》與「十三經」本《儀禮》比較研究（王鍔／《社科縱橫》3 期）

漢代屯戍遺簡「葆」字解（李均明／《文史》39 輯）

1995

楚國簡帛文字資料綜述（李運富／《江漢考古》4 期）

荊門楚墓的驚人發現（劉祖信／《文物天地》6 期）

荊門竹簡《老子》出土的意義（左鵬／《中國文物報》6 月 25 日 3 版）

荊門竹簡《老子》並非對話體（劉祖信・崔仁義／《中國文物報》8 月 20 日 3 版）

探討包山楚簡在文字上的幾個課題（林素清／《史語所集刊》第 66 本 4 分）

淺議包山楚簡對楚國法制研究的意義（賈繼宗／《中國文物報》11 月 5 日 3 版）

包山楚簡所見邑、里、州的初步研究（陳偉／《武漢大學學報（哲社版）》1 期）

關於包山「疋獄」簡的幾個問題（陳偉／《江漢考古》3 期）

關於　字與平夜君問題（饒宗頤／《文物》4 期）

包山楚簡人名研究六則（舒之梅·劉信芳／《長江文化論集》）

包山楚墓簡文「見日」淺釋（賈繼東／《江漢考古》4 期）

古文字雜識（五則）（李零／《國學研究》第三卷）

近年來秦簡《日書》研究評介（張強／《文博》3 期）

先秦、六朝「人日」風俗的演變及其意義——睡虎地《日書》與《荆楚歲時記》所見「人日」的比較研究（李文瀾／《長江文化論集》）

睡虎地秦簡《日書》所見「室」的結構與戰國末期秦的家族類型（〔韓國〕尹在碩／《中國史研究》3 期）

睡虎地秦簡日書「人字篇」研究（劉樂賢／《江漢考古》1 期）

睡虎地秦簡日書「人字篇」補釋（劉樂賢／《江漢考古》2 期）

從雲夢秦簡看秦的國有制經濟（楊師群／《史學月刊》4 期）

從雲夢秦簡《日書》的良、忌日看《范勝之書》的五谷忌日（賀潤章／《文博》1 期）

雲夢秦簡《日書》所反映的秦國社會階層（賀潤坤／《江漢考古》1 期）

秦簡《日書》數術的探討（秦照芬／《史學集刊》27 期）

秦簡《爲吏之道》與秦統一前後的文化嬗變（張銘洽／《陝西歷史博物館館刊》第 2 輯）

馬王堆帛書文字考釋（王貴元／《古漢語研究》3 期）

馬王堆漢墓帛書「人字」圖考釋（李建民／《大陸雜誌》90 卷 5）

關於帛書《易傳》的研究（廖名春／《傳統文化與現代化》6 期）

馬王堆漢墓帛書《經法》注釋商榷（施謝捷／《文史》39 輯）

馬王堆漢墓星占書初探（劉樂賢／《華學》1 期）

馬王堆帛書《刑德》試探（〔法〕卡林諾斯基／《華學》1 期）

簡帛兵學文獻軍術考述（陳偉武／《華學》1 期）

江陵張家山漢簡《奏讞書》釋書（下）（江陵張家山漢簡整理小組／《文物》3 期）

《奏讞書》解說（下）（李學勤／《文物》3 期）

談《奏讞書》中秦代和東周時期的案例（彭浩／《文物》3 期）

定州西漢中山懷王墓竹簡《文子》的整理和意義（河北省文物研究所定州漢簡整理小組·劉來成／《文物》12 期）

定州西漢中山懷王墓竹簡《文子》釋文（河北省文物研究所定州漢簡整理小組／《文物》12 期）

定州西漢中山懷王墓竹簡《文子》校勘記（河北省文物研究所定州漢簡整理小組／《文物》12 期）

甘肅漢簡的發現與研究述評（賈延芳／《甘肅教育學院院報（哲社版）》2 期）

居延漢簡公文研究（〔日〕永田英正著・楊富學譯／《甘肅社會科學》1 期）

居延漢簡中「功」與「勞」（胡平生／《文物》4 期）

漢簡「中勞」、「中功」考（余振波／《北京大學學報・社哲版》6 期）

從居延漢簡看漢代的戍卒管理制度（李振宏／《河南大學學報・社科版》35 卷 1）

居延新簡中的《日書》殘文（胡文輝／《文物》4 期）

漢長城未央宮的考古發掘與研究（李毓芳／《文博》3 期）

江陵王家台 15 號秦墓（荊州地區博物館／《文物》1 期）

1996

包山楚簡釋地十則（徐少華／《文物》12 期）

包山楚簡所見幾種身分的考察（陳偉／《湖北大學學報》1 期）

關於包山楚簡中的喪葬文書（陳偉／《考古與文物》2 期）

包山楚簡卜禱簡牘釋讀（吳郁芳／《考古與文物》2 期）

包山楚簡文字校釋十四則（高智／《于省吾教授百年誕辰紀念文集》）

包山楚簡釋地五則（徐少華／《江漢考古》4 期）

包山楚簡文字考釋十四則（徐在國／《于省吾教授百年誕辰紀念文集》）

包山簡文釋詞兩則（葛英會／《南方文物》3 期）

包山楚簡釋詞三則（葛英會／《于省吾教授百年誕辰紀念文集》）

包山楚簡治獄文書研究（葛英會／《南方文物》2 期）

包山楚簡司法術語考釋（劉信芳／《簡帛研究》二輯）

包山楚簡拾零（白于藍／《簡帛研究》二輯）

從出土竹簡看楚國司法職官的建置與演變（賈繼東／《江漢論壇》9 期）

楚簡文字考釋五則（劉信芳／《于省吾教授百年誕辰紀念文集》）
楚帛書研究三題（馮時／《于省吾教授百年誕辰紀念文集》）
楚國簡帛文字研究概觀（李運富／《江漢考古》3 期）
信陽楚簡中的「柿枳」（李家浩／《簡帛研究》二輯）
戰國時期的遣策（彭浩／《簡帛研究》二輯）
楚帛書「夸步」解（吳振武／《簡帛研究》二輯）
楚帛書中的星歲紀年和歲星占（鄭剛／《簡帛研究》二輯）
《曾侯乙墓竹簡釋文與考釋》讀後記（張鐵慧／《江漢考古》3 期）
從雲夢秦簡看秦國糧食的建築與設備（蔡萬進／《中州學刊》2 期）
《日書》驅鬼術發微（劉信芳／《文博》4 期）
雲夢秦簡《日書》「行」及有關秦人社會活動考察（賀潤坤／《江漢考古》1 期）
雲夢秦簡《日書》中所反映秦人的衣食狀況（賀潤坤／《江漢考古》4 期）
試論雲夢秦簡《日書》中楚文化色彩（史黨社／《陜西歷史博物館館刊》3 期）
睡虎地秦簡《日書》中的「往亡」與「歸忌」（劉樂賢／《簡帛研究》二輯）
《日書》起源考（胡文輝／《簡帛研究》二輯）
讀秦簡字詞札記（劉釗／《簡帛研究》二輯）
睡虎地秦簡《日書》研究二十年（劉樂賢／《中國史研究動態》10 期）
近年來秦簡《日書》研究評介（張強／《簡帛研究》二輯）
江陵王家台秦簡與《歸藏》（連劭名／《江漢考古》4 期）
秦川秦牘田制考辨（祝中熹／《簡帛研究》二輯）
秦漢時期的一日十六時制（李解民／《簡帛研究》二輯）
秦至漢初簡帛文字與假借改造字字源考證（趙平安／《簡帛研究》二輯）
簡帛所見軍法輯證（陳偉武／《簡帛研究》二輯）
論天水秦簡中「中鳴」、「後鳴」與古代以音律配合時刻制度（饒宗頤／《簡帛研究》二輯）
《孫臏兵法》結構體例探討（楊善群／《管子學刊》4 期）
《孫臏兵法》及其軍事思想考述（徐勇／《煙台師院學報》4 期）
《孫臏兵法・九度九奪》篇考（呂萬里／《收藏》10 期）

讀《孫臏兵法》札記（劉恒／《簡帛研究》二輯）

讀銀雀山漢簡《三十時》（李零／《簡帛研究》二輯）

帛書《陰陽五行》與秦簡《日書》（陳松長／《簡帛研究》二輯）

帛書《易傳》窺管（魏啓鵬／《簡帛研究》二輯）

馬王堆帛書《刑德》中的軍吏（李學勤／《簡帛研究》二輯）

馬王堆醫書釋讀札記（張顯成／《簡帛研究》二輯）

記顧鐵符先生復原的馬王堆3號墓帛書中的小城圖（傅熹年／《文物》6期）

從《奏讞書》看漢初軍功爵制的幾個問題（朱紹侯／《簡帛研究》二輯）

漢簡《倉頡篇》新資料的研究（胡平生／《簡帛研究》二輯）

《淮南子》與《文子》關係辨（王雲度／《陝西歷史博物館館刊》三輯）

試論八角廊簡《文子》（李學勤／《文物》1期）

尹灣漢墓簡牘概述（滕昭宗／《文物》8期）

尹灣漢墓簡牘釋文選（連雲市博物館／《文物》8期）

尹灣漢墓簡牘初探（連雲港市博物館等／《文物》10期）

江蘇東海縣尹灣漢墓群發掘簡報（連雲市博物館／《文物》8期）

「謁」、「刺」考述（劉洪石／《文物》8期）

邗江湖場漢墓所謂「文告牘」與告地策謎再揭（黃盛璋／《文博》5期）

出土漢簡所見的爰書名稱與內容（陳中龍／台灣《史學集刊》28期）

讀漢簡札記（裘錫圭／《簡帛研究》二輯）

漢簡中所見法律論考（高恆／《簡帛研究》二輯）

居延漢簡的斷簡綴合和冊書復原（謝桂華／《簡帛研究》二輯）

居延漢簡研究二題（曾憲通／《簡帛研究》二輯）

漢代邊塞吏卒的軍中教育——讀《居延新簡》札記之三（邢義田／《簡帛研究》二輯）

關於居延「車父」簡（王子今／《簡帛研究》二輯）

說「改火」（羅琨／《簡帛研究》二輯）

漢劾制管窺（徐世虹／《簡帛研究》二輯）

漢簡「得算」、「負算」考（于振波／《簡帛研究》二輯）

出土簡牘與漢晉敦煌（李均明・劉軍／《簡帛研究》二輯）

敦煌清水溝漢代烽燧遺址出土文物調查及漢簡考釋（敦煌市博物館／《簡帛研究》二輯）

敦煌清水溝漢代烽燧遺址出土《曆譜》述考（殷光明／《簡帛研究》二輯）

西郭寶墓出土木謁及其釋義再探（石雪萬／《簡帛研究》二輯）

記建興廿八年「松人」解除解——漢「五龍相拘絞」說（饒宗頤／《簡帛研究》二輯）

新疆出土簡牘的考古學研究（劉文鎖／《西北史地》3 期）

漢代居延屯田小考（張俊民／《西北史記》3 期）

居延漢簡中的俸錢名籍（王廷洽／《青海師大學報》2 期）

從漢簡談漢代西北邊郡運輸的幾個問題（張俊民／《中國社會經濟史研究》3 期）

敦煌馬圈灣簡中關於西域史料的辨證（胡平生／《盡心集》中國社會科學出版社）

1997

荊門楚墓出土的竹簡《老子》初探（崔仁義／《荊門社會科學》5 期）

包山楚簡曆法芻議（王勝利／《江漢論壇》2 期）

包山楚簡所記楚先祖名及其相關問題（李家浩／《文史》42 輯）

包山楚簡釋地八則（徐少華／《中國歷史地理論叢》4 期）

《包山楚簡初探》評介（郭德維／《江漢考古》1 期）

江陵九店 56 號墓竹簡考釋四則（李守奎／《江漢考古》4 期）

說九店楚簡之武弜（君）與復山（饒宗頤／《文物》6 期）

關於雲夢龍崗秦牘「沙羨」的地望問題（劉信芳／《文物》11 期）

秦簡《日書》與秦漢社會的生命意識（吳小強／《廣州師院學報》1 期）

雲夢《日書》與五行學術（尙民傑／《文博》2 期）

從雲夢睡虎地 11 號墓竹簡研究戰國晚期會計史（上、下）（《北京商學院學報》2、3 期）

《睡虎地秦墓竹簡》語料的利用與漢語詞匯語法之研究（吉士梅／《樂山師專學報》12 期）

《睡虎地秦墓竹簡》介詞考察（吉士梅／《樂山師專學報》12 期）

睡虎地秦簡與龍崗秦簡比較（黃愛梅／《華東師大學報》4 期）
秦簡「敖童」解（黃留珠／《歷史研究》5 期）
試論孫臏的用兵特點及相關問題（徐勇／《齊魯學刊》2 期）
當前《孫子》研究中若干問題釋疑（徐勇／《歷史教學》3 期）
《孫子兵法・九地篇》校勘舉隅（周克謀／《文史》42 輯）
銀雀山漢簡《吳問》撰寫年代考辨（壽湧／《文史》43 輯）
從帛書《易傳》證知孔子說《易》引用古熟語（鄧立光／《周易研究》3 期）
馬王堆 3 號漢墓紀年木牘性質的再認識（陳松長／《文物》1 期）
尹灣漢墓新出《集簿》考述（謝桂華／《中國史研究》2 期）
西漢地方行政制度的典型事例——讀尹灣漢墓出土木牘（周振鶴／《學術月刊》5 期）
試論尹灣漢墓出土《東海郡屬縣鄉吏員定簿》的史料價值（高敏／《鄭州大學學報》2 期）
《集簿》的釋讀、質疑與意義探討（高敏／《史學月刊》5 期）
東海尹灣漢墓術數類簡牘試讀（劉洪石／《東南文化》4 期）
連雲港市歷年出土簡牘簡述（武可榮／《書法叢刊》4 期）
尹灣漢墓簡牘和西漢地方行政制度（謝桂華／《文物》1 期）
《博局占》與規矩紋（李學勤／《文物》1 期）
《神烏賦》初探（裘錫圭／《文物》1 期）
尹灣漢簡《神烏賦》與禽鳥奪巢故事（劉樂賢・王志平／《文物》1 期）
定州西漢中山懷王墓竹簡《論語》釋文選（河北省文物研究所・定州漢墓竹簡整理小組／《文物》5 期）
定州西漢中山懷王墓竹簡《論語》選校注（河北省文物研究所・定州漢墓竹簡整理小組／《文物》5 期）
定州西漢中山懷王墓竹簡《論語》介紹（河北省文物研究所・定州漢墓竹簡整理小組／《文物》5 期）
漢代居延官俸發放的若干問題（施青／《中國經濟史研究》1 期）
居延新出漢簡所見方術考釋（劉昭瑞／《文史》43 輯）
散見「懸泉漢簡」（張俊民／《敦煌學輯刊》2 期）

近年來關於天水放馬灘木板地圖研究的回顧與展望（雍際春／《中國史研究動態》5期）

長沙走馬樓又傳新發現，東漢簡牘重見天日（《人民日報》8月2日）

長沙走馬樓簡牘概述（胡平生・宗少華／《傳統文化與現代化》3期）

荊州郭店1號秦墓（湖北省荊州博物館/《文物》7期）

1998

先秦儒家著作的重大發現（李學勤／《人民政協報》6月8日）

初讀郭店楚簡（龐樸／《歷史研究》4期）

郭店竹簡《老子》的出土及其特殊意義（丁原植／《國文天地》158期）

郭店楚簡與國際漢學（邢文／《書品》4期）

荊門郭店楚簡所見關尹遺說（李學勤／《中國文物報》4月8日）

包山楚簡中的「枳」（李家浩／《徐中舒先生百年誕辰紀念文集》）

從雲夢秦簡看秦代市場管理（上）（朱筱新／《中國文物報》6月10日）

從雲夢秦簡看秦代市場管理（下）（朱筱新／《中國文物報》6月17日）

從《睡虎地秦墓竹簡》看秦國控告文書（孫瑞／《吉林大學學報》2期）

從《睡虎地秦墓竹簡》看下行文書管理制度（孫瑞／《檔案學研究》1期）

從《睡虎地秦墓竹簡》看秦國家族大事記（孫瑞／《檔案學通訊》3期）

秦簡《日書・出邦門篇》新證（胡文輝／《文博》1期）

讀帛書《春秋事語》（吳榮曾／《文物》2期）

從《五星占》看我國干支紀年的演變（莫紹揆／《自然科學史研究》1期）

《經法》中的「形」「名」思想探源（郭梨華／《安徽大學學報》3期）

帛書黃帝五正考釋（魏啓鵬／《徐中舒先生百年誕辰紀念文集》）

《文子》成書項議（譚家健／《長沙電力學院學報》2期）

地下書與告地策・遣策新證（黃盛璋／《徐中舒先生百年誕辰紀念文集》）

尹灣漢簡《考績簿》所帶給我們的啓示（高敏／《鄭州大學學報》3期）

尹灣漢簡地名的整理與研究（趙平安／《尹灣漢墓簡牘論文集》科學出版社）

西漢東海郡的海鹽生產和管理機構（劉洪石／《尹灣漢墓簡牘論文集》科學出版社）
從尹灣漢墓「春種樹」面積資料談西漢東海郡的蠶桑、紡織業（高偉／《尹灣漢墓簡牘論文集》）
《神烏傅（賦）》初探（裘錫圭／《尹灣漢墓簡牘論文集》）
《神烏傅（賦）》與漢代詩經學（王志平／《尹灣漢墓簡牘論文集》）
文壇古珍《神烏傅（賦）》（駱名楠／《尹灣漢墓簡牘論文集》）
尹灣漢墓所見東海郡行政文書考述（謝桂華／《尹灣漢墓簡牘論文集》）
《東海郡下轄長吏名籍》研究（李解民／《尹灣漢墓簡牘論文集》）
尹灣墓簡牘與西漢地方官吏任遷（陳勇／《尹灣漢墓簡牘論文集》）
尹灣漢墓出土「武庫永始四十兵車器集簿」初探（李均明／《尹灣漢墓簡牘論文集》）
遣策初探（劉洪石／《尹灣漢墓簡牘論文集》）
漢代上計度論考——兼評尹灣漢墓木牘《集簿》（高恆／《尹灣漢墓簡牘論文集》）
謁、刺考述（劉洪石／《尹灣漢墓簡牘論文集》）
從尹灣簡牘《集簿》談西漢東海郡的人口、土地、賦稅（高海燕．喬健／《尹灣漢墓簡牘論文集》）
《尹灣漢墓簡牘》反映漢代葬俗中的幾個問題（程志娟／《尹灣漢墓簡牘論文集》）
尹灣竹木簡綴述（石雪萬／《尹灣漢墓簡牘論文集》）
尹灣漢墓出土數術文獻初探（劉樂賢／《尹灣漢墓簡牘論文集》）
尹灣漢簡《神烏傅》草書墨跡藝術特點（武可榮／《尹灣漢墓簡牘論文集》）
章草起源探述——兼論尹灣漢墓新出土簡牘章草文字（劉洪／《尹灣漢墓簡牘論文集》科學出版社）
談尹灣漢墓簡牘中的章草書法 （蔡顯良／《尹灣漢墓簡牘論文集》科學出版社）
從東海尹灣漢墓新出土簡牘看我國古書籍制度（劉洪／《尹灣漢墓簡牘論文集》）
敦煌漢簡中月朔簡年代考釋（羅見今／《敦煌研究》1 期）
簡牘研究中年代學問題芻議（羅見今／《內蒙古師大學報》1 期）
河西漢簡中的庫及源流（李水平／《敦煌研究》1 期）
地下書與告地策——遣策新論證（黃盛璋／《徐中舒先生百年誕辰紀念文集》）

國家圖書館出版品預行編目資料

本世紀以來出土簡帛概述. 資料篇、論著目錄篇／駢宇騫,段書安編著. –初版.--臺北市：萬卷樓, 民88

面；　　公分

ISBN 957-739-208-3(平裝)

1.簡牘

796.8　　　　88003491

本世紀以來出土簡帛概述（修訂版）

編著者　駢宇騫、段書安

發行人　楊愛民

出版者　萬卷樓圖書股份有限公司

地址：臺北市羅斯福路二段41號6樓之3

電話：(02)23216565・23952992

傳真：(02)23944113

劃撥帳號：15624015 萬卷樓圖書股份有限公司

網址：http://www.wanjuan.com.tw

E-mail：wanjuan@tpts5.seed.net.tw

出版登記證　新聞局局版臺業字第5655號

總經銷　紅螞蟻圖書有限公司

地址：臺北市內湖區舊宗路二段121巷28號4F

電話：(02)27953656(代表號)

傳真：(02)27954100

E-mail：red0511@ms51.hinet.net

承印廠商　晟齊實業有限公司

定價　300元

出版日期　民國88年4月初版

民國92年3月再版

ISBN 957－739－208－3